FRANK SCHIRRMACHER

Ungeheuerliche Neuigkeiten

TEXTE AUS DEN JAHREN
1990 BIS 2014

HERAUSGEGEBEN UND MIT EINEM VORWORT
VON JAKOB AUGSTEIN

BLESSING

MIX
Papier aus verantwor-
tungsvollen Quellen
FSC® C014496

Verlagsgruppe Random House FSC® N001967
Das für dieses Buch verwendete
FSC®-zertifizierte Papier *Super Snowbright*
liefert Hellefoss AS, Hokksund, Norwegen.

Inhaltsverzeichnis

Vorwort

Frank Schirrmacher hatte ein Boot. Es war alt und aus Holz und sehr schnell. Wie ein Pferd bäumt es sich beim Anfahren auf. Es reckt den Bug in die Höhe und stößt nach vorne. Es legt sich aufs Wasser und schießt davon. Im Rücken bleibt die Pfaueninsel, rechts liegt die Heilandskirche, linker Hand die Glienicker Brücke, vor uns das Schloss Cecilienhof. Eine leichte Landschaft ist das, mit heiteren Bauwerken, der Schönheit verpflichtet, dem Spiel. Eine Landschaft für Geschichten.

Frank Schirrmacher steht am Steuer des alten, schnellen Bootes, er braust über Havel und Jungfernsee, und, tatsächlich, »Gischt schäumt um den Bug wie Flocken von Schnee.« Er ist der bedeutendste Journalist des Landes. Sein weißes Hemd flattert im Wind. Seit Jahren denkt er für Deutschland. Seine Themen werden zu den öffentlichen Themen. Ist das eine Übertreibung, eine Anmaßung? Natürlich. Der ganze Mann war eine Übertreibung, eine Anmaßung, die sich selber rechtfertigt.

»Wenn man doch ein Indianer wäre, gleich bereit, und auf dem rennenden Pferde …« Kafkas rätselhaftes Fragment beginnt so. Alles ist Bewegung, nach vorn geht der Blick, alles rast. Der Text handelt von einer Unmöglichkeit. »Wunsch, Indianer zu werden« heisst er. Werden. Nicht sein. Am Ende löst sich alles auf, Land, Pferd, Reiter. Alles bleibt unerfüllt. Und das unerfüllte Wünschen steht am Anfang der Geschichte.

Schirrmacher am Steuer seines schnellen Bootes, ein Indianer auf dem Rücken seines rennenden Pferdes, gleich bereit. Er befindet sich von Anfang an in einer einzigen Bewegung. »Immer noch steckt das Fragmentarische bei meinen Anfängen, undeutliche und schroff verbrämte Formen tun sich groß hervor, aber Neues soll werden.« Er war 21 Jahre alt, als er das an Siegfried Unseld schrieb: Neues soll werden. Und was war sein Wunsch? Frank Schirrmacher wollte Frank Schirrmacher werden.

Man versteht inzwischen, dass er es nicht lange bleiben konnte. Der Tod, der ihn am 12.6.2014 in Frankfurt ereilte, war unerwartet – aber nicht überraschend. »Nur allzu plausibel«, sagte Hans Ulrich Gumbrecht in seiner Trauerrede. Es liegt nicht eben nahe, so etwas zu sagen, in der Frankfurter Paulskirche, beim Gottesdienst, wenn einer im Alter von nur 54 Jahren gestorben ist. Vor der Zeit. Lange vor der Zeit. Aber Gumbrecht erkannte in Schirrmacher »eine Gestalt des Exzesses« und »keine auf die Ökonomie des Überlebens bis ins hohe Alter ausgerichtete Existenz«.

Ja, wie ein einziges Rasen, so kommt einem dieses Leben im Rückblick vor: diese ganze, große Fülle und Überfülle von Themen, Texten, Thesen. Ein rasender Reporter der Ideen, das war Schirrmacher. Gleich bereit. Egon Erwin Kisch, von dem der Begriff stammt, war Jahrzehnte zuvor Zeuge der Explosion der technischen Moderne gewesen, als die Zeit zur Maschine geworden war, die Gesellschaft zum Getriebe, und der Mensch seinen Platz im Räderwerk der Geschichte suchte. Im Zeitalter der Digitalisierung ändern sich die Metaphern. Es sind nicht mehr die Räder und Pressen und Walzen, die den Menschen zu verschlingen drohten. Nicht mehr die Stahlgewitter der Somme und die Blutmühle von Verdun, die ihn zermalmen.

Wieder hat ein ungeheurer Wandel die Welt erfasst und Schirrmacher wurde zu seinem Zeugen. Die Automatisierung der Welt, die im Zeitalter der Dampfmaschinen begonnen hatte, wird abgelöst durch die Automatisierung des Menschen im Zeitalter der Denk-Maschinen. Wo endet dann der Mensch?

Wo beginnt die Maschine? Was bleibt vom bestirnten Himmel und vom moralischen Gesetz, wenn Möglichkeit und Wille und Zukunft zu einer Verdichtung von algorithmisch herleitbaren Wahrscheinlichkeiten gerinnen? Schirrmacher war der Reporter der Entkörperlichung. Kein Wunder, dass ein Geisteswissenschaftler in diese Rolle schlüpfte, ein Intellektueller. Wer wüsste mehr von unserer Identität, die bald schon im Entstehen gefährdet sein wird? Von den Geschichten, die uns nicht einfach abhanden kommen, sondern die man uns raubt? Von der schwindenden Hoffnung auf Freiheit unter den Bedingungen von Berechnung und Berechenbarkeit?

Bei Schirrmacher fielen eine echte Sorge und eine tiefe Neigung günstig zusammen. Er sah die Welt bedroht und lebte selber im Genuss der Bedrohung. Der katastrophale Imperativ war die Grundform seiner gedanklichen Grammatik. Die Angst war sein Thema. Angst vor dem Verlust der Identität: der Tod, die Technologie, das Alter, die Verzweiflung, die Ausbeutung – unablässig werden wir in Frage gestellt, werden unsere Grenzen verletzt, gerät unsere Autonomie in Gefahr.

Auf eine paradoxe Weise kamen ihm der Wandel, das Werden, gerade recht. Wenn nichts bleibt, wie es ist, und immer dräut das Kommende. Wenn die Gegenwart immer in Frage steht. Bei Schirrmacher drängte immer alles und alles stürmte. Immer ging es um alles. Über Marcel Reich-Ranicki schrieb er: »Grundsätzlich begann ein Telefonat mit Sätzen wie »Sie wissen nicht, was sich abspielt.«

Aber das galt für ihn selbst. Neues soll werden – und gleichzeitig ist das Neue zu fürchten. Es ist immer größer als das Alte oder gefährlicher. Das gilt überall. Wir sorgen uns um Google und Apple? Schirrmacher schreibt: »Selbst Google und Apple sind nur Start-ups im Vergleich zu der neuen sozialen Software, die gerade ins Gehäuse unserer Gesellschaften implementiert wird.« Immer gibt es eine Ausdehnung, und sei es eine des Risikos. 1991, als er gerade 32 Jahre alt war und seit zwei Jahren Literaturchef der FAZ, sagte er: »Ich habe das sichere Gefühl, dass die großen Tragödien und Katastrophen erst noch kommen werden, gerade für mich und meine Generation.«

Schirrmacher war ein Humanist. So einer ist – je nach den Umständen – manchmal ein Linker, manchmal ein Konservativer, manchmal ein Liberaler, aber er kann nie ein Reaktionär sein. Als es um die große Krise des Kapitalismus ging, fragte ihn Jan Fleischhauer im Spiegel: »Würden Sie es als Beleidigung empfinden, wenn man Sie heute als links bezeichnet?«, und Schirrmacher antwortet: »Beleidigung? Darauf käme ich sowieso nicht. Ich finde auch nicht, dass ich mich verändert habe. Ich bin wie wir alle nur Zeuge eines Denkens, das zwangsläufig in die Privatisierung von Gewinnen und die Vergesellschaftung von Schulden führte.« Und es war eine durch und durch bürgerliche Empörung, mit der er der entgrenzten Ideologie des Finanzkapitalismus, die er freimütig als »Neoliberalismus« bezeichnete, vorwarf, »sich im imaginativen Depot des bürgerlichen Denkens« bedient zu haben.

Es ist sein Humanismus, der ihn politisierte, ihn radikalisierte. Die Texte im vorliegenden Band, die zu seinen schönsten gehören, beschreiben Schirrmachers Weg: die Politisierung eines Ästheten. Die Radikalisierung eines Konservativen. Warum wandte sich denn der Experte für Benn und George der Technologie zu? Der Literaturwissenschaftler der Demokratie? Der Kulturkritiker der Gesellschaftskritik? Weil seine Thomas-Mann-Zivilisation in Trümmer geht.

Angst kommt gut an. Andere Menschen haben auch Angst. Und wenn der Intellektuelle Schirrmacher über die alternde Gesellschaft schrieb und über den Verlust sozialer Bindungen, über die Risiken der Digitalisierung und die Verwüstungen des internationalen Kapitalismus – dann folgten ihm auch solche Leser, die niemals das Feuilleton der FAZ in die Finger genommen hätten.

Im Jahr 2004 war der Herausgeber der »Frankfurter Allgemeinen Zeitung« Frank Schirrmacher allen Ernstes fünfmal der »Gewinner des Tages« der »Bild«-Zeitung. Na und? Reich-Ranicki hatte gesagt: »Jawohl, das ist eine der wichtigsten Aufgaben der Kritik: dafür zu sorgen, dass Literatur ins Gespräch kommt und im Gespräch bleibt. Darauf kommt es an: die Literatur zu einer öffentlichen Sache zu machen.«

Schirrmacher machte seine Bücher, seine Themen, seine Person zur öffentlichen Sache.

Die Gendebatte, die Altersdebatte, die Internetdebatte, die Finanzmarktdebatte – Schirrmacher hatte diese Themen nicht erfunden. Aber er hat sie geprägt. Alarmismus, Lust an der Kampagne, Sucht nach Öffentlichkeit, Erfolgsverliebtheit – all das hat man ihm vorgeworfen. Und alles zu Recht.

Dass sie es hier mit einem Ausnahmemenschen zu tun haben, konnten all jene, die die Regel sind, freilich schwer verkraften. Für Schirrmacher, der es jung an die Spitze geschafft hatte, galt das Nietzsche-Wort: »Ich überspringe oft die Stufen, wenn ich steige – das verzeiht mir keine Stufe.«

Als er dann starb, ging eine große Erschütterung durch das Land. Man hatte so etwas bei einem Journalisten noch nie erlebt. Was für Nachrufe! Die verzweifelten seiner Freunde, die bittersüßen seiner Opfer, die bewundernden seiner Beobachter.

Aber was ist das Erbe eines Journalisten? Was bleibt von dem, dessen Beruf an den Tag geknüpft ist? Was hinterlässt der Feuilletonist Frank Schirrmacher – und was wird aus seinem Feuilleton? Was bleibt, was er hinterlässt, was sein Erbe ist: es ist die Lücke, der leere Platz.

Wie leer dieser Platz ist, zeigte sich, als neulich ein Journalist einen anderen, der bei der FAZ arbeitet, fragte: »Braucht die FAZ nicht dringend eine Galionsfigur.« Die nüchterne Antwort lautete, man möge bitte die Galionsfiguren nicht überschätzen: »Galionsfiguren bilden den Bug des Schiffes und teilen die Wellen wie Moses einst das Rote Meer.« Und dann kam noch ein Verweis auf die »strukturellen Veränderungen«, unter deren Bedingungen sowieso alles anders und neu sei.

Mit Schirrmacher war einer gestorben, den wir noch brauchten, der mit uns noch nicht fertig war. Wer entsetzt sich nach ihm über den »Defätismus einer Gesellschaft, die in den letzten Jahren, ohne es zu merken, eine verheerende Vernichtung ihrer Ideale erlebt hat«? Wer trägt die Empörung weiter, die wir für unsere politische Moral so dringend brauchen? Ohne Schirrmacher droht das deutsche Feuilleton wieder da anzukommen, wo der Schweizer Schriftsteller Urs Widmer es gegen Ende der achtziger Jahre des vergangenen Jahrhunderts vorgefunden hatte: »Es ist, als hätte keiner ein Ziel. Eine heftige Sehnsucht. Eine Marotte von mir aus. Einen Maßstab, der wenigstens für ihn selber taugt und zu dem er seine Leser verpflichten möchte. Eine Begeisterung, eine Neugierde, eine Wut auch.«

Wenn man die Bücher, die Artikel, das Feuilleton der »Frankfurter Allgemeinen Zeitung« und das der zugehörigen Sonntagszeitung einmal beiseite legt – und da legt man schon eine Menge beiseite –, dann hinterlässt Frank Schirrmacher eine Erinnerung: In der Ära seiner größten Krise erinnerte Schirrmachers Tod daran, wie lebendig der Journalismus sein kann.

Er war ein ganz und gar unwahrscheinlicher Mann. Eine Geschichte. Zu Lebzeiten. Nach seinem Tode noch mehr.

Jakob Augstein, Mai 2015

Der Mann im Mond

Der Mann im Mond ist gestorben:
Die Epoche Neil Armstrongs

Er wurde stets abweisend, wenn es um die Mondlandung ging, bestritt seine Leistung, sprach ungern darüber. Fast war es, als habe der erste Mensch auf dem Mond gewusst, dass weder der Mond noch der Mensch das Entscheidende daran war, sondern die Maschine, die beides zusammenbrachte

Der Tod Neil Armstrongs ist der Tod des ersten Menschen, den eine ganze Welt in eine, von Armstrong so genannte »Suppendose« steckte, an Kabel anschloss, mit Strom versorgte, mit einer strahlungs- und luftundurchlässigen und mit unzähligen Sensoren versehenen Larve überzog, um seinen Herzschlag, Puls, innere Organfunktionen an ein großes Zentralgehirn in Texas zu funken, mit ungeheurem Schub versah – alles damit er auf einem Felsbrocken landen, aussteigen, eine Fahne hissen, Steine sammeln, einsteigen und wieder zurückfahren konnte. Es starb, das wissen wir, der erste Mensch, der den Mond betrat.

Es starb aber, und das ist im Jahre 2012 von ebenso großer Bedeutung, der erste Mensch, der ein Weltbild nur verändern konnte, indem er vollständig mit der Maschine verschmolz. Armstrong, gefragt, was seine eigentliche Leistung sei, antwortete wie Bilbo Beutlin im »Hobbit«, der seiner aufregenden Lebensgeschichte den Titel »Hin und zurück« gab: »Ich bin aus etwas ausgestiegen und wieder eingestiegen.«

Aber auch das ist, wie Armstrong sofort zugeben würde, nicht ganz richtig: Auch als er im Raumanzug seine ersten Schritte auf dem Mond tat, lebte er im Inneren der Maschine, sosehr, dass auf den Fotos dort, wo das Gesicht sein müsste, nur ein Spiegel zu sehen ist. Jahrtausendelang haben Menschen ein Gesicht im Mond imaginiert und später, mit Teleskopen, Gesichter in den toten Wüsten des Mars; aber es gibt kein Gesicht des Menschen, der den Mond betritt. Nur seinen Fußabduck.

Anfang der sechziger Jahre hatte das Universalgenie Manfred Clynes, ein Musiker, der Einstein betörte, und ein Autodidakt, der den Computertomographen erfand – wie so viele, die eine neue Cyber-Logik entwarfen, ursprünglich ein Österreicher –, den Begriff »Cyborg« geprägt. Gemeint war eine Mensch-Maschine-Einheit, die in feindlichen Umwelten die Lebensfunktionen mit der Maschine verschmolz. »Ich dachte, es wäre gut, ein Konzept zu entwickeln, das es Menschen ermöglicht, sich von den Beschränkungen ihrer Umwelt in dem Ausmaß zu befreien, wie sie es wünschten. Also erfand ich das Wort Cyborg.« Schon kurz darauf wurde die Nasa auf das Papier aufmerksam und verwirklichte mit Clynes' Hilfe selbstlernende Systeme, die in Gestalt des Raumanzugs den Metabolismus des Körpers ersetzten oder zumindest unterstützten.

Niemals zuvor, die Hündin Laika eingeschlossen, waren biologische Organismen so konsequent als Informationssysteme gelesen worden. Gewiss, das Kontrollzentrum in Houston war nichts gegen Apple und Google, die bald schon aus jeder Handbewegung Schlüsse ziehen wollen. Aber immerhin gehörte die mentale Verschmelzung mit der Maschinen-Hülle, wie Armstrong berichtet, zu den wichtigen Trainingseinheiten der Astronauten.

Wer sich fragt, wieso Armstrong so schweigsam, abweisend, unpersönlich wurde, wenn es um die Mondlandung ging, und so enthusiastisch, beglückt und offen, wenn es um Flugzeuge der fünfziger Jahre ging, der findet hier die Antwort. Wer ihn traf, der begegnete einem Mann, der über nichts so ungern sprach wie über die Mondlandung. Er bestritt seine eigene Leistung, und aus seinen unprätentiösen Schilderungen des »Vorher« – des jahrelangen Trainings, der Reise durch den Weltraum zum Mond, des Funkverkehrs mit Houston, der Übermittlung von Daten – wurde klar, dass es sich bei der Mondmission um die erste »Eroberung« von Menschen gehandelt hat, die der Beteiligte im Zustand der Vollautomatisierung erlebte.

Was das bedeutet – es spielte damals in der Berichterstattung kaum eine Rolle – beginnt man erst heute, im Zeitalter von Computer, Drohnen und Cyber-Warfare, zu erahnen. Es gehört zu den unerwarteten Pointen der »Eroberung des Weltalls«, dass sich nach der Mondlandung die Erdanziehungskraft zu verdoppeln schien. Das war auf allen Ebenen spürbar. Die ersten Astronauten fanden nur mit Mühe, manche gar nicht, ins Leben zurück. Es ist leichter auf dem Mond spazieren zu gehen, als auf der Erde glücklich zu werden.

Keiner schien sich dessen so bewusst wie Neil Armstrong. Der erste Mann auf dem Mond hat sich gerettet, indem er eine Mauer des Schweigens um sich aufbaute. Schon der zweite Mann auf dem Erdtrabanten, Buzz Aldrin, hatte zu viel geredet, als er wieder unter Menschen war, und dafür mit Depressionen und Alkoholismus bezahlt. Die Nasa hat später Korrekturen an ihrem psychologischen Programm vorgenommen. Kein Mensch hatte geahnt, dass die Rückkehr das wirkliche Problem werden würde.

Aber auch auf der Erde war die trügerische Zeit der Schwerelosigkeit vorbei. Kennedy, der die Vision gehabt hatte, Menschen innerhalb von zehn Jahren auf den Mond zu schicken, war tot. Jetzt begrüßte Richard Nixon die Heimkehrer. Amerikanische Fernseh-Networks beschwerten sich, dass die Bilder aus dem All zu langweilig waren. Bald schalteten sie sich reihenweise aus den Live-Übertragungen aus.

Keine vier Jahre nach dem Ereignis veränderte die Ölkrise die gesamte Nachkriegsökonomie. Jetzt kam man zwar zum Mond, aber an autofreien Sonntagen nicht einmal mehr von Hamburg nach Bremen. »Die Erde hat sie wieder« war die triumphale Nachricht des Jahres 1969 für die Herren Armstrong, Aldrin und Collins. Für die Spezies selbst, zumindest aus der Sicht der Technologen, klang das bald eher nach lebenslanger Haft. Die Babyboomer erlebten die Mondlandung als Metapher.

Neil Armstrong war ihr Kolumbus (plus Charles Lindbergh, bei besserem Charakter), sie verbanden mit ihm zwei spezifische Erfahrungen von Freiheit: dass sie am 21. Juli 1969 bis 3.56 Uhr wach bleiben durften (was wenigen gelang) und die Verwendung des Wortes »schwerelos« für Momente des Glücks. Sie bekamen von ihren Eltern und Lehrern gesagt, wie groß der Mensch sei und was er zu leisten vermag, es war vielleicht nicht unbedingt nutzbringend, auf dem Mond zu landen, aber gerade deshalb war es groß. Was würde jetzt noch alles möglich sein, was entdeckt, erobert, bewältigt werden? Wer den Mond betritt, kann auch – um nur ein paar reale Prognosen des Jahres 1969 zu nennen – alle Krankheiten besiegen, die Armut überwinden, Teleportationsgeräte bauen und seinen Hausroboter zum Brötchenholen schicken.

43 Jahre später ist die Metapher »Apollo« gewissermaßen entkleidet, dismantled, bis zu dem Punkt, wo man auf das Zentralhirn der Operation trifft. Aller Fortschrittsoptimismus entzündet sich nun an der Mensch-Maschine-Schnittstelle, und es vergeht kein Tag, ja fast keine Stunde, in der nicht neue Visionen, wie wir angeblich leben und denken werden, den Markt überfluten. Aber zwei erwachsene Babyboomer, die unterschiedlicher nicht sein können, haben völlig unabhängig voneinander, an verschiedenen Orten, aber zur gleichen Zeit die fast identische Frage gestellt. »Warum«, so fragen sie, »hat man die Versprechen gebrochen, die man uns damals gegeben hat?«

Der eine, Peter Thiel, geboren 1967 in Frankfurt am Main, Milliardär, vermutlich der mächtigste Investor seiner Generation, ist ein Heros der Wall Street und des Silicon Valley. Der andere, David Graeber, geboren 1961 in den Vereinigten Staaten, Anarchist, Anthropologe, ist Mitbegründer der Anti-Wall-Street Bewegung »Occupy« und Verfasser des Bestsellers »Schulden«. In einem Augenblick, wo alle sich einig sind, dass es die Technologie ist, die das Antlitz der Erde und uns selbst verwandelt hat, durchlöchern sie das Selbstbewusstsein der technokratischen Intelligenz mit ihren Fragen: Wieso ist die Zukunft zu Ende? Warum gibt es seit vierzig Jahren fast keinen wirklichen technologischen Fortschritt mehr, der die Versprechungen einlöst, die uns gemacht wurden?

Wo ist der Sieg über den Krebs, den der amerikanische Kongress für 1976 – eine Art Apollo-Programm für den Menschen – verkündet hat? Wo die billige und risikolose Energie, die für 1980 versprochen wurde? Wie lange warten wir noch auf das »Ende der Arbeit«, utopische Epoche eines gut versorgten Robinson-Lebens, die für das Jahr 2000 versprochen worden war? Wo der Wohlstand, der die Kinder besser leben lässt als ihre Eltern? Was ist aus den fliegenden Autos geworden, den Marskolonien oder auch nur den Robotern, die Wäsche in die Reinigung bringen?

Das alles waren Versprechungen der technologischen Hardware, bis hin zu den Roboter-Ärzten, die längst unsere Krankenhäuser bevölkern müssten. Im Jahre 1900, bemerkt David Graeber zu Recht, haben Jules Verne und H.G. Wells einem ungläubigen Publikum die Welt des Jahres 1960 ausgemalt: mit Flugzeugen, Unterseebooten, Radio, Fernsehen und der Mondlandung. Genau das haben wir bekommen. Doch die Prognosen des Jahres 1960 sind niemals Wirklichkeit geworden. Keiner der angekündigten Durchbrüche auf dem Gebiet der Medizin, Robotik, Nanotechnologie, Raumfahrt oder Arbeit hat sich erfüllt, und einige der großen Erwartungen – von der banalen Geschwindigkeit bis zu den Realeinkommen und der Kaufkraft, haben sich sogar irgendwann zurückentwickelt.

Doch was noch gravierender ist: alles, was wir heute erleben, ist im technologischen Kern bereits in den fünfziger und sechziger Jahren erfunden worden. Und vieles war in die Apollo-Kapsel, die Neil Armstrong bediente, und sei es in der embryonalen Form, schon eingebaut. Das einzige Gebiet, auf dem sich die exponentielle Wachstumskurve wirklich vollzogen hat, betrifft die Leistungsfähigkeit von Computerchips. Moores Gesetz, das die Verdoppelung der Leistung bei gleichzeitiger Halbierung des Preises voraussagte, ist dadurch zum Schlüsselparadigma der ganzen Welt geworden, obwohl, bei Licht betrachtet, es sich nur um eine Technologie unter vielen handelt.

Doch selbst hier ist nicht eingetreten, was die Prognosen voraussagten. Computer sind keine autonomen, intelligenten Wesen geworden, mit denen man sprechen und konferieren kann, sondern Container, die wir mit unserer Intelligenz füttern. Solche Ernüchterung ist nötig, weil sie gegen den PR-Wahn des Silicon Valley ebenso immunisiert, wie gegen ein großes Missverständnis. Die Mondlandung als Paradigma einer Reise und einer Eroberung ist Geschichte, und ihr folgt eine traurige Phase von Visionsarmut und Verzagtheit. Die Mondlandung als Paradigma des Cyborg ist Gegenwart und ein Bestandteil jener sozialen Physik, mit der die Gesellschaft immer effizienter als automatischer Markt gescreent und organisiert wird.

Nicht der Mond und die atemberaubende und bescheiden machende Ansicht des Weltalls, sondern der geschlossene Raum der Kapsel, in der sich Neil Armstrong nur ein einziges Mal als Handelnder erlebte – als er kurz vor der Landung gegen den Computer entschied –, ist der geometrische Ort der Epoche. »Der Weltraum, unendliche Weiten« – wie es bei »Raumschiff Enterprise« hieß? Er sehe sich gerne die Sterne an, war eine der Standardantworten von Neil Armstrong. Das digitalreligiöse Magazin »Wired« hat gerade einen Bericht über jene High-Frequency-Trader veröffentlicht, die ihre Server neben den Hauptservern der New Stock Exchange plazieren, um 0,01 Millisekunden schnellere Informationen für den Börsenhandel zu bekommen. Und dann fällt da ein Satz: In dem Moment, wo ein normaler Kunde einen Aktienkurs sieht, ist es so, als sähe er einen Stern, der schon seit Jahrtausenden erloschen ist.

Die Rückkehr

E in Wort des großen Chesterton: »Es heißt immer, man könne die
Uhren nicht zurückdrehen. Aber wenn sie falsch gehen, kann man
genau das machen: sie zurückdrehen.« Und das geschieht nun mit der
völlig aus dem Takt gekommenen sogenannten Rechtschreibreform.

Sie ist ein öffentliches Unglück. Sie hat eine verwirrte Sprach- und
Schreibgemeinschaft hinterlassen, ein Land, in dem die Eltern anders
schreiben als die Kinder, die Kinder anders als die Schriftsteller, deren
Werke sie im Unterricht lesen, die Schriftsteller anders als die Zeitungen und Zeitschriften, in denen sie gedruckt werden, und von diesen jede anders als die nächste. Das Ziel einer Vereinheitlichung und
Vereinfachung der deutschen Schriftsprache ist auf monströse Art ver-
fehlt worden. Schon deshalb ist die Feststellung berechtigt: Die Reform
der deutschen Rechtschreibung ist gescheitert.

Sie war einst geplant, weil man einen Alleingang der DDR befürch-
tete. Als diese zerfiel, tagten die Ausschüsse und Gremien weiter, als
hätte man vergessen, sie abzuberufen. Entstanden ist schließlich das
letzte planwirtschaftliche Experiment auf deutschem Boden. Sprache,
der lebendige Organismus, ist keine LPG und läßt sich nicht umbauen
wie ein Einkaufszentrum.

»Wir haben im Augenblick wichtigere Sorgen als die Rücknahme
der Rechtschreibreform«, verkündete unlängst der sächsische Ministerpräsident. Er vergaß freilich hinzuzufügen, daß wir mit der Rechtschreibung gut lebten, ehe sie in die Hände der Politiker fiel. Auch

damals veränderte sie sich, und kein vernünftiger Mensch hat sich dem je entgegengestellt. Aber Evolution durch Gebrauch ist etwas anderes als Reform durch Verordnung. Daß die Politiker wichtigere Probleme zu lösen haben als die, die sie ohne Not in die Welt gesetzt haben, ist eine Lektion nicht nur für die Rechtschreibreform, sondern für Reformen überhaupt.

Dabei waren alle guten Willens. Diese Zeitung hat es ein Jahr lang mit der neuen Rechtschreibung versucht. In der »Welt« erklärte bereits 1998 Mathias Döpfner: »Solange es irgendwie möglich ist, schreiben wir weiter nach alten Regeln. Die Rechtschreibreform wird sich nicht durchsetzen.« Im »Spiegel« hatte Rudolf Augstein die Redaktion ermächtigt, in der alten Rechtschreibung weiterzuschreiben. Daß diese Verlage, wie auch viele andere, dann doch zur neuen Rechtschreibung wechselten, kann ihnen niemand vorwerfen. Auf dem Spiel stand die Einheitlichkeit der deutschen Sprache. Die Sorge, womöglich anders zu schreiben, als in Schulen gelehrt wird, beschleunigte den Prozeß.

Daß jetzt der »Spiegel« und der Axel Springer Verlag zur alten Rechtschreibung zurückkehren, ist mutig und angesichts des Einflusses der beiden Verlage folgenreich. Die Verlage handeln, wie auch diese Zeitung, aus Not, nicht aus ideologischem oder wirtschaftlichem Kalkül. Darin müßten sie von der Öffentlichkeit bitter ernst genommen werden: Ihr Schritt sagt nichts anderes, als daß es beim besten Willen nicht mehr geht.

Sprache ist das Handwerkszeug von Schriftstellern, Journalisten und Verlagen. Wie ein Schuhmacher oder ein Schmied wissen sie am besten, wenn man ihnen die Werkzeuge kaputtmacht. Fast jede Redaktion in Deutschland hat eine hausinterne Rechtschreibung entwickelt. Selbst diejenigen, die sich der neuen Rechtschreibung bedienen, äußerten sich oft geradezu verzweifelt. Die logischen und semantischen Abgründe, die die neue Rechtschreibung aufreißt, sind ruinös nicht nur für hochgeistige Werke.

Die »Süddeutsche Zeitung«, die weiß, was Sprachkultur ist und keiner Belehrung durch die Kultusbürokratie bedarf, schrieb vor wenigen

Wochen: »Die Kultusminister spielen auf Zeit. Sie hoffen, daß entweder die Gewöhnung an den Unsinn oder die Verwirrung einen solchen Grad erreichen, daß niemand mehr weiß, wo ihm der Kopf steht.« Auch die »Süddeutsche Zeitung« hat sich jetzt zur Rückkehr zur alten Rechtschreibung entschlossen.

Es ist zu hoffen, daß die Umkehrung der Reform nicht zu einer Prestigefrage wird. Der »Spiegel« und die Axel Springer AG, wie auch diese Zeitung, haben erklärt, daß auf der Basis der alten Rechtschreibung sinnvolle Neuerungen durchaus übernommen werden können. Voraussetzung einer Reform ist, daß sie funktioniert, daß eintritt, was versprochen wird. Das Versprechen lautete: Einheitlichkeit, Einfachheit und größere Sinnhaftigkeit. Alles wurde durch die Praxis grotesk widerlegt. Die Reform war ein handwerkliches Desaster, und hier wird sie in der Tat zu einem Problem für die Politiker. Ratlos steht man vor der Erkenntnis, daß es in Deutschland offenbar unmöglich ist, etwas als falsch Erkanntes zu widerrufen.

Die Bundesregierung hat jüngst erklärt, sie bestehe auf der Reform, und brüskierte damit ihre eigene Kulturstaatsministerin. Der Grund dafür ist nicht bessere Einsicht oder die literarische Expertise des Kanzlers. Der Grund ist selbst ein sprachlicher. Man hat Angst, daß das Wort »Reform« gleichsam kontaminiert wird, daß die Rechtschreibreform, für die die derzeitige Regierung übrigens keine ursächliche Verantwortung trägt, nun zum Symbol von Reformunfähigkeit wird, zum Menetekel, das die Inkompetenz der politischen Klasse in giftiges Licht taucht.

Das Gegenteil ist wahr. »Spiegel« und der Axel Springer Verlag sind so sachlich wie der Technische Überwachungsverein: Was nicht funktioniert, dessen Zulassung wird widerrufen. Im Jahr 2004, das Historiker später einmal unter dem Stichwort der »Reform« mustern werden, ist die Auseinandersetzung um die Rechtschreibreform ein Symbol: Sie zeigt den Politikern die Grenzen ihrer Zuständigkeit.

Lob eines Kommunisten

Unter den deutschen Schriftstellern war Bertolt Brecht, obgleich nie Parteimitglied, der bedeutendste Kommunist. Unter den Kommunisten war er der bedeutendste Schriftsteller. Es gab viele, die orthodoxer, und einige, die phantasievoller waren; aber nur ihm gelang es, die Orthodoxie zum Antrieb seiner künstlerischen Phantasie zu machen. Er hat den historischen Materialismus zur Magd seiner Kunst bestellt. Einmal, als er versuchte, das »Kommunistische Manifest« in Verse zu setzen, intervenierte der besorgte Feuchtwanger mit der Bemerkung, man könne Karl Marx nicht verbessern. Doch ebendies war Brechts Absicht. Seine Literatur sollte die Lehre ästhetisch aufbessern und dadurch gebrauchsfähig machen. »Die Theorie«, so lautete Marx' berühmte Formulierung, »wird zur materiellen Gewalt, sobald sie die Massen ergreift.« Brechts Theaterkunst war die Kunst einer Wegabkürzung.

Alle Einwände gegen Brecht sind bekannt. Seit es den politischen Autor Bertolt Brecht gibt, hat man von seinen Widersprüchen geredet. Man hat, gleich nach seinem ersten großen Erfolg, darauf hingewiesen, daß sein Publikum wenig mit den entrechteten Massen, aber um so mehr mit dem Establishment zu tun hatte. Man hat gezeigt, wie Brecht seinen revolutionären Impuls immer wieder brach, auch verriet. Es gibt in seinem Werk Passagen von geradezu terroristischer Grausamkeit. Ungerechtigkeit strahlt immer wieder von ihm aus und dazu jener Mangel an humaner Phantasie, der ihn etwa bei Stalins

Emissären nur einmal zaghaft nachfragen läßt, was aus den im GULag verschollenen Freunden geworden ist.

Sich darauf zu einigen, wie es heute allenthalben geschieht, daß Brecht kein ganz guter Mensch war, wäre ein dürftiges Resümee. Er hatte zu Menschen, zum Werk und auch zu den kommunistischen Klassikern ein Gebrauchsverhältnis. Liest man die Zeugnisse seiner politischen Erweckung, dann erkennt man, daß der Kommunismus für ihn die Rolle einer Inspirationsapparatur spielte. Die hochabstrakten Klassiker, die Brecht ausschließlich unter dem Gesichtspunkt ihrer Anwendung durch Lenin las, erlaubten es dem Künstler, die Komplexität der modernen Welt noch einmal auf einige wenige Grundbegriffe zu reduzieren. Sein Freund Walter Benjamin hat dies einmal, Brecht zitierend, »plumpes Denken« genannt und damit das Denken der Unterdrücker und Ausbeuter gemeint. Doch solche Plumpheit, mit den Mitteln leninistischer Dialektik ins Werk gesetzt, beförderte überhaupt erst die staunenswerte Karriere mancher der Brechtschen Platitüden. »Wer für den Kommunismus kämpft«, heißt es einmal, »hat von allen Tugenden nur eine: daß er für den Kommunismus kämpft.«

Dergleichen stand in der Tradition der kommunistischen Gebrauchsliteratur: Der Lehrer des Volkes bringt den Schülern überhaupt erst die Grundbegriffe der Weltverständigung bei, jenes »ABC des Kommunismus«, mit dem Bucharin einst eine ganze volkspädagogische Industrie begründet hatte. Für Brecht war es viel mehr. Denn bevor er, wie er später schrieb, in einer »epochalen Entdeckung« den Kommunismus fand, hatte der junge Augsburger Künstler sich selbst entdeckt. Befeuert von dem Ehrgeiz, unter allen Umständen und mit allen Mitteln Klassiker zu werden, Vorgänger und Nebenbuhler auszulöschen, mußte er die große Versuchung des kommunistischen ABC spüren. Überall erprobten die Schriftsteller der zwanziger Jahre neue Formen, neue Sprachen, neue Wörter. Brecht ergriff seine Chance sofort. Der Kommunismus, in ein ästhetisches Programm verwandelt, bot die Chance, ein neues, von keinem seiner Vorgänger benutztes Alphabet zu lehren.

Ein großes Talent, so hat Brechts Gegenspieler Thomas Mann bemerkt, sucht sich, was es braucht: Es übernimmt jede Tradition, die seine Inspiration befördert. Thomas Mann sprach von seiner eigenen bürgerlichen Bildungsgeschichte, in der er später Elemente der Unheilsgeschichte Deutschlands zu entziffern glaubte. Im »Faustus« gehe es um das Motiv »der schlimmen Inspiration« – und also um Nietzsche, Wagner und schließlich um Hitler. Heute ist jedermann klar, daß es unter der politisierten Intelligenz des Jahrhunderts auch die kommunistische, scheinbar rationalere, aber gleichfalls unheilvolle Seelenverschreibung gegeben hat. Versteht man Brechts soeben erschienene melancholische Briefe aus den letzten Lebensjahren recht, so machte er sich über den Preis, den sein Pakt ihn kostete, am Ende kaum noch Illusionen.

Manche faustische Seele fühlt sich noch heute Thomas Mann und seinem »fehlgegangenen guten Deutschland« näher und bestreitet Brecht jeden Anteil an den besten Traditionen des Landes. Das ist nicht nur literarhistorischer, sondern auch politischer Unsinn. Die Irrtümer der beiden nehmen sich nichts. Es war Brecht, der am 1. August 1943 einen Schriftstellerappell initiierte, in dem die amerikanische Regierung gebeten wird, »scharf zu unterscheiden zwischen dem Hitlerregime und den ihm verbundenen Schichten einerseits und dem deutschen Volke andrerseits«. Einen Tag später zog Thomas Mann die schon geleistete Unterschrift zurück mit der Bemerkung, er könne es nicht falsch finden, wenn »die Alliierten Deutschland zehn oder zwanzig Jahre lang züchtigen«.

Gewiß: Was der eine zur Hölle schicken wollte, dem glaubte der andere einmal, den Himmel auf Erden bereiten zu können, und beides wirkt im Rückblick nur noch irregeleitet, anmaßend und schrill. Aber irgendwo unter den lastenden Betondecken all dieser Systeme und Genialisierungen und welthistorisch herbeiphantasierten Zuständigkeiten hört man in der Literatur die Stimme des einzelnen. Zweifelnd, gefühlsmächtig noch an der Gefühllosigkeit leidend, ungeduldig und dabei oft ganz einfach und klar. Man hört sie bei dem heute Hundertjährigen, in den Gedichten Bertolt Brechts.

19.04.2010

Plötzlich sind wir alle Zuschauer

Der Stillstand des Luftverkehrs beruht nicht auf Empirie, sondern auf einer Simulation. Die riesige Datenwolke des Internets dient heute schon zu Risikoprognosen nach denselben Algorithmen

Klaus Walther, der Unternehmenssprecher der Lufthansa, ist ein Mann der Technik. Wenn er angesichts der leeren Himmel über Europa das Fehlen von Intuition und gesundem Menschenverstand beklagt, horcht man auf. Walther und Joachim Hunold, Chef von Air Berlin, sind bisher nicht als Maschinenstürmer in Erscheinung getreten. Sie wollen nur fliegen. Und zwar mit Maschinen. Und dennoch ist ihr Protest gegen das Flugverbot ein Meilenstein in der soeben erst beginnenden Technologiekritik des digitalen Zeitalters, ein Kapitel in der Geschichte der systematischen Selbstentmächtigung der modernen Gesellschaft durch Modelle.

Gewiss: Die Fluggesellschaften haben ihre eigenen Interessen. Allerdings ist Walther bisher nie dadurch aufgefallen, dass er Sicherheit dem Profit opfern würde. Auch wer in diesen Tagen kein Flugzeug besteigen will, tut gut daran, sich klarzumachen, dass die unsichtbare Wolke, die den Flugverkehr vollständig lahmlegt, nicht aus Asche und Staub besteht, sondern aus einem Schwarm von Daten. Was heute ein Vulkanausbruch bewirkt, kann morgen durch ganz andere Eruptionen ausgelöst werden: geologische, ökonomische und soziale. Heute stoppt die Computersimulation den Flugverkehr, zu Kosten, die täglich in die Hunderte Millionen gehen. Was wird sie morgen tun? Was tut sie jetzt schon, ohne dass wir es ahnen? Und was ist der Preis?

Man wird der Lufthansa abnehmen, dass sie keine Risiken eingehen will. Sie stellt nicht in Frage, dass die Computersimulationen zutreffend sein können. Aber sie kritisiert, dass wir es einzig und allein mit einer Mathematik der Simulation zu tun haben, nicht mit Messungen, nicht mit Daten. Die Entscheidungs-Kaskade, die auf dem gesamten europäischen Festland den Flugverkehr lahmlegte, geschah ohne jede Empirie, ohne Messungen, ohne Datenabgleich. Anders als manch genervter Fluggast am Samstag noch glauben mochte, korrigierte sich das Computermodell offenbar nicht durch ständigen Input wirklicher Daten. Die Simulationsoutputs, auf die sich alle verlassen, stammen vom britischen Met-Office. Lediglich Großbritannien und Finnland haben bis zum Wochenende für ihr Territorium diese Simulation durch Messungen ergänzt. Auf dem Kontinent hat es bis Sonntag offenbar erst eine einzige Messung mit einem Laser gegeben; das erste Messflugzeug startet heute in Oberpfaffenhofen.

Die Vorsicht der Behörden ist verständlich. Wer wollte für einen Absturz verantwortlich sein? Es geht auch nicht darum, die Triftigkeit von Simulationen prinzipiell zu bestreiten. Es geht darum, dass sie so sehr als Tatsachen gehandelt werden, dass Entscheidungsabläufe erzwungen werden, die keinen Raum mehr für Erfahrung, Intuition, vulgo: den gesunden Menschenverstand lassen.

Man wird mit Blick auf den Vulkanausbruch sagen: Lieber auf Nummer Sicher gehen als ein Risiko in Kauf nehmen. Kann die Lösung aber lauten, gar nicht mehr zu fliegen, oder wäre die Lösung nicht eher: Ausweichrouten zu definieren, Zeitfenster zu öffnen, Luftbrücken zu bauen? Elastische Antworten lassen sich nicht dadurch geben, dass man sie simuliert, sondern dass man Daten ermittelt und durch Messungen die Berechnungsgrundlage ändert.

Gibt es Gebiete ohne Wolke, in welchen Luftschichten befindet sie sich, wie hoch soll und kann man wann fliegen? Kann die Lufthansa, wie von ihr angeboten, Testflüge machen, mit entsprechenden Folien an den Maschinen die Verteilung der Asche ermitteln, um tatsächliche Daten zu generieren? All das war nicht möglich: Eine einzige Simulation genügte, um in die Schicksale von Millionen von Menschen einzugreifen und Europa lahmzulegen. Das hat damit zu tun, dass die Simulation ihre eigenen sozialen Algorithmen produziert. Der Ermessensspielraum liegt für alle beteiligten Behörden bei null. Es sind Menschen, aber im Grunde müssen sie handeln wie die Algorithmen, die bei der Finanzkrise eine Vielzahl von Marktreaktionen auslösten, weil es die Parameter erzwangen.

Plötzlich werden alle zu Zuschauern: die Fluggäste, die Piloten, die Airlines, der Wetterdienst, die Behörden. Die »human response«, die menschliche Antwort auf die Maschine, ist nicht mehr möglich, weil auch in den menschlichen Entscheidungsgruppen ein Programm von Befehlen, Verordnungen und Routinen abläuft. Es ist eine Ironie der Geschichte, dass von diesem Automatismus als Erstes eine Industrie wie die Luftfahrtindustrie betroffen ist, bei der jeder Pilot eine Maschine so steuern können muss, als gäbe es keinen Autopiloten und keine computergestützte Entscheidungshilfe bei Krisen.

Ist der Grad vorausberechneter Komplexität dicht genug, existiert auch »Schicksal« nicht mehr. Wo Schicksal nicht existiert, wird alles zur juristischen Verantwortung. Denn die Simulation ist im Katastrophenfall immer im Recht. Liegt die Prognose vor, tritt der Mensch gegen die scheinbar unerbittliche Logik der Mathematik an. Computer, sagt der amerikanische Mathematiker Steve Strogatz, berechnen mittlerweile Dinge, die auch die brillantesten Mathematiker nicht mehr überprüfen können. Dies führe zu einem neuen Autoritarismus: Erkenntnisse werden zum »Zuschauer-Sport«, wir können sie nur beklatschen oder ausbuhen, aber wir können sie nicht mehr nachvollziehen, weil wir nicht mehr verstehen, wie der Computer zu seinen Ergebnissen kam. »Du hättest wissen müssen: 1 + 1 = 2.« Den Satz lässt man sich noch gefallen. Wie aber, wenn das, was man hätte wissen müssen, aus einer komplexen Anzahl von Parametern und Formeln besteht, so dass nur noch ein Computer sie berechnen kann?

Womit wir es zu tun haben, ist eben nicht nur eine Simulation, sondern eine Voraussage. Sie zeigt sehr anschaulich, wie schwer es uns fällt, Berechnungen über uns durch Wirklichkeit zu korrigieren. Im Zeitalter sozialer digitaler Vernetzung werden ähnliche Voraussagen über Menschen gemacht. Soeben hat die Jugendstrafbehörde in Florida bekanntgemacht, dass sie mit Hilfe der analytischen Software von IBM Aussagen über die soziale Prognose straffällig gewordener Jugendlicher machen wird. Das gleiche System der »predicitve analytics« benutzen die britischen Justizbehörden, um vorherzusagen, ob Straftäter rückfällig werden.

Studien zur prognostischen Kraft von Twitter oder Google haben gezeigt, dass die Triftigkeit solcher Prognosen wirklich staunenswert ist. Das macht sie so verführerisch und so gefährlich. Wenn nicht nur die Sicherheit von Flugbewegungen, sondern auch soziale Mobilität, intellektuelle Kompetenz, Gesundheit mit dem Gestus wissenschaftlicher Gewissheit vorausgesagt werden kann, genügen wenige Parameter, und die Aufsichtsbehörden des Lebens schreiten ein, so wie jetzt die Luftaufsichtsbehörden. Sie tun es bereits, wie Frank Rieger in dieser Zeitung gezeigt hat, bei Krediten und sozialen Prognosen, sie tun es, wie Stephen Baker in Amerika demonstriert hat, in Unternehmen und Behörden. Diese benutzen die unendlich große soziale Datenwolke des Netzes und halten sich Unternehmensberater als Heilsbringer. Die soziale Wolke besteht aus unendlich vielen Datenpartikeln, vom Facebook-Eintrag über Einkäufe, E-Mails, Kommentare bis zu unendlich vielen Korrelationen, die sich ergeben, wenn unsere Daten mit Milliarden anderer Daten abgeglichen werden. Heute steht Ihr Flugzeug still, morgen vielleicht Ihre Karriere.

Nur Gestrige können glauben, dass in der Skepsis gegenüber dieser neuen Macht die Sehnsucht nach vorindustriellen Zeiten steckt. Es geht vielmehr darum, gegen die Welt der Computer Instanzen des Einspruchs zu etablieren, den Widerspruch, der sich einzig und allein aus Empirie und Intuition speisen kann, als Aufgabe moderner Gesellschaften zu erkennen. Tun wir das nicht, fliegt bald gar nichts mehr.

04.05.2011

Tod und Jubel

Keine Trauer um Usama Bin Ladin. Aber Freude darüber, dass ein
Mensch getötet wurde? Und gleichsam auch noch amtlich?

Es gibt viele Gefühle, die man angesichts des Todes von Usama Bin Ladin in sich entdecken kann. Gehört »Freude« dazu? »Ich freue mich, dass es gelungen ist, Usama Bin Ladin zu töten«, sagte die Bundeskanzlerin am Montag, und viele freuten sich mit ihr. Ein Satz, der einem leichtes Frösteln bereitet. Genugtuung, dass Bin Ladin das Handwerk gelegt worden ist. Freude, dass es dem Mörder nicht gelungen ist, sich dauerhaft zu verstecken – all das sind verständliche Reaktionsmuster. Gewiss: Angehörige seiner tausendfachen Opfer werden ihre Rachegefühle befriedigt sehen – wer wollte es ihnen verdenken? Aber Freude darüber, dass einer getötet wurde? Und die gleichsam auch noch amtlich?

Fast unhörbar im Jubel erklang die Stimme des Vatikans. Bin Ladin trage schwerste Verantwortung für Hass und Zwietracht in der Welt, sagte Federico Lombardi, der Sprecher des Papstes, fügte dann aber hinzu: »Ein Christ sollte niemals den Tod eines Menschen begrüßen.« Wem das zu christlich ist, der mag sich der Worte Gandalfs im »Herrn der Ringe« erinnern: »Viele, die leben, verdienen den Tod. Und manche, die sterben, verdienen das Leben. Kannst du es ihnen geben? Dann sei auch nicht so rasch mit einem Todesurteil bei der Hand.«

Dass Usama Bin Ladin starb, war sein Risiko und der Preis, den er zahlte. Dass durch den amerikanischen Einsatz sein Tod in Kauf genommen werden musste, entspricht der Praxis bei Geiselnahmen – schließlich hatte der Terrorist eine ganze Welt zu Geiseln genommen. Aber diese Erwägungen sind immer noch Lichtjahre von der »Freude« über den Tod entfernt. Nicht wegen Bin Ladins, sondern unseretwegen. Es gehört zu den Gemeinplätzen jedes im Namen der Humanität geführten Konflikts, dass man unter keinen Umständen so werden darf wie seine Feinde. Einer Zivilisation, deren Wurzeln sich der Freude über die Geburt eines Kindes verdanken, also dem Leben, steht es schlecht an, die Freude über die Tötung des Feindes zur Konflikträson zu machen.

Man muss nicht so übermenschlich human sein, wie es Ludwig Wittgenstein war, der kurz vor Hitlers Selbstmord bemerkte: »In welcher schrecklichen Lage muss er sein«, und auch nicht so demonstrativ abgebrüht wie Thomas Mann, der bei der Todesnachricht nur sagte: »Who cares?« »Wen kümmert's?« Beiden Reaktionen aber ist gemein, dass sie sich nicht auf das Spiel mit dem Erzfeind einlassen, das ihn noch mythisch erhöht. Sie bringen ihn auf den Boden rein verbrecherischer Tatsachen zurück. Die Dämonologie von »Erzfeind«, »Teufel« und »Monster«, die die sofortige Tötung moralisch als einzigen Ausweg feiert, hat nämlich den unangenehmen Kollateraleffekt, dass sie aus Kriminellen das macht, was sie sich erträumen: den gefallenen Engel, den moralischen Antipoden, den Einzelnen gegen die Welt.

Dass es einer Allianz sämtlicher Weltmächte nach zehn Jahren »gelungen« ist, einen Einzelnen zu töten, der sich in einem Luftkurort unter pensionierten Generälen versteckte, ist weniger der Kern eines neuen amerikanischen Erfolgsmythos als eines möglichen Mythos des Usama Bin Ladin. Als Hitler tot war, bedauerte man diesen Tod, weil es nicht gelungen war, ihn vor Gericht zu stellen. Dieses Bedauern wäre auch im vorliegenden Falle angebracht.

Was gedacht werden kann,
wird auch gemacht werden

Das Drehbuch schrieb die Techno-Fiktion: Der Terrorismus
benutzt unsere Technologien und unsere Phantasien

Meldung 123602 zum »Microsoft Flight Simulator« erscheint ungefähr eine Stunde nach dem Einsturz des zweiten Turms im Internet. Sie stammt von »basher25« und lautet: »Ich frage mich, ob die Türme des World Trade Center in die New York Scenery von Microsoft Flight Simulator 2002 eingebaut werden. Wahrscheinlich sind sie schon drin, und jetzt wird der Erscheinungstermin verschoben oder ein Patch kommt raus. Angesichts der Tatsache, daß die Gebäude nicht mehr existieren, wäre der Simulator so realistisch wie möglich (as real as it gets).« Tatsächlich, so ließe sich hinzufügen und so berichteten es Piloten in amerikanischen Fernsehanstalten, kann man mit dem Flugsimulator den Kamikaze-Anflug auf jede Sehenswürdigkeit in der Welt sehr realitätsnah trainieren.

Diese Vermischung der Realitätssphären, die von »Independence Day« bis zum Flugsimulator reicht und selbst Augenzeugen den grausigen Satz »realistischer als in einem Actionfilm« sagen ließ, ist gewiß auch Defensivstrategie, um schweren psychischen Schäden vorzubeugen. Aber gleichzeitig handelt es sich um Wirklichkeit: Den Realitätsgrad des Simulators gibt es; er wird zur Pilotenausbildung eingesetzt. Man braucht nur einen Computer. Dann kann man sogar in völliger

Echtzeit über Websites, die die realen Flugrouten realer Flugzeuge zeigen, die Angriffe koordinieren.

Es ist deshalb kein Zufall, daß außerhalb des politischen und medizinischen Komplexes in Amerika in den letzten achtundvierzig Stunden praktisch nur zwei – sagen wir: Intellektuelle – in den Medien maßgeblich wurden: Bill Joy und Tom Clancy. Kein Geistlicher, kein Psychologe, kein Wirtschaftsboß, sondern der Technologiekritiker und der Techno-fiction-Autor scheinen so etwas wie die Vorhut jenes Katastrophenschutzkommandos zu sein, das eine zutiefst verunsicherte Welt für die noch gar nicht sichtbaren Schäden in ihrem Innern benötigt. Der »Low-Tech-Angriff«, soviel scheint klar, war wohl die erste terroristische Technologieattacke; jedenfalls eine (sieht man von der Autobombe ab), die keine Waffen benutzte (womöglich nicht einmal in den entführten Passagierflugzeugen), aber als Waffe das technische Wissen um Flugverkehr und Avionik einsetzte.

Damit war eingetreten, wovon der Computeringenieur und der Thrillerautor – jeder auf seine Weise – seit längerem reden. Bill Joy, der Wissenschaftler, hatte recht. Tom Clancy, der Geschichtenerfinder, hatte recht. Das sind die Fakten. Und plötzlich färbt sich die Technologiedebatte, die amerikanische Wissenschaftler und Ingenieure seit über einem Jahr führen, in anderes Licht. Galt sie bislang bei manchen als hochspekulativer negativer Utopismus, ist sie jetzt geworden, was sie in den Augen ihrer Wortführer immer schon gewesen ist: eine sehr realistische Vorahnung sehr realer Geschehnisse.

Joy etwa, dessen Thesen in der deutschen Öffentlichkeit oft zur Travestie verfremdet wurden, hat keineswegs plan vor Technologien gewarnt, sondern vor deren Gebrauch durch Terroristen und zwei Prognosen abgegeben, die ihm die Mitarbeit in Clintons Technologiegremium eintrugen. Erstens: Computerlogistik in Verbindung mit alten und neuen Technologien wird durch den Terrorismus zu einer unabsehbaren Gefahr. Zweitens: Kein »Star Wars«-Programm der Welt wird gegen diese Bedrohungen etwas ausrichten können, im Gegenteil: Paradoxerweise wird durch Minimierung atomarer Gefahren Schutzlosigkeit zum Lebensgefühl der technologischen Welt des einundzwanzigsten Jahrhunderts.

»Zum Bau von Atomwaffen«, so beschreibt Joy in seinem Manifest »Warum die Zukunft uns nicht braucht« das Lebensgefühl des zwanzigsten Jahrhunderts, »benötigt man zumindest in der Anfangszeit seltene – tatsächlich sogar nahezu unerreichbare – Rohstoffe und ein durch Geheimhaltung geschütztes Wissen. Die Technologien des neuen Jahrhunderts bergen dagegen Gefahren, die sich in ganz anderen Dimensionen bewegen. Und am gefährlichsten ist wohl die Tatsache, daß selbst einzelne und kleine Gruppen diese Technologien mißbrauchen können. Dazu benötigen sie keine Großanlagen und keine seltenen Rohstoffe, sondern nur Wissen.« Getäuscht hat sich Joy lediglich in der Einstiegsschwelle der Technologien. Er glaubte, die Computer müßten noch stärker und die Genforschung noch effizienter werden; jetzt sieht man: Microsofts Flightsimulator 2000, mit dem man den Anflug aufs World Trade Center laut Pilotenaussage »hyperrealistisch« trainieren kann, und das Internet reichen völlig aus.

»Was gemacht werden kann, wird immer auch gemacht werden« – dieser Satz konnte bislang als Ausdruck eines Technologiepessimismus verstanden werden, wonach Erfindungen nicht rückgängig zu machen sind und daher zwangsläufig zu ihren unerwünschten Folgen führen. Wir haben Grund, diesen Satz künftig einfacher zu lesen. Nicht nur sind die technologischen Größenphantasien der Gates und Joy und Grove, eigenem Eingeständnis zufolge, aus der Raumschiff-Enterprise-Welt ihrer Kindheit genährt worden, so daß sie eine eigene Wirklichkeit anzunehmen begannen. Es ist paradoxerweise die gleiche amerikanische Weltkultur, die auch den Terroristen die Handlungsanweisung und das Rollenbild liefert. Die doppelte Symbolik, mit Maschinen der American Airlines das World Trade Center zu zerstören, ist eine amerikanische Phantasie. Die Idee, mit Passagierflugzeugen Washington zu bombardieren, stammt von Tom Clancy. Hat Bill Joy die amerikanische Regierung in Fragen der nationalen Sicherheit beraten, so weiß man von dem Schriftsteller Clancy, daß er für die Armee regelrechte

Simulationsskripte schreibt und dafür im Gegenzug mit Informationen versorgt wird. Sein Roman »Ehrenschuld« endet mit dem gezielten Absturz einer 747 auf das Kapitol durch einen japanischen Flugkapitän (so realistisch, daß sich vorgestern abend eine angeblich japanische Terroristengruppe aus den gleichen Gründen zu der Katastrophe bekannte, die im Roman genannt werden). Man lese das nach – in Amerika bis zum Überdruß zitiert –, es ist die Beschreibung des aktuellen Anschlags in Zeitlupe: »Einhundert Tonnen Treibstoff explodierten in ihren zerfetzten Tanks und verdunsteten auf ihrem Weg durch die Steinmauern.«

Es ist gleichgültig, wie genau Clancy das Drehbuch geschrieben und kalkuliert hat. Wichtig ist und zutiefst beunruhigend bleibt, daß die Terroristen Amerikas politisch brisantesten Thrillerautor offensichtlich auf gespenstische Weise »zitieren« wollten. Damit ist ein Grad von Perfektion und Entschlossenheit angezeigt, der in der Tat nur noch mit dem Begriff der Kriegserklärung erfaßt werden kann. Gleich, ob Joy in allen Details recht behalten wird. Der Terrorismus hat nicht nur instrumentell, sondern auch geistig eine elementare technologische Schwelle überwunden. Es gibt für das, was er tut, kein besseres Bild als das des Computervirus: Er nistet sich in unsere Systeme ein, um uns mit ihnen selbst zu überfallen. Hier wäre ein Ansatzpunkt, auch den Deutschen die Notwendigkeit einer neuen Kommunikation zwischen den Wissenschaften einleuchtend zu machen. Wer das Mittelalter predigt, benutzt dennoch die Kalaschnikoff. Und den Pentium III. Und die Biotechnik. Und er benutzt sie zu einem einzigen Zweck. Die Symbiose der Kulturen – die Vermählung von Technologie und von Religion – ist auf der Gegenseite längst erfolgt. Ganz anders, als es je einer erwartet hätte. Die Waffe, die daraus geschmiedet wird, sie ist ungeheuer. Sie droht uns jederzeit.

Zehntausend Jahre Einsamkeit

Wie wir unsere Nachkommen vor uns selber schützen wollen –
Ein Bericht an den Kongreß

Es ist ein »Bericht an eine Akademie«, und er ist keine neunzig Seiten lang. Er scheint einem Science-fiction-Buch entnommen, basiert aber auf der Arbeit einer hochrangigen wissenschaftlichen Expertenkommission. Sein Titel lautet: »Zehntausend Jahre Einsamkeit«, und sein Verfasser heißt Gregory Benford. Benford ist erfolgreicher Science-fiction-Autor, mit hohen Auszeichnungen versehener Physikprofessor an der Universität von Kalifornien und ständiger Berater der Nasa. Als Buch liegt das Dossier auch unter dem Titel »Deep Time – How Humanity Communicates Across Millennia« vor (Avon, 1999).

Wem die zivilisatorischen Ängste, Visionen und Hoffnungen dieses anbrechenden Jahrhunderts übertrieben vorkommen, versehe sich mit diesem Buch. Wer der Zukunft der Kunst mißtraut, lese diese neunzig Seiten. Er wird auf deren glänzende Zukunft stoßen. Wer die wissenschaftliche Debatte der legitimierenden Macht der reinen Wissenschaft überlassen will, lasse sich hier eines Besseren belehren. Hier ist ein Beispiel für Geschichtspolitik, ein Anwendungsfall für Erinnerungsstrategie.

Es geht um die Grundfragen des einundzwanzigsten Jahrhunderts: Wie schaffen wir Tabus? Wie setzen wir Verbote durch? Wie verhindern wir, daß Menschen Grenzen überschreiten? Wie kann die moderne

Gesellschaft ein neues Nonplusultra errichten: Bis hierher und nicht weiter? Das ist gewöhnlich eine Frage für evangelische Akademien, für Moralphilosophen und für Streitgespräche über die Grenzen des Machbaren.

Hier aber geht es nicht um Moral. Die Kommission des Gregory Benford, besetzt mit Physikern, Anthropologen, Linguisten, Gehirnforschern, Molekularbiologen und Kosmologen, hat vom amerikanischen Kongreß eine mit 1.8 Milliarden Dollar etatierte Aufgabe bekommen. Sie lautet: ein Zeichen- und Abwehrsystem zu entwickeln, das die amerikanischen Endlagerstätten für radioaktiven Müll vor zufälligen Eindringlingen schützt. »Sie meinen, die Salzstöcke sollen markiert werden …?« fragt Benford den Anrufer. »Ja«, unterbricht der ihn, »genauso: Der Kongreß will einen Schutz für zehntausend Jahre.«

Was Benford jetzt beschreibt, ist nichts anderes als der Versuch, mit der Zukunft zu kommunizieren. Es ist das ebenso größenwahnsinnige wie verantwortungsbeladene Unternehmen, eine ferne Zukunft vor dem realen tödlichen Erbe unserer Gegenwart zu warnen. Es ist keine Phantasie und keine Science-fiction, sondern eine »Erbediskussion« ganz eigener Art. Sie fragt: Wie können wir unsere Nachkommen vor uns selbst schützen? Wie können wir Grenzen ziehen, die Eindringlinge vor dem Nonplusultra zurückhalten?

Der Salzstock, an dem das »Pilote Project« seine Arbeit begann, befindet sich in Carlsbad, New Mexico. Die riskante Halbwertzeit des dort gelagerten und zu lagernden Atommülls beträgt zehntausend Jahre. Das Verkehrsministerium sagt voraus, daß in den Wüsten und Salzseen des Gebietes kaum neue Städte entstehen würden. Die Umweltschutzbehörde berechnet, daß der gelagerte Atommüll nicht mehr als tausend Tote in zehntausend Jahren verursachen würde. Das sind die Ausgangsbedingungen der Kommission.

Zunächst erarbeitet sie ein Konzept, das sie »probability trees« nennt. Schon bald merkt sie, daß jede Form von politischer und sozialer Prognose absurd ist. Sie arbeitet deshalb mit zwei politischen Arbeitshypothesen. Die eine geht von grundsätzlich neuen politischen

Verhältnissen in den nächsten zehntausend Jahren aus, die andere nennt sich »USA Forever« und geht von einer Weiterexistenz der Vereinigten Staaten aus.

Wie hoch ist die Wahrscheinlichkeit, daß atomare Endlagerstätten im Laufe von zehntausend Jahren aufgebrochen werden? Nach langwierigen Berechnungen geht die Kommission von einer Wahrscheinlichkeit von unter zehn Prozent aus. Die Energiebehörde erklärt, ein Risiko von zehn Prozent sei tolerierbar. Jetzt stellte sich die Gruppe das nächste Problem: Welche Maßnahmen sind notwendig, um die Zukunft zu warnen und den zehnprozentigen Gefährdungswert einzuhalten?

Der Physiker Bernard Cohen schlägt vor, den ganzen Betrag von 1,8 Milliarden Dollar bis auf einen Dollar in Sicherungsmarkierungen zu investieren. Ein einziger Dollar, so rechnet er der sprachlosen Finanzbehörde vor, der jetzt bei dreiprozentiger Verzinsung angelegt wird, wird in tausend Jahren zu 6 Milliarden Dollar. Cohen will die Behörde und den Kongreß schockieren und den Wahnsinn radioaktiver Endlagerung illustrieren: »Da wir das Geld nicht ausgeben, um heutiges Leben zu retten, sollten wir es auch nicht ausgeben, um zukünftiges Leben zu retten.« Kein Ökonom, so argumentiert Cohen, würde Geld für tausend Jahre anlegen und verzinsen. Die moderne Gesellschaft aber nimmt das Zehnfache der Zeit für die Lagerung von tödlichem Gift in Kauf.

Je mehr sich die Kommission mit der zu bewältigenden Zeitspanne beschäftigt, desto unheimlicher wird noch den abgebrühtesten Experten. Ur- und Altertumswissenschaftler werden eingeflogen und berichten über den Bau von Stonehenge und der Pyramiden. Wie mußte Stonehenge (1500 vor Christus) angelegt sein, um 3500 Jahre zu überstehen? Und wie übersteht ein Symbol 10 000 Jahre? Die Kommission läßt sich vom Limes, vom Hadrianswall, von der Großen Mauer berichten und formuliert ihren wichtigsten Grundsatz: groß=bedeutend (big=important) – diese Formel müßte auch in der Zukunft verstanden werden. Auch von den künftigen Generationen, die wir vor unserem Erbe warnen wollen.

Herrscher und Künstler wollten immer schon unsterblich sein, und also sucht die Kommission in deren Hinterlassenschaften. Sie studiert die Rezeptionsgeschichte Homers und der Bibel, sie schickt Boten zu den Pyramiden, sie untersucht Granit, Beton, läßt sich vom Bibliothekar der »Library of Congress« den Lebenszyklus von Dokumenten erklären.

Der Vorschlag, riesige Betonpfeiler zu errichten, wird verworfen. Unter den Bedingungen der Erosion könnte der Salzstock in Carlsbad wie eine besonders wichtige und attraktive Stätte wirken und alle Arten von Grabräubern anziehen. Das Symbol für Radioaktivität wird getestet und schon von der Mitwelt nicht verstanden: »Warum«, fragt einer, »werden hier soviel Schiffsschrauben vergraben?« Die Anthropologen empfehlen Totenköpfe. Der Totenkopf erwecke wahrscheinlich noch in Jahrtausenden einen natürlichen Fluchttrieb, denn er erinnere den Primaten an Zeiten, wo herumliegende Totenköpfe Aufgefressenwerden signalisierten. Aber ein Historiker erinnert daran, daß Totenköpfe bei den Alchimisten Wiederauferstehung bedeuteten, und ein Psychologe unternimmt Experimente mit Dreijährigen: Klebt der Totenkopf auf einer Flasche, rufen sie ängstlich »Gift«, klebt er an der Wand, rufen sie begeistert »Piraten«. Nach langwierigen Beratungen erklärt die Kommission, daß menschliche Knochen – weitverstreute Skelette – der wirksamste Schutz wären, vorausgesetzt, sie würden zehntausend Jahre überdauern.

In mehreren Arbeitsschritten nähert sich die Gruppe der Herstellung des modernen Tabus an – eine Art aufgeklärter Pharaonenfluch soll entstehen und weitergegeben werden. Linguisten überprüfen die Möglichkeit, eine Art Warnung in die mündlichen Traditionen der Umgebung zu implantieren: moderne Märchen, die vor unheimlichen Orten bewahren sollen. Unterdessen berechnen Architekten, wie Beton- und Granitpfeiler angelegt sein müssen, um heulenden, also unheimlichen Wind zu erzeugen. »Eine spukhafte Atmosphäre«, so die Kommission, »ist eine Schutzmaßnahmen für Zeiten und Zivilisationen, die die Erinnerung an die Endlagerstätten verloren haben.« Der

Boden um die Endlagerstätte soll mit Keramik-, Eisen- und Steinplaketten buchstäblich gesät werden, die alle Arten von Warnungen enthalten. »Das wird maximal zweitausend Jahre verstanden werden«, sagen die Sprachwissenschaftler.

Alle Beteiligten – Natur- wie Geisteswissenschaftler – sind sich in zwei Dingen einig. Erstens: Die radioaktive Endlagerung bedeutet moralisch eine in der Geschichte bislang noch keiner Generation gestellte Verantwortung. Zweitens: Eine Warnung für künftige Generationen ist nur möglich, wenn eine Geschichte erzählt wird. Denn da die tödlichen Folgen der Strahlung zuweilen erst nach Jahren sichtbar werden, muß unseren Nachkommen der Zusammenhang von Ursache und Wirkung unmißverständlich erzählt werden.

Jon Lomberg, der zusammen mit Carl Sagan an der Voyager-Mission mitwirkte, stellt die Frage, die, wie Benford berichtet, die Kommission niemals lösen konnte: »Wie können wir sicher sein, daß unsere Markierungen nicht für Kunst gehalten werden? Wir wollen die Leute von dem Ort fernhalten. Wir wollen nicht, daß sie kilometerweit reisen, um ihn sich anzuschauen.« Und er macht den Vorschlag, die oberirdischen Markierungen selbst schwach radioaktiv zu gestalten, so daß auf der Oberfläche eine Art Todeszone entsteht.

Die Arbeit der Kommission, so schreibt Benford, sei der »bislang umfangreichste Versuch unserer Gesellschaft, mit der Zukunft über den Abgrund der Zeit zu kommunizieren«. Sie ist bis heute nicht abgeschlossen. Es ist eine Kommunikation, in der die Semantik des Sakralen mit seinen Verboten, die Sprache der Kunst mit ihrer suggestiven Macht, der Wissenschaft mit ihrer Rationalität und Effizienz auf ziemlich einzigartige Weise zusammenkommen. Aber ihr Ziel ist nicht, Ruhm und Nachruhm zu verbreiten, sondern Tod durch die Herstellung künstlicher Tabus zu verhindern. Gregory Benfords »Deep Time« ist in seinem sachlichen Perfektionismus ein Vademecum für unsere Zeit. Es ist ein Lehrbeispiel für unsere Unmöglichkeit, Grenzen zu ziehen.

Der Methusalem-Komplex

Alte, wollt ihr ewig leben?

*Über die Deutschen, die im Jahr 2030 aus der Zeit fallen: Das ZDF
sendet heute abend einen Thriller über die, die wir sein werden*

Hinschauen und verzeihen, dass die Darsteller, dann, wenn's spannend wird, einem zuzuraunen scheinen: »Übrigens bin ich nur ein Drehbuch.« Trotzdem weiterschauen. Vom Geburtsjahrgang 1950 an seine Lebenszeit mit der Zukunftszeit des Films in Beziehung setzen: 2017, 2020, 2030. Dann das Vorbestimmte daran erkennen: Alterung der Gesellschaft. Plus Renten- und Krankenkassen- und Pflegeversicherungszustand. Plus Staatsverschuldung. Minus Produktivitätssteigerung. Multipliziert mit eigenem Geburtsdatum. Das ergibt die Summe unseres Schicksals. Berechenbar. Wie weltweit fast alle Statistiker sagen – ohne jede große Fehlertoleranz. Das erkennen und in den nächsten dreißig Jahren auf die kartesianische Frage sich sagen: Ich bin nur ein Drehbuch. Eines, dessen Autoren wir nicht sind. Autonomie zu verlieren, abhängig zu werden – unter allen Ängsten ist diese Angst der alternden Gesellschaft die verbreitetste.

Im Jahre 1976, als die Männer noch Latzhosen trugen und die Frauen sich gerne »Momo« nannten, wurde in den einschlägigen Milieus ein Aussteigerfilm sehr erfolgreich, der den Titel trug: »Jonas, der im Jahre 2000 fünfundzwanzig Jahre alt sein wird«. Das ZDF sendet heute gewissermaßen die Fortsetzung. »Torben, der im Jahre 2030 siebzig Jahre alt sein wird«, könnte er heißen oder einfach nur »Harald, der im Jahre 2030 alt sein wird«. Man sollte hinschauen und das ZDF dafür loben, dass es sich eine ganze Woche lang dem Thema stellt, das für die heute unter Fünfzigjährigen zum Lebensthema schlechthin wird.

Der Plot ist nicht gut gespielt, denn er ist nur gespielt. Was hätte Wolfgang Menge aus dem Thema gemacht! Die Schauspieler sind Schauspieler, ihre Sätze Drehbuchsätze. Dadurch wirkt »2030 – Aufstand der Alten« leider über weite Strecken wie ein Science-Fiction-Guido-Knopp aus der Zukunft. Das freilich gibt umgekehrt den authentischen Einspielungen – von Norbert Blüm bis Angela Merkel – eine unerhörte Dramatik. Die Geschichte, deren Auflösung hier nicht verraten werden soll, ist keineswegs absurd: die demographische Situation im Jahre 2030 zwingt die Staaten dazu, sich der Alten kostensparend zu entledigen. Eine Reporterin, gemimt von Bettina Zimmermann, kommt einem politischen Komplott auf die Spur, dessen Aufdeckung – ähnlich wie bei dem berühmten Thriller »Jahr 2022 ... die überleben wollen« (»Soylent Green«) – hinter dem Staat ein mörderisches System enttarnt. Es wird im wirklichen Jahr 2030 vielleicht nicht so kriminell geschehen wie im Film. Wer bezweifelt, dass die aktuellen Debatten um Euthanasie und Sterbehilfe bereits im Zeichen der alternden Gesellschaft stehen, wird den Film für unrealistisch halten. Er wird aber damit seine eigene Wachsamkeit betäuben. Denn die Alterung unseres Landes bedeutet nichts Geringeres als einen fundamentalen Wandel unserer Gesellschaft: in den Jahren 2009, 2015 und von 2020 an in demographischen Sprüngen, die unübersehbar sein werden.

Der Film mag, wie James Vaupel sagt, als naturalistische Variante unserer Zukunft unrealistisch sein, als Sozialutopie ist er es nicht. Wir alle werden in einer Gesellschaft leben, in der erstmals mehr Ältere als Junge leben. Wir alle haben die großen Krisen der Vergangenheit – von den Kriegen bis zur Inflation – immer nur aus der Perspektive der Jüngeren gelesen. Wir, das friedens- und wohlstandsverwöhnteste Deutschland aller Zeiten, werden die Krise als Alte erleben. Von einem Tag X an, so Mark Steyn in seinem aktuellen Bestseller, wird sich die

Bevölkerung der am meisten betroffenen Staaten ungefähr alle fünfunddreißig Jahre halbieren. Wir werden weniger sein. Das ist, wie der Demographiekritiker Albrecht Müller im Streitgespräch in dieser Zeitung einst feststellte, zunächst wirklich nicht schlimm. Schlimm ist, dass diejenigen, die da sind, in der Mehrzahl älter als fünfzig Jahre und in der absoluten Minderheit jünger als fünfundzwanzig Jahre sein werden.

Dem ZDF gebührt das Verdienst, eine durchaus plausible Zukunftsvariante durch einen Thriller illustriert, vor allem aber: durch eine Themenwoche ins Bewusstsein geholt zu haben. Niemand soll auf den Entwarner hören, der älter als dreißig und jünger als fünfzig ist. Was wir erleben, ist ein eher evolutionärer denn revolutionärer Prozess – und er belohnt mit dem Angebot zur Anpassung. Aber Anpassung heißt: die eigene Lebenszeit neu zu denken angesichts einer deutlich wachsenden Lebenserwartung und einer signifikanten Ausdehnung der Phase des »gesunden Alters«. Die Evolution der Gesellschaft verlangt eine Revolution der Zeit. Wir konnten uns zu Beginn des zwanzigsten Jahrhunderts an die Beschleunigung im Raum gewöhnen, nun müssen wir, was ungleich schwieriger ist, den Zuwachs an Zeit leben lernen. Die Lebensoptionen eines heute sechzigjährigen Menschen entsprechen denen von sehr viel jüngeren Menschen zu Anfang des zwanzigsten Jahrhunderts – einfach deshalb, weil wir länger und länger gesund leben. Solange dieser Zuwachs an Optionen nur als »Langlebigkeitsrisiko« gehandelt wird, ist jeder, der heute altert, in den Augen der Gesellschaft eine tickende Zeitbombe.

Ärgerlich ist, daß »2030« die jungen Leute der Zukunft so zeigt wie die jungen Leute von heute. Sie aber werden anders sein. Die Vereinbarkeit von Familie und Beruf wird eine der großen Standardfragen an Unternehmen sein, die entweder gewinnen oder untergehen. Denn schon im nächsten Jahrzehnt werden junge Frauen im Arbeitsleben so dringend gebraucht, dass die Debatte um Rollenbilder im Berufsleben ganz anders geführt werden muss: Nicht mehr die Alten werden privilegiert, sondern die Kohorten zwischen dem fünfundzwanzigsten und dem vierzigsten Lebensjahr.

Eine alternde Gesellschaft ist keine Gesellschaft, in der die Alten aufgrund der Mehrheitsverhältnisse die Macht haben. Die Jungen, vor allem die jungen Frauen, würden (wie in den neuen Bundesländern geschehen) in einem solchen Fall einfach abwandern – weshalb ihre gesellschaftliche Macht in Zukunft größer sein wird als heute. Soziales Jahr mit achtzehn? Wir werden das freiwillige soziale Jahr mit fünfundsechzig oder siebzig erleben! Wo die Jungen die kostbare Minderheit und die Ältern die Regel werden, ändern sich eben die Spielregeln.

Was werden die Jungen tun? Und wann? Nach allem, was wir heute wissen, werden sie, wenn sie ein normales Durchschnittsleben anstreben, vierzig Jahre ihres Lebens sich um Abhängige kümmern müssen. Sie müssen vielerlei leisten: Unterstützung für die eigenen Eltern und Großeltern (die aufgrund der steigenden Lebenserwartung immer länger leben; steuerliche Abgaben für die alternden Kohorten insgesamt; und dann womöglich noch die Entscheidung für eigene Kinder treffen.

Leider ist davon in »2030« nicht die Rede. Aber da der demographische Wandel das Thema unserer Zeit ist, gibt es genügend Möglichkeiten, die Welt der Zukunft aus der Sicht der Jungen zu schildern. »2030 – Aufstand der Alten« erzeugt Emotionen; eine spezifische Empörung über das Versagen der Politik ist dabei besonders buchenswert: Erstmals versteht man, was es heißt, wenn die Politik das Kostbarste verspielt, was wir haben, nämlich Zeit. Man versteht, was es heißt, wenn Zeit verrinnt. Der berühmte Gorbatschow-Satz, der das Ende eines Landes beschrieb, dem die Jugend wegblieb, muss nicht nur für die eine ehemalige Hälfte Deutschlands gelten. Die Wut über verpasste Chancen ist gewaltig; sie wird auch den Einzelnen, der vergaß, sich vorzubreiten, noch ereilen. Aber noch größer ist die Enttäuschung über eine Politik, die dadurch Zeit schindet, dass sie permanent sagt, dass uns keine Zeit bleibt. Eine Politik wie ein schlechter Film. Nur, dass dieser Film droht unser Leben zu werden.

Das Moses-Projekt

Über das Altern: Unser Beitrag zur Jahrtausendwende

In dem von Astruc und Contat Anfang der siebziger Jahre produzierten Film »Sartre« äußert sich Jean-Paul Sartre über eine Art Forschungsfahrt seines kommunistischen Erzfreundes Paul Nizan: »Er ist nach Russland gefahren, weil er herausfinden wollte, ob die Leute jetzt nach der Revolution keine Angst mehr vor dem Tod hätten, ob der Tod für sie etwas Zweitrangiges geworden wäre, weil, so dachte er, ein Mensch, der jetzt innerhalb der Masse etwas tut und weiß, dass das allen nützt und dass andere nach ihm dasselbe tun werden, sich selbst als einen Teil der Masse empfindet, die ihn fortsetzen wird; also, dachte er, muss er nicht mehr in derselben Weise an den Tod denken.« Die Expedition jedoch fiel enttäuschend aus. »Nein«, habe er nach der Rückkehr zu Sartre gesagt, »in diesem Punkt, nein, da ist nichts zu machen, da haben sie sich nicht verändert.«

Wer lacht über Nizan? Welche Expeditionen sind wir im Begriff zu unternehmen? Welche Revolutionen sollen unsere Ängste bändigen? Es gibt ein paar Generationen in Deutschland, die rechneten sich – wie die jugendliche Rotte bei William Burroughs – schon in ihrer Kindheit aus, wie alt sie im Jahr 2000 sein würden. Das Jahr 2000 war eine Zeitmauer. Bis dahin schwieg die Zeit. Jetzt kommt es und macht uns alle alt.

Jeden Tag bringt die Post Einladungen zu Forschungsreisen in die Jugend, in die Todesangstlosigkeit, jeden Tag werden es mehr. Es sind allesamt Einladungen zu Mega-Millennium-Events in der Nacht des 31. Dezember 1999. So jung und so schrill war der nie. Alle verheißen, was Nizan suchte: Teil im Ganzen werden, stillgestellte, alterungslose Zeit. Fernsehsender planen erdumspannendes satellitengestütztes Broadcasting live vom Brandenburger Tor. Dieses Silvester ist eines des Raums, nicht der Zeit. Den letzten inländischen Seufzer dieses ganzen dahinschwindenden Jahrtausends, die letzte Silbe all der unzähligen Verse und Sätze wird über den Äther ein Moderator sprechen. Man erlebt nur einmal im Leben einen Jahrhundert- oder Jahrtausendwechsel. »Ein Mal und nicht mehr«, heißt es in Rilkes Neunter Elegie, »Nie wieder. Aber dieses / ein Mal gewesen zu sein, wenn auch nur ein Mal: / irdisch gewesen zu sein, scheint nicht widerrufbar.«

Ehe am 27. Dezember 1999 die große Fröhlichkeit und so genannte »Partystimmung« über uns hereinbricht, wollen wir noch einmal von der Zukunft sprechen. Und zwar davon, wie es ist und was es bedeutet, wenn sich die Ressource Zukunft erschöpft. Wenn der Vorrat an Zeit geringer und geringer wird – dahinschnurrend wie die verbleibenden Tage bis zu Silvester.

Dies ist unser Beitrag für den Jahrtausendwechsel: eine Serie über das Altern. Gefragt haben wir Schriftsteller und Gelehrte auf der ganzen Welt. Wir wollten keine Utopien und keine Visionen über die Welt des einundzwanzigsten Jahrhunderts. Wir wollten keine Jahrhundertrückblicke. Wir wollten einen Abglanz dessen, was man einmal das »Moses-Gefühl« eines Zeitalters genannt hat: das Empfinden, die Zukunft, die nun beginnt, nicht mehr wirklich betreten zu können. Ins Persönliche gewendet: Wir wollten wissen, wie es ist, wenn die Zeit ihren Anschlag auf den einzelnen Menschen verübt.

Was der Jahreswechsel 2000 für das geistige Selbstverständnis der kalenderorientierten Gesellschaften bedeuten wird, ist längst nicht annähernd erkannt. Silvester 1999 macht alle bis dahin geborenen Bewohner Alteuropas zur Schicksalsgemeinschaft. Hineinalternd in eine Epoche, die das zwanzigste Jahrhundert verachten und verabscheuen wird, werden die Heutigen jeden Tag mehr die Überbleibsel, die vergessenen Emissäre einer unbegreiflichen Epoche sein. Auf merkwürdige und erst in einigen Jahren spürbare Weise werden wir alle, die wir als Erwachsene diesen Jahreswechsel erleben, als hundertjährige Methusalems erwachen. Das Metapherngestöber der Staatsmänner und ihrer Grußbotschaften wird noch den Neujahrstag 2000 umwehen, vielleicht auch noch 2001, wenn das neue Jahrtausend wirklich beginnt. Und dann setzt der unaufhaltsame Prozess der Ablösung und Abkopplung vom zwanzigsten Jahrhundert ein, der Prozess einer Distanzierung und des Vergessens, der Anbruch einer Zukunft, die immer weniger die unsere ist, kurz: der unaufhaltsame Prozess unseres doppelten – des biologischen und des ideologischen – Alterns.

Harald Weinrich hat unlängst darauf hingewiesen, dass die Magie des neuen Jahrtausends den Nachgeborenen ein Gefühl der Macht verleihen wird. Einem moralisch höchst anfechtbaren Jahrhundert entstammend, werden wir diese Macht zu spüren bekommen. Wie lange wird es dauern, bis irgendein relevanter Künftiger uns allesamt und das, wofür wir stehen, zu Geschöpfen des letzten Jahrtausends erklären wird? Welcher zunehmende Spott wird all die treffen, ängstlich herumtapsende Dinosaurier, die die Neunzehn vor dem Geburtsjahr tragen wie das genetische Degenerationsmerkmal einer zum Aussterben bestimmten Art? Das große Verschwinden der Geburtsjahrgänge der alten Welt des alten Jahrtausends: der Anblick, den wir bieten werden – welch ungeheurer Stoff für die jungen Schriftsteller des Jahres 2025! Das Aufräumen beginnt früher, als manche heute meinen. »Wir Heutigen haben keine Zeit und wenig Lust, der Epoche, die hinter uns versinkt, Gerechtigkeit widerfahren zu lassen: wir verhalten uns zum neunzehnten Jahrhundert wie Söhne zum Vater.« Das schrieb Thomas Mann 1933. Epochenresümees kommen rasch. Zwanzig, dreißig Jahre wird es noch dauern, weniger Zeit jedenfalls, in die Zukunft gerechnet, als uns heute rückwärtsgerechnet vom Revoltenjahr 1968 oder von Sartres Film trennt.

Vieles spricht dafür, dass wir in ein elegisches Jahrzehnt eintreten werden. Der jetzt produktiv gewordene Jahrgang 1975 wird – zwar immer noch Teil des zwanzigsten Jahrhunderts, aber vermutlich schon sein Nachlassverwalter – ein schüchternes fin de siècle veranstalten, wie es in den Texten von Judith Hermann oder Terézia Mora hervorbricht. Das ungewöhnliche Wort, das jemand über die aktuelle Politik und sogar über die letzten Jahre sagte, lautete: das »vergeudete Jahrzehnt«. Vermutlich ist das der Titel unserer in Ablösung befindlichen Kurzepoche seit 1950. Diese Gesellschaft wird nicht nur die meisten Rohstoffe und Bodenschätze, sondern auch die meiste Zeit vergeudet haben.

Solidarität mit dem jungen Deutschland

Die Bildung der nächsten Generation geht nicht nur die Eltern an,
sondern die ganze Gesellschaft. Dafür braucht es neue Visionen:
Dankrede zum Börne-Preis

Wer einen Preis bekommt, ist immer beschämt; aber noch beschämender ist es, eine Auszeichnung im Namen eines Schriftstellers zu bekommen, der selbst nie einen Preis bekam. Eines Schriftstellers, der nicht nur niemals einen Preis bekam, sondern, allem Ruhm zum Trotz, den Hass und die Verleumdung von Mitwelt und Nachwelt zu tragen hatte.

So stand es um Ludwig Börne. Er hat Vorkehrungen dafür getroffen, dass die Nachgeborenen sich sein Leiden an Deutschland nicht schönreden. Er hat übrigens auch Vorkehrungen getroffen, dass wir Heutigen ihn nicht so ohne weiteres mit Geschenkpapier verpackt und mit Schleife versehen in die Tasche stecken können. In seiner Rezension von Bettine von Arnims Buch »Goethe's Briefwechsel mit einem Kinde« staunt er die Verfasserin an: »Wer Frankfurt kennt, den Geburtsort der Verfasserin, und ihrem Buche die Bewunderung zuwendet, die es verdient, der wird nicht begreifen können, wie eine in Frankfurt Geborene diese Freiheit des Geistes und des Herzens gewinnen konnte. Die Auflösung des Rätsels liegt darin: Frau von Arnim war eine Katholikin, sie gehörte zu den unterdrückten Volksklassen, sie war also Weltbürgerin.« Das geht zwar gegen Frankfurt, aber in diesem Fall nur aus dramaturgischen Gründen: Denn in Wahrheit geht es natürlich gegen den, der auch in Frankfurt geboren worden ist, Protestant und herrschende Klasse war, es geht natürlich gegen Goethe. Börnes Maxime – und sie machte ihn zum ersten Journalisten in der deutschen Geistesgeschichte – lautete: Journalismus und Kunst dienen nicht der Verschönerung des Lebens, sondern seiner Erkenntnis.

Wir alle könnten das von ihm selbst hören, wenn wir jetzt die Paulskirche verließen, fünfhundert Meter nach Osten und 182 Jahre in die Vergangenheit wanderten. Wir sähen zwei eher unscheinbare Männer im Gespräch, die jetzt, in diesem Augenblick, vor der Judengasse stünden, unbemerkt von den Passanten und unverzeichnet von den Chroniken der Stadt. Und dennoch findet hier ein Gipfeltreffen statt, aus dem sich, wie Hans Magnus Enzensberger einmal formulierte, die »folgenreichste Kontroverse der deutschen Literaturgeschichte« entwickeln wird. Hier stehen Ludwig Börne und Heinrich Heine, zwei Juden, die Protagonisten des »Jungen Deutschland«, wir schreiben das Jahr 1827, Börne macht den Stadtführer und zeigt dem Besucher nach dem Palais Thurn und Taxis – dem Sitz des Bundestags – den Römer und schließlich die Judengasse, das Frankfurter Getto, das erst sechzehn Jahre zuvor mehr schlecht als recht aufgelöst worden war. Schon hat die Beschönigung und Verschönerung der Vergangenheit begonnen, das Mittelalter wird glorifiziert, den angeblich pittoresken Lebensformen der Vergangenheit nachgetrauert. Sie stehen immer noch da, Heine gruselt es vor den schwarzen, kalten Mauern, und nun sagt Börne: »Betrachten Sie diese Gasse«, sprach er seufzend, »und rühmen Sie mir alsdann das Mittelalter! Die Menschen sind tot, die hier gelebt und geweint haben, und können nicht widersprechen, wenn unsere verrückten Poeten und noch verrückteren Historiker, wenn Narren und Schälke von der alten Herrlichkeit ihre Entzückungen drucken lassen; aber wo die toten Menschen schweigen, da sprechen desto lauter die lebendigen Steine.«

Kaum einhundert Jahre danach werden die Werke der beiden Juden verbrannt, und Börnes Satz klingt wie so vieles bei ihm: als hätte er etwas vorausgewusst. Was würde er heute sagen? Wenn er jetzt wirklich leibhaftig am heutigen Börne-Platz stehen würde, würde er über die Gegenwart als über die Geschichte reden. Er würde fragen, wie es möglich ist, dass für den Posten des Generalsekretärs der Unesco, der, man muss es aussprechen, Organisation der Vereinten Nationen für Erziehung, Wissenschaft und Kultur, allen Ernstes ein Mann kandidieren kann, der auf die Frage, ob in der Bibliothek in Alexandria auch hebräische Werke stehen könnten, antwortete: »Bring mir diese Bücher, und wenn es sie gibt, werde ich sie vor deinen Augen verbrennen.« Wir hören, dass Staaten, auch Israel, sich aufgrund diplomatischer Deals am Ende mit dieser Wahl abfinden können. Es ist mir völlig egal, was die Staaten sagen, umso schlimmer für die Staaten. Wer es ernst meint mit Börne und dem, wofür er steht, den kann das nicht beeindrucken. Er kann es nicht anders als unerträglich empfinden.

Was würde er heute sagen? Das ist eine Spekulation, die Börne selbst sehr gereizt hat. Was würde Shakespeare heute schreiben?, fragte er einmal. Seine Antwort: Der liebe Gott ist der Finanzminister. »Der spricht: es werde! und es wird eine papierne Welt; Adam, der erste Bankier; das Paradies, ein seliger Pari-Stand der Staatspapiere; der Sündenfall: der erste Fall der Kurse.« Die Blätter der Geschichte? Metallaktien, Bankaktien, Partiale. Der Jüngste Tag? Ultimo. »Oh, wie hätte Shakespeare, dieser große Wechselmakler zwischen Natur und Kunst, der das Geld der einen gegen das Papier der andern eintauscht, die Geheimnisse der Börsenherzen aufgedeckt.«

Wir sind viel bescheidener. Wir wollen gar nicht die Börsenherzen aufdecken, uns würde es schon reichen, wenn wir aufdecken könnten, wer für die gegenwärtige Krise verantwortlich ist. Uns würde schon genügen, wenn, wie bei Shakespeare, wenigstens Rechenschaft gefordert würde, Verantwortungen benannt und Kosten geteilt würden. An Stoff mangelt es uns nicht, man kann ihn überall nachlesen und abrufen. Zum Beispiel auf der Website des amerikanischen Senats, wo dokumentiert ist, wie der Manager einer mittlerweile pleitegegangenen

amerikanischen Bank im letzten Sommer den Vorschlag seiner Mitarbeiter, angesichts der schlechten Daten auf die Auszahlung der Boni
zu verzichten, mit dem Satz quittiert: »Was haben sie euch denn ins
Trinkwasser getan?«

Während zwischen Internetwelt und Zeitungen und Zeitschriften
eine heftige Fehde ausgebrochen ist, was Papier ist und wofür es steht,
während digitale Propheten die virtuelle Welt verkünden, ihre Bücher
aber selbst noch gerne auf Papier verbreiten, tobt um uns herum ein
Allegoriengewitter der papiernen Welt. Papiere werden »toxisch« oder
»Schrott«, Staaten legen Papiere auf, um sich zu finanzieren, Geld wird
gedruckt, und vor diesen Druckmaschinen fürchtet die Welt sich mehr
als vor den Zeitungen, und mancher sieht sich in einer Gegenwart, in
der, und hier ist wieder Börne, nicht mehr mit »Lumpen Papier, sondern mit Papier Lumpen« gemacht werden.

Die totale Kommunikation und die Möglichkeit, Wissen in jedem
Augenblick und an jedem Ort auszutauschen und abzurufen, haben
nicht verhindert, dass wir einen Systemabsturz erlebten, den noch am
Tage seines Eintritts keiner der Beteiligten für möglich hielt. Was wir
in den letzten Monaten erlebt haben und immer noch erleben, war
nicht nur ein Systemfehler, es war die Erfahrung eines Kontrollver-
lusts, die Erkenntnis, dass dort, wo wir rechnerische Rationalität ver-
muteten, Inkompetenz herrschte.

Der amerikanische Evolutionsbiologe Jared Diamond hat in seinem Buch »Kollaps« die Ursachen genannt, die bestimmten Eliten
überhaupt die Chance geben, ihre Gesellschaften zu zerstören. Sie isolieren sich ökonomisch von der Gesamtgesellschaft, und zwar so sehr,
wie der amerikanische Nobelpreisträger Paul Krugman bereits vor der
Krise fassungslos feststellte, dass der bestbezahlte Hedge-Fonds-Ma-
nager der Vereinigten Staaten in einem Jahr mehr verdient als sämt-
liche Lehrer des Bundesstaats New York in drei Jahren. Ich zitiere Diamond – Sätze, geschrieben lange vor dem Ausbruch der gegenwärtigen
Krise mit Blick auf die ökologische: »Sie fühlen sich sicher, weil sie
sehr konzentriert und in überschaubarer Zahl auftreten. Sie sind durch

die Aussicht auf schnelle, sichere Profite hoch motiviert, während sich die Verluste stets auf eine sehr große Zahl von Individuen verteilen.« Diamonds Buch heißt in der wörtlichen Übersetzung aus dem amerikanischen Original im Untertitel: »Warum Gesellschaften wählen zu reüssieren oder zu versagen«.

Das ist eine große Frage, ich schlage eine kleinere vor. Ich frage, mit Börne, dem Protagonisten des »Jungen Deutschland«, wer uns helfen kann. Wen müssen wir umwerben, fördern, an uns binden? Ich frage mit Heine nach den Alliierten und Mitstreitern, die wir gewinnen müssen und können. Es gibt sie. Nicht mehr ganz so viele, aber man kann sie sehen, meistens morgens gegen 7.45 Uhr auf den Straßen unserer Städte. Sie sind jetzt fünf, zehn oder fünfzehn Jahre alt. Sie werden zum Beispiel dreißig Jahre alt sein, wenn die heute Dreißigjährigen, der Geburtsjahrgang 1978, sechzig sind, und die Achtundsiebziger tun gut daran, einmal nachzusehen, wie viele Dreißigjährige es dann noch gibt, denn die sind alle schon auf der Welt.

Die Frage, die unsere gesellschaftliche Zukunftsfrage wird, lautet, warum manche Kinder und Jugendliche reüssieren und andere versagen. Das war in der Vergangenheit eine Sonntagsfrage, geeignet für Festreden wie diese. Sie ist es nicht mehr.

Die Menschen glauben immer noch nicht, dass wirklich wahr ist, was sie mittlerweile fast täglich in den Zeitungen lesen. Und deshalb noch einmal als Aussagesatz: Diese Gesellschaft wird in Kürze eine Gesellschaft von sehr wenigen und immer weniger jungen Menschen sein. Wir bemerken es nur deshalb nicht, weil die Babyboomer im Augenblick auf der Höhe ihrer Leistungskraft stehen. Es ist ein Unterschied, ob man tausend Menschen die Aufgabe hinterlässt, einen Berg abzutragen, oder einem einzigen. Alle unsere pädagogischen und bildungspolitischen Maßnahmen tun so, als stimme das Gegenteil. Die Integration und Bildung von Migranten, die Konzentration auf frühkindliche Erziehung, die Notwendigkeit einer Bildungsrevolution für das junge Deutschland – das hat nichts mehr mit Ideologien zu tun, die gezielte und womöglich auch teure Förderung von Migranten nichts mit Gnadenerweisen. Es ist eine existentielle Frage geworden, die nur in die ferne Zukunft verschieben kann, wer die demographischen Fakten ignoriert. Wie in allem anderen, wo wir mühsam umlernen müssen, verdirbt uns auch hier die Erfahrung des Überflusses. Es war immer von allem genug da, auch von jungen Menschen, und weil genug da war, konnte man es sich leisten, vieles buchstäblich zu verschwenden.

Bildungsversagen heißt nicht nur, dass Menschen später womöglich keinen Beruf finden. Es heißt auch nicht nur, dass Innovationen und Gedanken vertrocknen. Bildungsversagen verändert die Psychologie einer Gesellschaft. Es führt dazu, dass Menschen nicht nur für ein, zwei Jahre, sondern ein ganzes Leben lang vom Bewusstsein ihrer eigenen Inkompetenz verfolgt werden. Die Sozialpsychologie hat diesen Teufelskreis exakt beschrieben. Denn die Kinder, Jugendlichen und Erwachsenen, die sich einmal in diesem Teufelskreis befinden, lernen durchaus noch, aber sie lernen, wenn man so will, negativ. Der Begriff dafür lautet: »erlernte Hilflosigkeit«. Sie geben auf. Manche von ihnen, wie wir wissen, schon mit fünfzehn Jahren. Eine Gesellschaft, die aufgrund der wachsenden Zahl von Älteren ohnehin ein viel stärkeres Gefühl erlernter oder wirklicher Hilflosigkeit hat, muss alles dafür tun, dass die jungen Menschen sich fähig und jeder einzelne sich gebraucht fühlt. Man sollte sich nicht auf die verlassen, die es geschafft haben. Wer sagt denn, angesichts des internationalen Wettbewerbs um junge Menschen, dass diese jungen Erwachsenen hierbleiben wollen? Der Soziologe Gunnar Heinsohn hat unlängst darauf hingewiesen, wie hoch der offizielle Bedarf an qualifizierter Zuwanderung junger Leute in der angelsächsischen Welt, von Australien bis Kanada, sein wird. Er entspricht – damit man sich die Dimensionen vor Augen führt – der Anzahl sämtlicher Lebendgeburten in Deutschland, Österreich, der Schweiz, Polen und Bulgarien.

Ist einmal erkannt, dass die Mission einer zweiten Aufklärung in unserer Gesellschaft, der »new deal« einer Bildungsvision, kein Thema unter vielen, sondern das Thema schlechthin ist, stehen unsere Chancen immer noch gut. Der Rohstoff, den wir haben, sind unsere Gehirne. Und es ist ganz einfach und gar nicht unerfüllbar, was zu geschehen hat. Es reicht, wenn wir der Ausbildung der nachwachsenden Generation den gleichen Stellenwert geben wie einer Bank namens Hypo Real Estate. Es reicht, sie systemisch zu nennen. Die Hypo Real Estate war eine Geldvernichtungsbank, aber es gibt auch vermögensbildende Banken. Und das gilt auch für die Bildung: Es gibt eine florierende und offenbar hochprofitable Verdummungsindustrie; warum sollte es so etwas nicht auch für das Gegenteil geben?

Das alles ist konkret, nicht abstrakt. Zum ersten Mal geht die Frage der Bildung nachwachsender Generationen nicht nur Eltern, sondern alle an. Ob heute Schulklassen zusammengelegt werden, weil es weniger Schüler gibt, oder ob Klassen klein bleiben, weil weniger Schüler die Chance des kleinen Unterrichts ermöglichen – das ist eine Entscheidung, deren Folgen in wenigen Jahren alle zu ertragen haben werden. Die Tatsache, dass wir, bei einer Lebenserwartung von bald fast neunzig Jahren, immer noch ganze Bildungskarrieren und Lebensläufe beim zwölften Lebensjahr zementieren, wird späteren Generationen nur noch als objektiver Wahnsinn vorkommen.

Psychologie und Hirnforschung haben in den letzten Jahren gezeigt, wie unglaublich vielfältig und reich die Möglichkeiten menschlichen lebenslangen Lernens sind. Es ist so, um die amerikanische Psychologin Ellen Langer zu zitieren, als hätte man alle Erkenntnisse der modernen Medizin auf dem Papier, weigerte sich aber, sie anzuwenden. Es ist so, als wären wir mit unserem Körper im 21. Jahrhundert, aber mit unserem Kopf immer noch im Frankfurt des Jahres 1827. Börne, der zeigt, was das Vertrauen in Aufklärung und Rationalität aus einem Menschen machen kann, träumte von einer Solidarität für die besseren Dinge. Was die heute bedeuten könnte, dafür gibt er uns selber den Titel: Solidarität mit dem jungen Deutschland.

Die totale Kommunikation und die Möglichkeit, Wissen in jedem Augenblick und an jedem Ort auszutauschen und abzurufen, haben nicht verhindert, dass wir einen Systemabsturz erlebten, den noch am Tage seines Eintritts keiner der Beteiligten für möglich hielt.

Die Frage, die unsere gesellschaftliche Zukunftsfrage wird, lautet, warum manche Kinder und Jugendliche reüssieren und andere versagen.

23.02.2005

Wir altern im wachsenden Schatten von Riesen

*Was bedeutet die Vergreisung Deutschlands für die Städte? Man wird
in Gespensterquartieren hausen und die vitalen Metropolen der Dritten
Welt beneiden: Ein Gespräch mit Albert Speer*

In Deutschland und wohl bald in ganz Europa regiert die Abriß-
birne. Schon jetzt gleichen innerstädtische Quartiere in ostdeutschen
Orten Gespensterstädten, und in einigen Jahren werden wir durch
Landstriche fahren, die so menschenleer sein werden, wie es einige
französische schon lange sind. Hinzu kommt, daß die Bundesrepublik
altert, wie Europa ingesamt. All dies ist mittlerweile nicht mehr nur
Prognose, sondern wird zunehmend Wirklichkeit. Doch trotz aller alar-
mierender Anzeichen bauen und planen wir, als würden unsere Bevölkerung und die Städte weiterhin wachsen. Die Dritte Welt dagegen
wächst tatsächlich, die Städte dort wuchern und werden zu Magneten
für Millionen Menschen. China, führend in diesem Prozeß, scheint
nach einer Phase blinder Wachstumseuphorie nun darauf bedacht, die
rasante Entwicklung in ordnende Bahnen zu lenken. Albert Speer, Ar-
chitekt und Stadtplaner, baut seit Jahrzehnten in der Dritten Welt und
zunehmend auch in China. Vertraut mit dem rasanten dortigen Wandel, ist er zugleich als aufmerksamer Beobachter der aktuellen demographischen und städtebaulichen Entwicklungen und Fehlreaktionen
in der Bundesrepublik mit Verbesserungsvorschlägen hervorgetreten.

Herr Speer, Sie bauen in China und in der arabischen Welt Riesen-
städte. Gleichzeitig haben Sie Thesen zum Bevölkerungsschwund und
Rückbau der deutschen Städte veröffentlicht. Das ist, als würden die bei-
den weltweit bedeutenden Themen Demographie und Städtebau in einem
Symbol verdichtet.

Das ist so, wobei beide Entwicklungen parallel laufen. Wir haben
eine enorm schnelle Verstädterung, nicht nur in China, sondern fast
in der ganzen Dritten Welt, auch im arabischen Raum. Riad hat sich
binnen zehn Jahren von einer Anderthalb-Millionen- zu einer Fünf-
Millionen-Stadt entwickelt, ohne daß es hier jemand gemerkt hat.
Unser Büro AS+P denkt gerade über die nächsten fünf Millionen in
Riad nach.

Wie groß sind momentan die größten Städte der Welt und die Städte,
die Sie planen?

Bei Schanghai oder Kalkutta geht es um fünfzehn bis zwanzig Millionen. Da kann man nicht mehr von einer Stadt sprechen. Das sind
mehrere Städte in einer. In Schanghai leben allein im Zentrum acht
Millionen Menschen. Dazu kommt Pudong auf der anderen Fluß-
seite, eine aus dem Boden gestampfte Stadt, die enorm wächst. Satellitenstädte wie Anting New Town, die internationale Automobilstadt,
werden derzeit auf etwa fünfhunderttausend Einwohner zugeschnit-
ten, werden aber auf anderthalb bis zwei Millionen wachsen. Das bewirkt die Konzentration von Wirtschaft, Intelligenz, Innovation, Ausbildung. Alle wollen in die Metropolen, um dort zu arbeiten und
besser zu leben. In China ist dieser Massenansturm völlig reglemen-
tiert. Dort hat zum Beispiel das Heer der Bauarbeiter keine Bürger-
rechte, darf nicht in der Stadt bleiben und keine Familie mitbringen.

Wie steht es dort um die alten Leute?

Auch da findet in China ein rasanter Umbruch statt, ähnlich wie
hier. Das traditionelle Zusammenleben mehrerer Generationen gibt
es zwar noch auf dem Lande, aber in der Stadt nimmt es zusehends ab.

Reagieren Sie bei Ihren Planungen für Satellitenstädte darauf? Bauen Sie
Altenheime, Seniorenwohnstätten?

Noch nicht. Doch kürzlich hörte ich von einem chinesischen Fachmann, daß zwar die Familien nicht mehr unbedingt mit ihren Eltern und Großeltern zusammenleben, sie aber in der Nähe haben wollen.

Nun zu Deutschland. Die Bevölkerung schrumpft, wird im Durchschnitt sehr viel älter und hat weniger Kinder. Sie fordern deswegen den Rückbau unserer Städte.

Das Sinken der Bevölkerung von achtzig auf sechzig oder fünfundsechzig Millionen erzwingt eine Revolution des gesamten Städtebaus. Hinzu kommen die gesellschaftliche Alterung und die Konzentration von wirtschaftlichem und auch geistigem Potential in wenigen Regionen. Der Bundespräsident hat gesagt, wir könnten uns von der Gleichwertigkeit der Lebensbedingungen in der Bundesrepublik verabschieden. Dafür wurde er zunächst beschimpft; dann gab es einige vernünftige Leute, die sagten, er hat völlig recht.

Was den Städtebau angeht, könnte man doch diese Entwicklung auch als Chance begreifen. Etwa, indem man sagt: wenn wir weniger und älter werden, dann werden die Straßen leerer.

So einfach ist das in Wirklichkeit leider nicht. Denn an einer annähernd gleichbleibenden Bevölkerungszahl hängt zum Beispiel die Kapazität der Elektroversorgung, der Wasserversorgung, der Kläranlagen. Wir haben, was in den Entwicklungsländern erst entsteht: eine gut funktionierende Infrastruktur, von den Straßen über die Beleuchtung, die Wasserversorgung bis zur Entwässerung und den Kläranlagen, dank deren unsere Flüsse sauberer geworden sind. Wir kümmern uns an der Spitze in der Welt um die Umwelt. All das funktioniert aufgrund bestimmter Kapazitäten. Nehmen wir das Beispiel einer Kläranlage samt zugehörigem Abwassersystem. Die ist ausgelegt auf einhunderttausend Menschen. Künftig haben wir bisweilen nur noch fünfzigtausend. Aber man kann ein derart hochtechnisches Wasserreinigungswerk nicht kurzerhand auf die halbe Kapazität runterfahren. Bei einer Halbierung der Einwohnerzahl hieße das, daß nur noch die Hälfte an Wasser verbraucht wird und die Kanäle nicht mehr genügend durchgespült werden.

Gilt das auch für Elektrizität?

Da könnte man tatsächlich die Produktion reduzieren. Aber beim Abwasser ist es heute schon in ostdeutschen Städten so, daß man die Kanäle wegen drohender Verstopfung mit Trinkwasser spülen muß.

Ist denn die Konsequenz die, wie sie im Osten gefordert wurde: Gebt Städte wie Görlitz auf, wir können sie nicht halten?

Nicht unbedingt Görlitz, das ist ja eine der Perlen der Stadtbaukunst. Aber ich bin überzeugt – und das gilt auch für Bereiche im nördlichen Ruhrgebiet, im Saarland oder in Rheinland-Pfalz –, daß wir gebietsweise Verhältnisse bekommen werden, wie sie in Frankreich schon seit sechzig Jahren herrschen. Es wird Landstriche geben, in denen fast niemand mehr wohnt und in denen auch nicht die Infrastruktur im bisherigen Umfang bleibt.

Welche Aufgaben kommen damit und mit dem Rückbauproblem auf Raumplanung, Städtebau und Architekten zu?

Man kann nicht einfach ein Stück Stadt aufgeben. Dagegen stehen allein schon die Eigentumsrechte und die noch vorhandenen Nutzungen; nicht zu vergessen diejenigen, die in fast leeren Stadtteilen bleiben möchten. Man muß Szenarien entwickeln, die den Rückgang der Bevölkerung durchspielen, und zwar so, daß man für unterschiedliche Stadtteile auch unterschiedliche Lösungen findet und politisch mit den Bürgern diskutiert.

In Leipzig bemüht man sich darum.

Die Stadt hat beispielsweise mit unserem Büro im Rahmen der Olympia-Planung ungewöhnliche Maßnahmen angewandt. Wir haben versucht, Olympia in der Stadt zu machen, nicht irgendwo draußen. Generell läßt sich sagen, daß Leipzig wunderschöne Gründerzeitviertel besitzt, wo Baulücken und Halbruinen auf sanierte Häuser folgen. Da muß man als Stadtplaner eingreifen, muß Einzelkonzepte entwickeln und kommt vielleicht zu einer anderen Form von Stadt, wo sehr viel mehr Grün da ist.

Aber ist dieses Vorgehen nicht auch eine Bankrotterklärung? Inzwischen regiert in Leipzig der pure Pragmatismus. Man reißt hier eine Straßen-

zeile ab, läßt da eine stehen, zwischendrin Notbegrünung. So entsteht ein Flickenteppich namens »durchgrünte Stadt«.

Es wird in vielen Bereichen gar nicht anders gehen. Doch wenn man die zukünftige Bevölkerungsentwicklung in der Region Leipzig prognostiziert, sieht es nicht ganz so alarmierend aus.

Da hatte ich andere Eindrücke. Weißenfels zum Beispiel mit seiner wunderschönen barocken Altstadt hat einen Bevölkerungsschwund von zwanzig Prozent. Die Folge: Hinter dem historischen Markt wurde ein ganzes Altstadtviertel abgerissen. Dafür aber sind Plattenbauten saniert.

Weißenfels kenne ich nicht. Aber so, wie Sie es schildern, ist es eine falsche Politik.

Warum kann man nicht abwarten und zum Beispiel leere Häuserzeilen sichern?

Herr Bartetzko hat eben richtig gesagt, daß dann ein Flickenteppich entsteht. Man kann dann nicht mehr von einem geschlossenen Stadtbild reden, wie wir es gewohnt sind. Aber ich bin überzeugt, daß in einer Region wie Leipzig oder Dresden, wo der Bevölkerungsrückgang nicht ganz so extrem sein wird, das Problem, wie übrigens auch in den westlichen Städten, woanders liegt: Nach wie vor verbrauchen wir unbebautes Land und bauen auf dem Acker. Das ist seit Jahren eine verhängnisvolle Förderungspolitik mit Steueranreizen. Wir subventionieren die Zerstörung unserer Städte mit Entfernungspauschale, Eigenheimzulage und vielem anderen. Da müssen wir radikal umdenken.

Bedeutet dies, daß die Kosten für den Rückbau der Städte so hoch sein werden wie früher die Kosten für den Neubau oder die Erweiterung von Städten? Wird es künftig Förderungen für Abrisse geben?

Es gibt schon Programme, in deren Folge in ostdeutschen Städten der Abriß ganzer Bereiche beginnt.

»Stadtumbau Ost«, das Förderprogramm des Bundes, ist eines davon. Braucht man dafür Architekten, wird die ganze Stadt neu modelliert?

67

Man braucht dazu Stadtplaner, Architekten, Landschaftsgestalter und Ökologen. Mir scheint, daß man nur in wenigen Städten erkannt hat, daß diese komplexe Aufgabenstellung von allen Richtungen her betrachtet werden muß, bevor man abreißt. Wir dürfen als Stadtplaner das Thema Finanzen, Steuern und Eigentum nicht hintanstellen. Denn diese Scheu verhindert notwendige bauliche Änderungen.

Herr Speer, kann man sagen, es gab nach 1945 einen Wiederaufbau, und das, was uns jetzt bevorsteht, nämlich der Rück- oder Umbau, ist als Aufgabe ähnlich groß?

Es wird in der Bundesrepublik auch in zehn oder fünfzehn Jahren Regionen geben, deren Bevölkerung sogar noch steigt. Frankfurt und das Rhein-Main-Gebiet zum Beispiel. In den Regionen ist es ebenfalls sehr unterschiedlich: In Düsseldorf hat Oberbürgermeister Joachim Erwin schon auf sein erstes Wahlprogramm geschrieben: »Düsseldorf ist eine wachsende Stadt.« Er wurde ausgelacht, jetzt ist er erfolgreich damit. In die Stadt wird investiert, auch von der öffentlichen Hand. Man baut ein Stadion, das man nicht unbedingt bräuchte, was aber dazu führt, daß andere sagen: »Da ist etwas los, da gehe ich auch hin, da investiere ich, da will ich leben.« Das in Düsseldorf, in einer Region mit riesigen Problemen. Übrigens ist Oberbürgermeister Erwin wiedergewählt worden. Das ist aber keine generelle Antwort auf die Frage: Was passiert mit Städten, wenn sie kleiner werden?

Aber es wird doch Vermutungen geben?

Wir haben gerade einen diesbezüglichen Auftrag von einer Großstadt im Ruhrgebiet bekommen.

Wie lange wird die Analyse dauern?

Ein halbes Jahr. Länger dürfen wir da auch nicht brauchen. Es stehen ja ständig Entscheidungen an.

Mir kommt beim Lauf des Gesprächs der Verdacht, daß das Ungleichgewicht zwischen ost- und westdeutschen Städten zementiert wird. Der Westen beginnt, für sein Überleben vorzusorgen. Der Osten hat nur den abrißfreudigen »Stadtumbau Ost«.

Nein, das glaube ich nicht. Ein engagierter Stadtplanungsdezernent wie Engelbert Lüdtke-Daldrup in Leipzig kämpft an allen Fronten. Doch nach dem Verpassen der Olympiade ist der finanzielle Spielraum der Stadt so eng, daß er nicht einmal einen Gutachtenauftrag zuläßt. Das lähmt das Investieren in Zukunftsideen.

Nicht nur die Bevölkerung und die Städte schrumpfen, sondern in vielen Städten wird sich die Bevölkerungsstruktur ändern. Es wird weniger Kinder geben, die in die Schule gehen, dafür mehr Alte, die kaum noch Treppen steigen können.

Das muß man in jedem Fall berücksichtigen. Ich glaube aber, daß die wenigsten Städte dies bisher tun. Nehmen Sie zum Beispiel den Umgang mit älteren Menschen. Sie wurden in den letzten Jahrzehnten in Altersheime im Grünen verfrachtet – möglichst grün und möglichst weit weg. Das wird sich umkehren, weil die alten Leute nun sehr viel länger aktiv sind. Das bedeutet fast zwangsläufig, daß man in den Städten mehr altersgerechten Wohnraum schaffen muß. Ich plädiere generell für mehr Wohnen in Innenstädten.

Müssen nicht überhaupt mehr lebenswerte Umfelder und Stätten für Gemeinsamkeit der Generationen geschaffen werden?

Ich habe mich immer gegen Spezialisierungen gewehrt, dagegen, daß Viertel für Alte, für Ausländer und Viertel mit vielen Kindern entstehen. Es ist Teil unserer Kultur, daß alles sehr eng miteinander verknüpft ist und öffentliche Räume und Einrichtungen von allen genutzt werden.

Sie haben vorhin gesagt, wir bauen immer noch auf der grünen Wiese – Häuser, Infrastruktur, Autobahnen, Straßen. Planen wir also, als stiege die Bevölkerung an?

Wir planen nach wie vor in vielen Bereichen gedankenlos auf Steigerungsraten hin. Das müßte schleunigst zu den Ökonomen, Städte- und Verkehrsplanern durchdringen, damit man endlich auf Reduktion plant. Das hat uns aber keiner gelehrt.

Sind wir am Ende die Pioniere, auch für die anderen europäischen Staaten?

Das Erstaunliche ist ja, daß in Italien, wo ich das überhaupt nicht vermutet hätte, der Bevölkerungsrückgang noch schlimmer ist als in Deutschland. Doch hier wie da agiert man immer noch nach dem Prinzip Hoffnung. In Frankfurt gibt es keine alarmierenden Anzeichen, deshalb herrscht die Mentalität: Es passiert ja nicht, also brauchen wir auch nicht weiterzudenken.

Wo sind denn die sterbenden Regionen?

Das ist nicht der ganze Osten. So ist zum Beispiel kürzlich Leipzig in einer Analyse der Wirtschaftlichkeit deutscher Städte ganz vorn gelandet. Betroffen sein wird vorwiegend der ländliche Raum.

So wie Mecklenburg-Vorpommern?

Ja. Aber auch in Nordhessen oder in Rheinland-Pfalz werden wir Landschaftsräume mit extremen Problemen bekommen. Ich hatte mal eine Professur in Kaiserslautern, das ist eine bedrohte Stadt.

Speyer auch?

Nein. Speyer ist ein Beispiel dafür, daß man erfolgreich mit Kultur und Tourismus Existenzen schafft. Etwas, was nun auch in Kassel beginnt: Wir sind von der Landesregierung Hessen und der Stadt beauftragt, die Kasseler Museumslandschaft weiterzuentwickeln, ein Konzept, wie man mit dem, was man hat – und das ist enorm viel –, anders umgeht. Die Landesregierung wird über zweihundert Millionen Euro in Kultur in Kassel investieren.

Sie haben einerseits den Auftrag, außerhalb Europas riesige neue Zentren für Urbanität und Zusammensein zu schaffen; gleichzeitig sollen Sie in Deutschland zurückbauen, abbauen, reduzieren.

Nicht nur: In allen Städten gibt es große Flächen, die bald ihre Nutzung verlieren oder schon verloren haben. Damit bieten sich Chancen für einen sinnvollen Umbau, für ein Wiedernutzen vorhandener Infrastruktur. Der aufgegebene Güterbahnhof hier in Frankfurt und der Plan, auf seiner Fläche ein neues Stadtviertel zu errichten, sind hierfür ein Beispiel. Wir machen jetzt viel für die Verwertungsgesellschaft der Bundeswehr, die mit frei gewordenem Kasernengelände in den Städten neue Wohnquartiere ermöglicht. Wir haben in deutschen Städten genügend Flächen, so daß wir kein Grünland draußen mehr verbauen müßten. Ich bin nicht gegen Wohnbauförderung für junge Familien, nur sollte sie sich auf das Schaffen von innerstädtischem Wohnraum konzentrieren.

Und was ist mit den Grundstückspreisen in den Städten?

Das ist eines der heiklen Themen der Politik, weniger des Städtebaus. Hier muß man vielleicht auch subventionieren und, wenn es um staatliche Flächen wie bei Bundeswehr und Bahn geht, nicht unbedingt nach Höchstpreisen jagen, um andere Haushaltslöcher zu stopfen.

Beim Wiederaufbau nach 1945 war man, manchmal auch im Westen, so radikal, zu enteignen. Droht das nun erneut?

Warum nicht? Aber das wird gesellschaftlich ungeheuer schwierig. Vielleicht würde es schon ausreichen, Enteignungen zu erleichtern.

Wenn Sie die Innenstadt einer Großstadt umbauen wollen, und das wird ja unabdingbar notwendig werden, ist Enteignung ebenfalls eine wichtige Frage. Schließlich blüht dort das Spekulantentum, auch derart, daß Besitzer ihre Grundstücke oder Bauten bewußt verkommen lassen. Müßte da nicht sogar ein Zentralismus her, der städtebauliche Änderungen dekretiert?

Bisher gibt es keine gesetzlichen Möglichkeiten. Forcieren von Enteignungsverfahren, sogar bei Verkehrsflächen, ist unmöglich. Selbst wenn sie, wie in diesem Bereich, häufig notwendig sind, münden sie meist in jahrelange Verfahren und Prozesse. Wir sind in keiner Weise auf das Kommende vorbereitet. Im Grundgesetz steht zwar, daß mit dem Grund und Boden eine soziale Verpflichtung verbunden ist; aber die Gesetzgebung ist dem, was dies heute bedeutet, nicht nachgekommen.

Es wurden ja seit den sechziger Jahren und teilweise bis heute viele Funktionen aus den Städten auf die grüne Wiese verlagert. Wird das für unsere Kinder anders sein?

Das ist von Region zu Region unterschiedlich. Besonders groß aber ist derzeit das Dilemma im Osten. Wegen der Zeitnot und der Restitutionsansprüche in den Städten, aber auch, weil man der Bevölkerung schnell den gleichen Standard wie im Westen bieten wollte, hat man dort riesige Einkaufszentren im Umland geschaffen und damit die Zentren ausgezehrt.

Das Deutsche Reich in den zwanziger Jahren hatte bei einer sehr viel größeren Fläche weniger Einwohner, als wir sie haben werden, und war dennoch ein vitaler Staat. Wäre es empfehlenswert, die damaligen Strukturen zu analysieren?

Das ist überhaupt nicht vergleichbar, weil die Lebensbedingungen und die Ansprüche des einzelnen völlig anders geworden sind. Wir haben doch eine ungeheuer starke Individualisierung der Gesellschaft. Es gibt nicht mehr Gruppen von Menschen, die das gleiche wollen, sondern jeder versucht, sein eigenes Lebensbild zu organisieren, das ist so ungeheuer vielfältig geworden, auch mit den unterschiedlichen Berufen und Beschäftigungen. Da würde ein Blick zurück nichts helfen.

Noch einmal zu den Anfangspunkten. Auf der einen Seite entwickeln Sie sich jetzt zum Experten für Rückbau, auf der anderen Seite sind Sie weiterhin der Experte für Städtebau in der Dritten Welt. Würden Sie aufgrund dieser beiden Erfahrungen sagen, daß Europa sich zum greisen und damit unbedeutenden Teil der Welt entwickeln wird und daß umgekehrt die Dritte Welt die globale Zukunft trägt?

Wenn wir uns nicht verändern, schneller werden, wenn nicht Innovation und neues Denken ansteigen und wir mit dem neuen Denken nicht auch kreativ umgehen, dann fürchte ich, ist es so. In China scheint mir, daß wir uns genau auf diesem Wege befinden: Die Chinesen sind hoch intelligent und fleißig und schnell. Dienstleistungen, wie wir als Deutsche oder Europäer sie da erbringen, erbringen wir vielleicht noch fünf, höchstens zehn Jahre. Dann kann China das alles sehr viel besser. Einschließlich der Probleme der Ökologie und der Technologie in der Infrastruktur.

Gibt es denn dort Interesse an Ökologie?

Das kommt ganz, ganz schnell. Ich habe den Eindruck, daß China den Anschluß an die Weltspitze mit enormer Geschwindigkeit schafft. Beim afrikanischen Kontinent hat man dagegen eher den Eindruck, als ob Sars und andere Seuchen, auch wirtschaftliches Mißmanagement,

Korruption und verkrustete Traditionalismen sich lähmend auswirken. Wir arbeiten in Schwarzafrika, in Nigeria, in der neuen Hauptstadt Abuja, die auch förmlich explodiert. Sie ist dreißig Jahre nach ihrer Gründung weit über die damals geplante Größenordnung hinausgewachsen, und zwar nicht geordnet, sondern in Slums rings um die Stadt. Wir werden von der nigerianischen Regierung beauftragt, Möglichkeiten für das Schaffen einer Infrastruktur und von Rahmenbedingungen für ein einigermaßen geordnetes Wachstum der Stadtregion zu suchen.

Im arabischen Raum, das soll jetzt nicht abwertend klingen, in Saudi-Arabien oder auch in Dubai und den anderen Ländern, hat man nicht den Eindruck, daß die, die das Geld und das Sagen haben, unbedingt viel lernen wollen, sondern froh sind, daß wir und andere für sie die Arbeit machen.

Wo sind Sie noch tätig?

In der Golfregion, also Dubai, Qatar, Oman. In Osteuropa fangen wir gerade an, in Istanbul bekommen wir einen schönen Auftrag für einen neuen Stadtteil, dazu in Aserbaidschan, in Baku und Tiflis.

Hätten Sie einen Appell oder eine Formel für das, was wir lernen müßten? Wir haben ja nicht mehr sehr viel Zeit, wenn ich das richtig sehe. In zehn bis fünfzehn Jahren sehen unsere Städte schon anders aus, im Jahr 2040 sind wir bei 65 Millionen. Was müssen wir tun? Müssen wir ein neues Investitionsprogramm auflegen für den Rückbau der Gesellschaft?

Ich glaube, es ist notwendig, in den einzelnen Städten und Regionen anzufangen, daß dort die Betroffenen und die Politiker sich intensiver mit diesen Themen auseinandersetzen müssen. Es wäre unsinnig, auf der Bundesebene irgendein neues Förderungsgesetz zu kreieren. Zudem fehlt dafür auch das Geld. Was wir brauchen, ist Kreativität, anderes Denken, andere, verdichtete und stadtnahe Wohnformen statt des isolierten Häuschens im Grünen.

Aber müssen nicht auch unsere Architekten Neues beigebracht bekommen?

73

Natürlich. Die deutschen Architekturschulen denken nach wie vor überwiegend in die falsche Richtung, es gibt Ausnahmen wie in Cottbus und in Dresden. Aber in den normalen deutschen Hochschulen ist weiterhin der Design-Architekt das Ideal, der ein wunderschönes Museum oder ein neues Rathaus oder eine Kirche, die wir auch nicht mehr brauchen, entwirft.

Das Gespräch führten Dieter Bartetzko und Frank Schirrmacher.

Die Unordnung des Geldes

Demokratie ist Ramsch

Wer das Volk fragt, wird zur Bedrohung Europas. Das ist die Botschaft der Märkte und seit 24 Stunden auch der Politik. Wir erleben den Kurssturz des Republikanischen.

Zwei Tage – so lange hat die gefühlte neue Stabilität der europäischen Eliten gehalten. Schon vor Papandreous Coup sanken die Kurse. Zwei Tage zwischen der Patin Merkel, auf die die Welt schaute, und der Depression. Ein Kliniker könnte beschreiben, was das ist: eine Pathologie. Er könnte beschreiben, wie krank die kollektive Psyche ist, wie unwahr und selbsttäuschend die Größen- und Selbstbewusstseinsphantasien, die sie, auch mit Hilfe der Medien, entwickelt. Man kann es nicht anders als einen pathologischen Befund nennen.

Entsetzen in Deutschland, Finnland, Frankreich, sogar in England, Entsetzen bei den Finanzmärkten und Banken, Entsetzen, weil der griechische Premierminister Georgios Papandreou eine Volksabstimmung zu einer Schicksalsfrage seines Landes plant.

Im Minutentakt las man gestern, wie Banker und Politiker drohten und drohen, die Börsen brachen ein. Die Botschaft war eindeutig: Die Griechen müssten dumm sein, wenn sie ja sagten. Und Papandreou ein Hasardeur, weil er sie fragte. Doch ehe die Panik-Spirale des Schreckens sich weiter und weiter dreht, ist es gut, einen Schritt zurückzutreten, um klar zu sehen, was sich hier vor unser aller Augen abspielt. Es ist das Schauspiel einer Degeneration jener Werte und Überzeugungen, die einst in der Idee Europas verkörpert schienen.

Einige Protagonisten der Finanzmärkte denken voraus, und sie denken die sich abzeichnende Verfallsgeschichte einfach weiter. Der britische »Telegraph« berichtet über einen Witz, der in Finanzkreisen und offensichtlich auch im britischen Kabinett kursiert: Es wäre jetzt gut, in Griechenland putschte sich eine Militärjunta an die Macht, denn Militärjuntas dürfen nicht Mitglied der EU sein. Und »Forbes«, immerhin nicht irgendeine Adresse in der Finanzöffentlichkeit – der Redakteur überschrieb ursprünglich seinen Artikel mit: »Die wahre griechische Lösung: Ein Militärcoup«; er änderte es dann, offenbar, weil ihm nach Leserreaktionen mulmig wurde, in: »Die abstoßende griechische Lösung») – dreht das Schleusentor noch ein wenig weiter auf: »Dieser Witz ist deshalb so traurig und bitter, weil – wenn wir das kleine Problem ignorieren, dass Griechenland dann eine Militärdiktatur wäre – er in Wahrheit ein gute Lösung für Griechenland zeigt.«

Man muss nicht alle Beziehungen des Witzes zum Unterbewussten kennen, um zu verstehen, wie massiv gerade moralische Übereinkünfte der Nachkriegszeit im Namen einer höheren, einer finanzökonomischen Vernunft zerstört werden. Solche Prozesse laufen schleichend ab, sie tun ihr Werk im Halbbewussten, manchmal über Jahrzehnte, bis aus ihnen eine neue Ideologie entstanden ist. So war es immer in den Inkubationsphasen der großen autoritären Krisen des zwanzigsten Jahrhunderts.

Denn man muss aufschreiben, was Papandreou gesagt hat und was in den Ohren Europas wie das Gefasel eines unberechenbaren Kranken klingt: »Der Wille des Volkes ist bindend.« Lehne das Volk die neue Vereinbarung mit der EU ab, »wird sie nicht verabschiedet«. In Deutschland, wir erinnern uns, verstand man unter Demokratie noch vor wenigen Tagen den Parlamentsvorbehalt. Erzwungen von unserem obersten Gericht und begrüßt von allen Parteien. Deswegen musste sogar ein EU-Gipfel vertagt werden. Nichts ist davon für Griechenland noch gültig.

Es reagiert auf die Zumutung, dass der griechische Ministerpräsident die Schicksalsfrage seines Volkes diesem Volk vorlegt, der vorbildlich sparsame Bundesbürger, es reagieren seine Politiker. Sie alle haben sich zu Gefangenen der Vorwegnahme von Erwartungen gemacht, die an den Finanzmärkten gehegt werden. Man schaue sich an, wo wir hingekommen sind: Worte wie die von Papandreou können jetzt als gemeingefährlich gelten.

Es wird immer klarer, dass das, was Europa im Augenblick erlebt, keine Episode ist, sondern ein Machtkampf zwischen dem Primat des Ökonomischen und dem Primat des Politischen. Schon hat das Politische massiv an Boden verloren, was man daran erkennt, dass alle politischen Begriffe, die mit dem geeinten Europa verbunden waren, im Wind zerstoben sind, wie Asche. Aber der Prozess beschleunigt sich. Das absolute Unverständnis über Papandreous Schritt ist ein Unverständnis über demokratische Öffentlichkeit schlechthin – und auch darüber, dass man für sie bereit sein muss, einen Preis zu bezahlen.

Sieht man denn nicht, dass wir jetzt Ratingagenturen, Analysten oder irgendwelchen Bankenverbänden die Bewertung demokratischer Prozesse überlassen? Sie alle wurden in den letzten 24 Stunden befragt und bestürmt, als hätten sie irgendwas dazu zu sagen, dass die Griechen über ihre Zukunft selbst abstimmen wollen.

Die angebliche Rationalität finanzökonomischer Prozesse hat dem atavistischen Unterbewussten zum Durchbruch verholfen. Dass man ganze Länder als faul und betrügerisch beschimpfen konnte, schien mit der Ära des Nationalismus untergegangen und vorbei. Jetzt ist dieses Gebaren wieder da, mit angeblichen »Vernunftgründen« auf seiner Seite. Die Deformation des Parlamentarismus durch erzwungene Marktkonformität legitimiert das Volk nicht nur als »außerordentlichen Gesetzgeber«, es erzwingt im Fall Griechenlands diese Willensbekundung geradezu. Denn schon in Deutschland kann, wer als frei gewählter Abgeordneter seinem Gewissen folgt, sicher sein, dass man seine »Fresse« nicht mehr sehen will. Was Wolfgang Bosbach als Subjekt widerfuhr, trifft nun einen Staat, und wenn es so weitergeht, bald ganz Europa.

Papandreou tut nicht nur das Richtige, indem er das Volk in die

Pflicht nimmt. Er zeigt auch Europa einen Weg. Denn in dieser neuen Lage müsste Europa alles tun, um die Griechen davon zu überzeugen, warum der Weg, den es zeigt, der richtige ist. Es müsste dann nämlich sich selbst davon überzeugen. Es wäre kein Prozess in Brüsseler Beton, an dessen Ende eine enthemmte Presse die Bundeskanzlerin als eine Art Gigantin zeichnete. Es wäre eine Selbstvergewisserung der gleichfalls hochverschuldeten europäischen Staaten, die sich endlich darüber Klarheit verschaffen könnten, welchen Preis sie für die immateriellen Werte eines geeinten Europa bezahlen wollen.

»Ich beginne zu glauben, dass die Linke recht hat«

Im bürgerlichen Lager werden die Zweifel immer größer, ob man richtig gelegen hat, ein ganzes Leben lang

Ein Jahrzehnt enthemmter Finanzmarktökonomie entpuppt sich als das erfolgreichste Resozialisierungsprogramm linker Gesellschaftskritik. So abgewirtschaftet sie schien, sie ist nicht nur wieder da, sie wird auch gebraucht. Die Krise der sogenannten bürgerlichen Politik, einer Politik, die das Wort Bürgertum so gekidnappt hat wie einst der Kommunismus den Proletarier, entwickelt sich zur Selbstbewusstseinskrise des politischen Konservatismus.

Realpolitik und Pragmatismus verdecken die gähnende Leere, und die Entschuldigung, Fehler machten ja auch die anderen, ist das Pfeifen im Walde. Aber es geht heute nicht allein um falsches oder richtiges politisches Handeln. Es geht darum, dass die Praxis dieser Politik wie in einem Echtzeitexperiment nicht nur belegt, dass die gegenwärtige »bürgerliche« Politik falsch ist, sondern, viel erstaunlicher, dass die Annahmen ihrer größten Gegner richtig sind. »Die Stärke der Analyse der Linken«, so schreibt der erzkonservative Charles Moore im »Daily Telegraph«, »liegt darin, dass sie verstanden haben, wie die Mächtigen sich liberal-konservativer Sprache als Tarnumhang bedient haben, um sich ihre Vorteile zu sichern. ›Globalisierung‹ zum Beispiel sollte ursprünglich nichts anderes bedeuten als weltweiter freier Handel. Jetzt heißt es, dass Banken die Gewinne internationalen Erfolgs an sich

reißen und die Verluste auf jeden Steuerzahler in jeder Nation verteilen. Die Banken kommen nur noch ›nach Hause‹, wenn sie kein Geld
mehr haben. Dann geben unsere Regierungen ihnen neues.«

Es gibt Sätze, die sind falsch. Und es gibt Sätze, die sind richtig.
Schlimm ist, wenn Sätze, die falsch waren, plötzlich richtig werden.
Dann beginnt der Zweifel an der Rationalität des Ganzen. Dann beginnen die Zweifel, ob man richtig gelegen hat, ein ganzes Leben lang.
Es ist historisch der Moment, wo alte Fahrensleute sich noch einmal
zu Wort melden, um zu retten, was zu retten ist. Der liberale Katholik
Erwin Teufel hat das mit einer hochdramatischen, aus zusammenbre-
chenden Glaubenssystemen überlieferten rhetorischen Figur getan: Er
rede, weil er nicht mehr länger schweigen könne. Es ist der erste Akt.

Das komplette Drama der Selbstdesillusionierung des bürgerlichen
Denkens spielt sich gerade in England ab. In einem der meistdisku-
tierten Kommentare der letzten Wochen schrieb dort Charles Moore:
»Es hat mehr als dreißig Jahre gedauert, bis ich mir als Journalist diese
Frage stelle, aber in dieser Woche spüre ich, dass ich sie stellen muss:
Hat die Linke nicht am Ende recht?« Moore hatte das vor den Unru-
hen geschrieben und ohne jede Vorahnung. Ehrlich gestanden: Wer
könnte ihm widersprechen?

Das politische System dient nur den Reichen? Das ist so ein linker
Satz, der immer falsch schien, in England vielleicht etwas weniger falsch
als im Deutschland Ludwig Erhards. Ein falscher Satz, so Moore, der
nun plötzlich ein richtiger ist. »Denn wenn die Banken, die sich um
unser Geld kümmern sollen, uns das Geld wegnehmen, es verlieren
und aufgrund staatlicher Garantien dafür nicht bestraft werden, passiert etwas Schlimmes. Es zeigt sich – wie die Linke immer behauptet hat –, dass ein System, das angetreten ist, das Vorankommen von
vielen zu ermöglichen, sich zu einem System pervertiert hat, das die
wenigen bereichert.« So Moore. Er geht es alles durch: Murdoch, von
dem er sagt, dass ihn die Linke schon durchschaute, als die Rechte
Populismus noch für Demokratie hielt, die Kredit- und Finanzkrise, den Rechtsbruch europäischer Regierungschefs, den Primat des

ökonomischen Diskurses und schließlich die Krise der Eurozone selbst. Ein linker Propagandist, so Moore, hätte eine Satire, wie Geld die Welt regiert, nicht besser erfinden können.

An dieser Stelle muss man sagen, wer Charles Moore ist. Nicht nur ein brillanter konservativer Publizist, sondern auch der offizielle Biograph Margaret Thatchers, eine Biographie übrigens, die erst nach ihrem Tode erscheinen darf. »Die Resonanz auf meinen Artikel ist gewaltig«, sagt er im Gespräch, »aber es gibt ein paar Missverständnisse. Manche Leute glauben, ich meinte, Labour habe recht. Davon rede ich nicht. Ich rede von linken Ideen und bürgerlichen Ideen.«

Es mag sein und wird auch sofort gesagt werden, dass die Lage in England eine andere ist. Und dennoch sind die Übereinstimmungen unübersehbar, die Erwin-Teufel-Debatte ist nur ein Indiz. Es war ja nicht so, dass der Neoliberalismus wie eine Gehirnwäsche über die Gesellschaft kam. Er bediente sich im imaginativen Depot des bürgerlichen Denkens: Freiheit, Autonomie, Selbstbestimmung bei gleichzeitiger Achtung von individuellen Werten, die Chance, zu werden, wer man werden will, bei gleichzeitiger Zähmung des Staates und seiner Allmacht. Und gleichzeitig lieferte ihm die CDU ihren größten Wert aus: die Legitimation durch die Erben Ludwig Erhards, das Versprechen, dass Globalisierung ein Evolutionsprodukt der sozialen Marktwirtschaft wird. Ludwig Erhard plus AIG plus Lehman plus bürgerliche Werte – das ist wahrhaft eine Killerapplikation gewesen.

Man muss hier nicht mehr aufzählen, was dann geschah, wer alles im Aufsichtsrat der Hypo Real Estate saß und was schließlich in der flehentlichen Bitte von Bankern um Verstaatlichung nicht endete. Entscheidend ist etwas anderes: Die CDU hat ihre an die Finanzmärkte ausgeliehenen immateriellen Werte, ihre Vorstellung vom Individuum und vom Glück des Einzelnen, niemals zurückgefordert. Sie hat nicht nur keine Verantwortung für pleitegehende Banken verlangt, sie hat sich noch nicht einmal über die Verhunzung und Zertrümmerung ihrer Ideale beklagt. Entstanden ist so eine Welt des Doppel-Standards, in der aus ökonomischen Problemen unweigerlich moralische

Probleme werden. Darin liegt die Explosivität der gegenwärtigen Lage, und das unterscheidet sie von den Krisen der alten Republik. Die Atomisierung der FDP, die für den Irrweg bestraft wurde, ist rein funktionell. Niemand würde der existierenden liberalen Partei besondere moralische Kompetenz zusprechen, und sie hat es, ehrlicherweise, auch nie von sich behauptet. Der Preis der CDU ist weit mehr als ein Wahlergebnis. Es ist die Frage, ob sie ein bürgerlicher Agendasetter ist oder ob sie das Bürgertum als seinen Wirt nur noch parasitär besetzt, aussaugt und entkräftet.

Das große Versprechen an individuellen Lebensmöglichkeiten hat sich in sein Gegenteil verkehrt. Es ist Moore, der hier spricht und der einst im Thatcherismus alter Prägung die größtmögliche Erfahrung gesellschaftlicher Perfektion erblickte: »Ihre Chancen für einen Job, für ein eigenes Haus, eine anständige Pension, einen guten Start für Ihre Kinder, werden immer kleiner. Es ist, als ob man in einem Raum lebt, der immer mehr schrumpft. Für Menschen, die nach 1940 geboren wurden, ist dies eine völlig neue Erfahrung. Wenn es noch länger so weiter geht, wird sie ziemlich schrecklich werden.«

Die CDU aber, belehnt mit einem autodidaktischen Ludwig-Erhard-Studium, sieht nicht, wer in diesen schrumpfenden Räumen sitzt: Lehrer und Hochschullehrer und Studenten, Polizisten, Ärzte, Krankenschwestern, gesellschaftliche Gruppen, die in ihrem Leben nicht auf Reichtum spekulierten, sondern in einer Gesellschaft leben wollen, wo eindeutige Standards für alle gelten, für Einzelne, für Unternehmen und für Staaten, Standards von Zuverlässigkeit, Loyalität, Kontrolle.

Angela Merkel war bisher nicht in der Lage, die moralischen Folgen der Krise in der Eurozone zu thematisieren. Das ist schlimm genug. Undenkbar, dass zu Zeiten Erhards nicht ein Selbstverständigungsprozess eingesetzt hätte. Dafür fehlt der Partei augenscheinlich das Personal. Denn die Macht dazu fehlt ihr keinesfalls. Über das Wort »Monster« ist die politische Positionierung der Konservativen bis heute nicht hinausgekommen – und das las man früher und besser auf den

»Nachdenkseiten« des unverzichtbaren Albrecht Müller, einst Vorden-
ker von Willy Brandt.

Ein Bundespräsident aus dem bürgerlichen Lager, von dem man sich
ständig fragt, warum er unbedingt Bundespräsident werden wollte,
schweigt zur größten Krise Europas, als glaube er selbst schon nicht
mehr an die Rede, die er dann halten muss. Eine Ära bürgerlicher
Politik sah die Deklassierung geistiger Arbeit, die schleichende Zerstörung der deutschen Universität, die ökonomische Unterhöhlung der
Lehrberufe. Frau Schavan ist inexistent. Dass Gesundheit in einer
alternden Gesellschaft nicht mehr das letzte Gut sein kann, weil sie
nicht mehr finanzierbar sein wird – eine der großen Wertedebatten
der Zukunft, die jede einzelne Familie betreffen wird, zu der man eine
sich christlich nennende Partei gerne hören würde, ja hören muss –:
kein Wort, nichts, niemand.

Schließlich: Der geradezu verantwortungslose Umgang mit dem
demographischen Wandel – der endgültige Abschied von Ludwig Erhards aufstiegswilligen Mehrheiten – macht in seiner gespenstischen
Abgebrühtheit einfach nur noch sprachlos. Ein Bürgertum, das seine
Werte und Lebensvorstellungen von den »gierigen Wenigen« (Moore)
missbraucht sieht, muss in sich selbst die Fähigkeit zu bürgerlicher
Gesellschaftskritik wiederfinden. Charles Moores Intervention zeigt,
wie sie aussehen könnte.

Was wird morgen sein?

Unser Weltvertrauen ist erschüttert. Wie konnte zugelassen werden, was gerade geschieht?

Wer werden wir geworden sein, wenn das vorbei ist? Warum haben – um die Frage Leopold von Rankes zu stellen – Gesellschaften und Institutionen den Ruin vor Augen und gehen doch hinein? Das ist die Frage, mit der sich das amerikanische Repräsentantenhaus Anfang der Woche in seiner Anhörung zum Bankrott von Lehman Brothers befasste. Wie konnten die Manager der Bank noch so tun, als sei nichts, obwohl ihnen seit Monaten bekannt war, dass ihr Geschäftsmodell in die Luft fliegen würde? Die Antwort lautet: Lehman dachte, dass ein Zusammenbruch alle anderen auch treffen und sich auf sehr viele Leute verteilen werde; folglich werde der Staat einschreiten müssen.

Uns wird gerade beigebracht, dieses Verhalten »Gier« zu nennen. Doch für die akute Bedrohung unserer Gesellschaftsordnung ist »Gier« die harmloseste aller Erklärungen. Vielleicht wird sie deshalb so gerne gegeben. In den letzten zwei Wochen wurde in mehr als dreitausend Artikeln gegen die alte Todsünde gepredigt; mittlerweile ist man, wie die Schlagzeile einer Wirtschaftszeitung lautete, bei der »Gier der kleinen Leute« angekommen. Gier ist schlecht, aber menschlich. So gesehen, wäre die gegenwärtige Krise nichts als ein Routinetermin im permanenten Strafgericht Gottes über die Menschen.

Gesellschaften wurden zivilisiert, um genau das zu verhindern, was nun möglich scheint: dass sie durch rücksichtsloses Handeln Einzelner zerstört werden. Wenn dieser Schutz nicht mehr garantiert ist, beginnt das große Zweifeln an der Gesellschaft und an der Tragfähigkeit ihrer bisherigen Vernunft. Das ist die gegenwärtige Lage der Politik. Aber weil Millionen Deutsche während des letzten Jahrzehnts gedrängt wurden, ihr Leben neoliberal umzustellen, den Finanzmärkten zu trauen und dem Staat zu misstrauen, ist es auch die Lage jedes Einzelnen. Er muss nachträglich einsehen, dass die Vernünftigkeit seiner wichtigsten Lebensentscheidungen auf einem rein spekulativen System basierte.

Welche Gründe hat es, dass wir in einer Gesellschaft leben, die im Begriff ist, nach ihren natürlichen Lebensräumen nun auch ihre soziale Umwelt, die Lebenszeit einer ganzen Generation, sehenden Auges zu ruinieren? Jared Diamond hat in seinem Buch »Kollaps. Warum Gesellschaften überleben oder untergehen« die Ursachen genannt, die Eliten überhaupt die Chance geben, ihre Gesellschaften zu zerstören. »Sie fühlen sich sicher, weil sie sehr konzentriert und in überschaubarer Zahl auftreten. Sie sind durch die Aussicht auf schnelle, sichere Profite hoch motiviert, während sich die Verluste stets auf eine sehr große Zahl von Individuen verteilen.« Das ist exakt das Kalkül, das der Kongressausschuss bei Lehman Brothers vorfand. In der mittleren Verlustzone, so Diamond, verzichtet der Einzelne auf juristische Aktionen, weil er angesichts der Masse an Betroffenen gar keine Chance auf Entschädigung sieht. In der großen Verlustzone trifft es dann alle, aber nun ist der ohnehin schon geschädigte Staat praktisch gezwungen, systemstabilisierend tätig zu werden, auch wenn es ihn selbst an den Rand des Abgrunds führt.

Nach Diamond steigt die Bereitschaft handelnder Eliten, eine Gesellschaft zu ruinieren, proportional mit ihrer Möglichkeit, sich von der Gesamtgesellschaft ökonomisch zu isolieren. Je mehr ihnen diese Isolierung gelingt, desto weniger werden sie von den Folgen für alle betroffen sein.

Wer meint, dass die aktuelle Vernichtung des Grundvertrauens in die Rationalität ökonomischen Handelns ohne Folgen bleibt, wird sich spätestens bei den nächsten Wahlen getäuscht sehen. Über Nacht ist die Welt des Geldes fiktionalisiert worden. Die Flucht in die Verstaatlichung, die von den Banken selbst angeführt wird, ist der Bankrott der Metaphysik des Marktes. Jetzt, da völlige Unklarheit darüber herrscht, was ist und was nicht ist, kann nur der Staat noch dezionistisch verfügen, dass etwas und nicht vielmehr nichts existiert. Wenn je, dann gilt heute der Satz von Friedrich Engels: »Das Wesen des Staates ist die Angst der Menschheit vor sich selbst.«

Die Bundeskanzlerin hatte recht, als sie in ihrer Regierungserklärung von einer Bedrohung unserer Gesellschaftsordnung sprach. Von den Bankuntergängen in der Wall Street geht eine Kettenreaktion aus, vergleichbar mit der epochalen Wirkung, die das Erdbeben von Lissabon im achtzehnten Jahrhundert auf die Köpfe der Aufklärung ausübte. Damals lautete die Frage, wie ein gütiger Gott eine solche Katastrophe hatte zulassen können. Die Folgen waren Zweifel an der Tragfähigkeit seiner Welt und ein Selbstaufklärungsprozess, der im europäischen Gedankengebäude fast keinen Stein auf dem anderen ließ.

Wie konnte zugelassen werden, was gerade geschieht? Will man die Antwort darauf nicht einer linken Demagogie überlassen, muss man über die Spaltung unserer Gesellschaft in diejenigen reden, die Konsequenzen erleiden, und diejenigen, die von ihnen verschont werden oder gar profitieren. Die bürgerliche Welt hat schon mehrfach bewiesen, dass sie aus paradigmatischen Katastrophen lernen kann. Jetzt, im neuesten weltbürgerkriegsähnlichen Zustand, muss sie die härteste Auseinandersetzung mit sich selbst führen. Die Krise verändert nicht nur die Welt. Sie verändert das Denken.

Die Deutschen und ihre Kriege

Luftkrieg. Beginnt morgen die deutsche Nachkriegsliteratur?

Kein Feuer, kein Rauch. Es geht »um eine Abwesenheit in der deutschen Nachkriegsliteratur«. Der Schriftsteller W.G. Sebald hat sie beklagt. Er hat, Ende letzten Jahres, in seinen Zürcher Poetik-Vorlesungen und in seiner Dankrede zur Entgegennahme des Heinrich-Böll-Preises der Stadt Köln eine ästhetische Mangelerscheinung diagnostiziert. »Als ich 1960, im Alter von sechzehn Jahren ... zum erstenmal Ullsteins Taschenbuchausgaben der frühen Romane Bölls in die Hand bekam«, sagte Sebald in seine Kölner Rede, »da fand ich in diesen Erzählungen kaum etwas, das mich verwiesen hätte auf die eineinhalb Jahrzehnte erst zurückliegende totale Zerstörung.« Zwar gebe es Romane, Erzählungen und vor allen Dingen immer wieder Berichte von der Front, aber kaum etwas finde sich zum Luftkrieg über Deutschland, sehr wenig über das Leben in Ruinen. Die Katastrophe der Jahrhundertmitte, so Sebald, finde in der Literatur kaum statt.

Diesen Befund hat sich Volker Hage im »Spiegel« auf seine Weise zu eigen gemacht. Es gebe keine epische Darstellung des Unglückskatalogs: keine des Holocaust einerseits, keine der Bombennächte und der Trümmerzeit andererseits. Das Herz der Jahrhundertfinsternis ist wie ein nie betretener Erdteil; es könnte also sein, so der Redakteur, »daß die deutsche Nachkriegsliteratur überhaupt erst beginnt – zum Jahrhundertende, zur Jahrtausendwende«.

Kein Feuer, kein Rauch, aber immer wieder diese ungestillte Lust auf Debatten. Die gibt es häufig dort, wo sie nichts kosten. Hier aber ist etwas angestoßen von der Art jener chinesischen Gongs, die, einmal berührt, immer tiefer vibrierende, immer schmerzhaftere Signale aussenden. In fast jedem Jahrzehnt der alten Bundesrepublik hat es eine Debatte über das Ausbleiben des großen Weltkriegsepos gegeben. Unübersehbar ist die Liste der formalästhetischen und inhaltlichen Einwände gegen ein solches Vorhaben. Zuletzt glaubte man, daß sich die Komplexität der Katastrophe überhaupt nur noch dokumentarisch abbilden lasse. Kempowskis »Echolot«, eine der bedeutendsten literarischen Leistungen überhaupt, hat den Toten des Krieges durch dokumentarische Montage noch einmal Stimme und Namen gegeben. Nichts war für Autor und Verlag überraschender als der Erfolg des mehrbändigen Werks. Es war, wie ein paar Jahre später bei den Klemperer-Tagebüchern, ein Erfolg, der ein Bedürfnis der Menschen verriet.

All das wurde, über Günter Grass und Peter Weiß bis hin zu Lothar Günter Buchheim (»Die Festung«), immer wieder debattiert; neu an dem vorliegenden Fall ist, daß jetzt unweigerlich Bilanz gezogen wird. In jedem Jahrzehnt der alten Republik verlief sich das Gefühl des Mangels immer wieder in die Hoffnung, ein episches Werk über den Krieg, seine Opfer und seine Täter könne noch erscheinen. Jetzt aber sind auch die Kindheitszeugen von einst ältere Herrschaften geworden, und nichts spricht dafür, daß sie ausgerechnet jetzt Darstellungsmittel finden, die ihnen in der Vergangenheit versagt blieben. Bei der neuen »Nachkriegsliteratur«, die Hage jetzt am Horizont heraufziehen sieht, kann es sich nach Lage der Dinge nur noch um historische Romane einer wie um Lichtjahre entfernten jüngeren Generation handeln. Der Redakteur, der den explosiven Kern von Sebalds Thesen sofort erkannt hat, entzieht sich der bitteren Konsequenz der eigenen Thesen. Die lautet: Es ist vorbei. Die Beteiligten und Betroffenen, die als Kinder und Heranwachsende die Bombennächte noch erlebten, werden stumm abtreten. Die alles zerreißende Gewalt von Krieg und Terror überdauert literarisch allenfalls formal: in der Zerrüttung des literarischen Erzählens und seiner Subjekte. Wenn es stimmt, daß auch die jüngeren Schriftsteller der Gruppe 47 aus Schuldgefühlen und im Zustande tiefgreifender moralischer Desorientierung über das eigene Land gar nicht mehr sprechen konnten, was folgte daraus für eine Literatur, die fünfzig Jahre lang unter dem Titel einer »Nachkriegsliteratur« annonciert wurde?

Anfang der fünfziger Jahre hielt Gottfried Benn seinen berühmten Vortrag »Altern als Problem der Künstler«. Liest man das heute, fragt man sich, warum das Publikum nicht empört das Podium stürmte. Der Krieg hatte ganze Jahrgänge junger Menschen ausgelöscht, und Benn sprach, fast grausam, davon, daß Künstler uralt zu werden und dabei produktiv zu bleiben pflegen. Das war, verbunden mit gezielten Provokationen an die Jüngeren, der Versuch, für sich selbst und für die Kunst eine übergeschichtliche Kontinuität zu reklamieren.

Schriebe man heute, man müßte von der »Kindheit« als Problem der Künstler reden. Von jener Kindheit der heute repräsentativen deutschen Schriftsteller nämlich, die ihre Prägungen im Dritten Reich und im Zusammenbruch des Jahres 1945 fanden. Gewiß: Sie haben, moralisch behelligt und an Schuldgefühlen leidend, winzige Linien in ein Dunkel gezeichnet, das ihre Kindheit oder Jugend war. Sie haben aber auch dezisionistisch vorgegeben, worüber nicht oder nur mit komplizierten Rückversicherungen zu schreiben war.

Gewiß war von der Nachkriegsliteratur nicht zu erwarten, daß sie Worte für den Holocaust fände. Die gewaltige Wirkung, die Paul Celan auf die Literatur ausgeübt hat, hängt mit diesem Verzicht zusammen. Aber auch die Darstellung der langsamen Genese des Verbrechens inmitten der Städte, Familien und Schulen scheint den Schriftstellern immer wieder zu entraten. Es bleibt im Gedächtnis die Figur des jüdischen Spielzeugwarenhändlers in Günter Grass' »Blechtrommel«.

Aber wäre diese wohl anrührendste Figur seines ganzen Werks je ersonnen worden, wenn der Autor von dem gegenlesenden Paul Celan dazu nicht ausdrücklich ermuntert und ermutigt worden wäre? Selbst das könnte eine spätere, kritische Lesart unserer Nachkriegsliteratur erweisen: daß die Opfer, die im Umkreis der fast ausschließlich aus Kinderperspektive geschriebenen Prosa auftauchen, dort lediglich, in Thomas Manns Wendung, kompositionell notwendige, aber unausgeführte Figuren sind, Statisten auf einer angedeuteten Bühne des Verbrechens.

Denn die Verlustliste ist groß. Es gibt bis heute keine literarische Verarbeitung der Vertreibung; die Literatur weiß nichts von den Okkupationsjahren des Ostens durch die Rote Armee. Die letzten lebenden Zeugen all der für immer unerzählt bleibenden Geschichten aus der ostdeutschen Provinz treten jetzt ab. All das ist unerzählt, also: unerlöst. Es arbeitet weiter in den Tiefenstrukturen auch der vergeßlichsten Gesellschaft.

Man überließ die erdabgewandte Seite der deutschen Geschichte den Thieß, Gaiser und Scholz. Bald schon galt diese Literatur als revanchistisch. Jetzt aber, im Rückblick von fünfzig Jahren, erkennt man, wie der Impuls, bei den moralischen Gewinnern zu sein, die Literatur lädierte. Frank Thieß hatte in seinem berühmten Brief an Thomas Mann, in dem er den Begriff der »inneren Emigration« popularisierte, den Luftkrieg zum Privileg der Daheimgebliebenen gemacht. Die Bewohner von München, Berlin oder Frankfurt seien aus dem überstandenen Krieg »reicher an Wissen und Erleben« hervorgegangen, als wenn sie »aus den Logen und Parterreplätzen des Auslands der deutschen Tragödie zuschauten. Es ist nun einmal zweierlei, ob ich den Brand meines Hauses selbst erlebe oder ihn in der Wochenschau sehe, ob ich den Bombenhagel auf deutsche Städte lebend überstehe oder mir davon berichten lasse, ob ich den beispiellosen Absturz eines verirrten Volkes unmittelbar an hundert Einzelfällen feststellen oder nur als historische Tatsache registrieren kann.«

Das war apologetisch gesprochen, es ist in seinem bescheidwisserischen Ton auch heute noch schwer erträglich. Unnötig zu sagen, daß Thieß von diesen Erfahrungen nie etwas mitzuteilen hatte. Doch auch die jungen Autoren der Gruppe 47 scheinen im Rückblick merkwürdig verstockt, abgelenkt, von vielfältigen Tabus umstellt. Die Beschreibung von Bombenkrieg und Vertreibung stand seither und steht bis heute unter Entlastungsverdacht.

Es geht, um dieses Mißverständnis auszuschließen, nicht darum, der deutschen Nachkriegsliteratur noch nachträglich einen Auftrag zuzuschreiben. Längst bildet sie ein staunenswertes Kapitel der deutschen Literaturgeschichte, von vielen mit Recht bewundert. Aber da sie nun zunehmend zum Jubelgreis wird, der rüstig und unbequem bei Friedenspreisverleihungen ein wenig Remmidemmi veranstaltet, aber sonst in Ehren altert, muß klargestellt werden, was von ihr nicht mehr zu erwarten ist. Diese Literatur wurde groß und kräftig, weil sie mit ihren Lesern die gleiche Erfahrung des Krieges und seiner Verheerungen teilte. Neu und unbeschrieben war ihnen die Bundesrepublik, nicht die Bombennächte, nicht die Vertreibung. Vielleicht deshalb werden die Nachgeborenen so wenig von der Katastrophe, aber so viel von der Inkubation in der jungen Bundesrepublik erfahren. »Etwas fehlt«, heißt es in Brechts »Mahagonny«, dem Stück der verpaßten Gelegenheit. Vermutlich haben wir es für immer verloren.

Ein Mann, dessen Werk Deutschland war

*Rudolf Augstein, der Journalist des Jahrhunderts, Gründer des »Spiegel«
und Machthaber der öffentlichen Meinung, ist tot*

Rudolf Augstein ist tot und: diese Erfahrung hat das Land nun auch
gemacht. Viel mehr solcher Erfahrungen sind nicht mehr übrig.
So ließe sich, Lessing variierend, die Nachricht vom Tode Augsteins
formulieren. Vor nicht einmal einer Woche wurde Siegfried Unseld
beerdigt. Und kaum ist Adolf Muschgs pathetischer, aber keineswegs
alarmistischer Ruf »Der große Pan ist tot!« in die Novembertage ver-
hallt, da ist der nächste tot. An den Folgen einer Lungenentzündung
ist in seiner Heimatstadt Hamburg jener Mann gestorben, den eine
weltweite Equipe von Journalisten zum »Journalisten des Jahrhunderts« gewählt hatte. »Es ist, als wäre ein Vater gestorben«, die Worte
des stellvertretenden Chefredakteurs Preuß, hörte man zuvor auch im
Suhrkamp-Haus. Der trübe Herbst des Jahres 2002 fühlt sich an wie
der Herbst eines kleinen Zeitalters: Die Riesen, scheint's, sterben aus.

Rudolf Augstein war in der Geschichte der deutschen Publizistik
eine erstaunliche Erscheinung. Er hatte viele der Träume, die Intellektuelle haben, verwirklicht, und viele der Albträume leider auch. Der
seit den Romantikern geträumte Traum lautete, eine Öffentlichkeit
nicht nur zu erreichen, sondern zu schaffen und am Ende zu verbessern: Augstein hat durch den »Spiegel« fast alle gesellschaftlichen
Schichten erreicht, den Lehrling wie den Universitätsprofessor, ohne

den zuerst und zuletzt intellektuellen Ruf des Magazins zu gefährden – wobei der »Spiegel« eben den bildungsbürgerlichen Begriff von Intellektualität schon in den fünfziger Jahren mit Unterhaltung, Entertainment, Sex und Sottise anschärfte. Dagegen ist gewiß viel einzuwenden. Aber wägt man ab, was der »Spiegel« in den Seelen möglicherweise anrichtete und was sie ihm verdanken, so fällt der Dank – das von Kulturkonservativen errichtete Privatfernsehen hat da schlechtere Karten – ungleich schwerer ins Gewicht.

Augstein war journalistische Macht, politische Macht und Wirtschaftsmacht. Er war die Rache des Intellektuellen an der Macht selbst: die Wiedergutmachung der Börne, Heine, Ossietzky, Tucholsky. Aber er erlebte auch die Rache der Macht am Intellektuellen. Sein bekennender Zynismus kam aus der Erfahrung mit einer Epoche, die sich ihm darbot wie Kafkas Schlange: sich windend vor Hingabe und Opportunismus, und ihn noch aufspürend im letzten Winkel der Welt.

Jawohl: Die Menschen hatten Angst vor ihm. Wenn je einer gefürchtet war, dann Rudolf Augstein. Seine Macht war ungeheuer. Zeitweise war er der mächtigste Mann im Staate. Er konnte vernichten, in einigen Fällen blitzte der Bannstrahl bis ins dritte Glied. Manche seiner niedergestreckten Gegner schleifte er noch dreimal um die belagerte Feste, um die Eingeschlossenen zur Aufgabe zu zwingen. Er beherrschte die Regeln der antiken Kriegskunst perfekt, er konnte Großmut zeigen, aber er konnte auch grausam sein. Und er lehrte diese Kunst seine Redakteure. Der »Spiegel«, der sein Werk wurde, war ungerecht und böse und parteiisch und zynisch und furchteinflößend und herrschsüchtig, wie es sein Gründer wohl war oder jedenfalls sein konnte; und war doch eben auch: eine Vorschule von Demokratie, Aufklärung und Selbstbefreiung.

Gewiß: er war in den letzten Jahren weniger präsent; die Krankheit erlaubte kaum noch öffentliche Auftritte, im Körper wanderte ein Granatsplitter aus den Schlachten des Zweiten Weltkriegs schmerzhaft hinauf und hinunter. Das Augenlicht schwand, am Ende ließ der Siebenundsiebzigjährige sich Artikel und Bücher vorlesen. Aber jeden

Montag, mit Erscheinen des neuesten »Spiegel«, war er wieder da im Bewußtsein der ganzen Nation, auch wenn er selbst keine Zeile geschrieben hatte.

Seine ins legendenhafte emporgewachsene Autorität hat sich längst mit dem Titel verwoben. Die bewußte und ungemein geschäftstüchtige Vermarktung der »Spiegel«-Affäre von 1962, deren Mythos keine Generation von Nachgeborenen je revidierte, hat dazu geführt, daß noch die Jüngsten den berühmten »Spiegel«-Titel mit dem verhafteten Augstein vor Augen haben, wenn immer sie einen »Spiegel« sehen oder den Namen Augstein hören. Augstein hat nicht nur die Geschichte der Bundesrepublik begleitet, beeinflußt und verändert. Er hat, was noch nie jemandem zuvor gelang, ihre wesentlichen politischen und kulturellen Mythologien produziert. Vom Porträt Adenauers bis zum Fahndungsbild des Franz-Josef Strauß, vom Gespräch mit Heidegger bis zu Boris Beckers »Ich«, von der Debatte um die Ostverträge bis zur Wiedervereinigung – Freunde wie Gegner hatten die Bilder und Worte des »Spiegel« im Gehirn. Es gibt Momente der deutschen Nachkriegsgeschichte, bei denen man nicht die Ereignisse, sondern den »Spiegel«-Titel erinnert, oder einzelne Sätze. »Durfte Brandt knien?« – wer damals, noch als Kind, diese Frage las, hat sie bis heute nicht vergessen.

Einer der frühesten Weggefährten hat Augsteins Erscheinen auf der Bühne folgendermaßen festgehalten: »Ein ganz junger Mensch von äußerster Sensibilität, mit raisiermesserscharfer Intelligenz ausgestattet, erfüllt von Trauer und Pessimismus, von der Sorge, das Gefühl könnte ihn überwältigen und dahin bringen, auf den Schwindel hereinzufallen, voller Dégout und voller Erwartung, ob nicht doch vielleicht einmal etwas Unerwartetes passiert, unerwartet für einen, der unausgesetzt alles erwartet und dessen zur Schau getragene Blasiertheit Rüstung ist.«

Das Unerwartete schlechthin aber war er selbst. Ein in Deutschland und auch im Ausland einzigartiger Fall: »»Der Spiegel««, schrieb in seinem berühmtem Essay Hans-Magnus Enzensberger, »ist das Organ dieses Mannes. Er ist nicht nur Gesellschafter, sondern auch Herausgeber der Zeitung, und zwar nicht ein Herausgeber, der sich damit begnügt, die Geschäfte zu überwachen, sondern der wichtigste Mitarbeiter des Blattes, der unter dem Pseudonym Jens Daniel vehemente Leitartikel schreibt.«

Das schrieb Enzensberger 1959. Da war der »Spiegel« bereits nationale Institution. Da war er schon Bestandteil von Gedichten Gottfried Benns und von Briefen von Karl Jaspers. Hat man einen Begriff von der Ausdehnung dieses publizistischen Zentralmassivs? 1949 bis 2002: das sind dreiundfünfzig Jahre, also in etwa so, als hätte jemand von Bismarcks und Nietzsches Tod bis zur ersten Wiederwahl des Bundeskanzlers Konrad Adenauer das öffentliche Leben Deutschlands bestimmt und geformt.

Banal zu sagen, daß ohne ihn die deutsche Geschichte nach 1945 anders verlaufen wäre. Daß die Wiedervereinigung ohne Kulturrevolution gelang, ist Willy Brandt und Rudolf Augstein zu verdanken. Die Zivilisierung des Landes war das Werk des »Spiegel«, für den Augstein auch unbürgerliche Stilformen in Kauf nahm, und als wollte er allen Gründervätern des Nachkriegsdeutschlands zeigen, wie man das macht, hat er auch für die Zukunft seines Werks Sorge getragen. Die durch »Focus« kurzzeitig ausgelöste Bewußtseinskrise meisterte der von ihm installierte Chefredakteur Stefan Aust so gut, daß der »Spiegel« heute das erfolgreichste Magazin des Landes ist – und das größte Europas.

Ob ihm je einer nahe kam? Viele von denen, die es glaubten, mußten einsehen, daß ihm wohl nicht nahezukommen war. Vorbild für unzählige Journalisten, vom Glück des Neuanfangs begünstigt, hat er dieses Land, seine Politik und seine Kultur verändert wie kaum ein anderer.

Mancher in der Redaktion litt zuletzt unter manchem publizistischen Wutausbruch des Alten. Er hatte sehr eigene Thesen zu Maastricht oder zum Bundesaußenminister – und seit jeher und bis zuletzt zur deutschen Nation. Daß er schrieb, ohne den »Spiegel« zu verändern, hieß aber: Rudolf Augstein war – was am Ende wohl wahrhaftige Größe ist – freiwillig oder unfreiwillig in seinem Werk aufgegangen: Der »Spiegel« war größer geworden als er. Er ließ seine Leute gewähren. »In meines Vaters Haus sind viele Wohnungen«, sagte er in einem letzten Gespräch, die Bibel und Thomas Mann zitierend. Wir Nachgeborenen, daran gewöhnt, Größe nur in Urvergangenheiten anzuerkennen, müßen erkennen, daß wir Zeitgenossen von Größe waren. Die Bibel oder Augstein zitierend, können wir festhalten: Er war ein sehr großer Mann.

Eine Falle namens Thilo Sarrazin

Die Journalistin Güner Balci sollte einen Film drehen. Unter Vorwänden wird ihr der Auftrag entzogen. Nebenbei wird ein Einbruch erfunden, der Diebstahl von Tonbändern. Erklärung: »Notlüge«. In diese Not hat sich eine Öffentlichkeit begeben, die es nicht schafft, die Wahrheit über ein Buch auszusprechen

Professor Heinz Haber, der große Fernsehprofessor, zeigte uns in der Kinderstunde einmal, wie eine Kettenreaktion funktioniert. Auf dem Tisch lagen unzählige Mäusefallen. Haber, wie immer im weißen Kittel, ließ einen Tischtennisball hineinfallen, und der Ball sprang wild umher und löste Falle nach Falle aus.

Sarrazins 464 Buchseiten sind 464 Mäusefallen. Und der Ball springt immer noch. Falle nach Falle schnappt zu. Es ist ein unglaubliches Schauspiel. Es begann beim Bundespräsidenten, der sich in den Rausschmiss einmischte, wie er es nicht hätte tun sollen, ging weiter bei der Bundeskanzlerin, die das Buch nicht gelesen hatte, aber eine Meinung besaß, ging weiter bei Sarrazins Anhängern, die von türkischen Milieus reden hörten, aber nicht ahnten, was Sarrazins Thesen über ihre eigene Intelligenz verhieß, ging weiter zur SPD, die ihn ausschloss und doch wieder nicht ausschloss, und weiter, von Mausefalle zu Mausefalle.

Und Sarrazin steht da, im weißen Kittel, wie der gute Professor Haber, der doch nur erklären wollte, was die Welt zusammenhält, notfalls auch in Kreuzberg, aber das ist kein Programm für die Kinderstunde, sondern eins für den Comedy-Club.

Güner Balci ist eine hochbegabte Fernsehjournalistin und Schriftstellerin. Sie wollte sich die Fallen einmal ansehen. Ein Jahr nach dem Ereignis, so glaubte sie, kann man einmal fragen, was von Sarrazin bleibt. Schon vor Monaten erkundigte sie sich, ob man bereit sei, mit ihr für eine im Auftrag des RBB verfasste Dokumentation vor der Kamera zu reden. Jakob Augstein fragte sie offenbar, Thilo Sarrazin und auch mich. Ein Jahr ist ein guter Rezeptionsparameter. Der Pulverrauch hat sich verzogen, und man könnte noch einmal feststellen, dass Sarrazins Buch kein Buch im klassischen Sinn ist, sondern ein Trojaner, geeignet, die Codes des öffentlichen Diskurses zu hacken.

Ein Buch, das beispielsweise seinen Kronzeugen Sir Francis Galton den »Vater der frühen Intelligenzforscher« nennt und keine Silbe – um das noch einmal zu wiederholen – darüber verliert, dass Galton zuerst und vor allem der Erfinder der Eugenik war und aus ihr erst seine Intelligenzthesen ableitete. Das ist ungefähr so, als sagte man von einem Drogendealer, er sei der Vater der Suchtprävention.

So in etwa verlief das Gespräch mit Frau Balci vor den Kameras des RBB. Sie hatte mittlerweile für das ZDF den kleinen Film »Sarrazin in Kreuzberg« gedreht. Der spielte aber keine Rolle. Vier Tage später meldete sich die Produktionsfirma. Es sei eine Katastrophe passiert. In der Firma sei eingebrochen worden, die Sarrazin-Bänder alle gestohlen, man bitte darum, noch einmal kommen zu dürfen. Weil die Zeit dränge, aber ohne Frau Balci.

Kein angenehmes Gefühl, wenn ungeschnittenes Material und dann auch noch zu Sarrazin auf dem grauen Markt gehandelt wird. Wer stiehlt Interviews? Türkische Nationalisten, die Güner Balci fast mehr bekämpfen als Thilo Sarrazin? Die Gegenseite, die ihm die Publicity neidet? Thilo Sarrazin selbst?

Güner Balci ist wie vom Donner gerührt. Sie wisse nichts von einem Diebstahl. Sie wisse nur, dass sie am nächsten Tag zum RBB bestellt sei, weil man ihr den Film entziehen wolle. Anwälte seien dort auch.

Anruf beim RBB, aber erst einmal, ohne vom Diebstahl zu reden. Ja, man müsse sich von Frau Balci als Autorin trennen, »das würden Sie auch machen«. Der »Aspekte«-Film sei unabgesprochen, Frau Balci sei jetzt zum Subjekt der Berichterstattung geworden. Auf die Frage, ob es einen vorauseilenden Gehorsam angesichts des politischen Wirbels gegeben habe, den Balcis Kreuzberg-Experiment ausgelöst habe, wird das Gespräch ganz unerfreulich. »Ihre Produktionsfirma sagt aber, der Sarrazin-Film sei gestohlen worden.« Jetzt ist der Redakteur am anderen Ende wie vom Donner gerührt. Das könne er sich nicht vorstellen. »Sie können sich nicht vorstellen, dass der Film gestohlen wurde?« »Ja, und ob das so stimmt.« Der RBB, so muss man seinen Worten entnehmen, wollte einen tabulosen, klugen, freien Film machen. So wie man das ja von einem Sender erwarten kann, der die Öffentlichkeit für so dumm hält zu glauben, dass zehn Minuten »Aspekte« eine große Dokumentation hinfällig machen. Schlussakt, vorläufig: Die Produktionsfirma des RBB kann keine Anzeige bei der Polizei vorweisen. Sie bittet um Verständnis, es sei ein Missverständnis. »Ein Missverständnis?« Antwort: »Eine Notlüge.«

Die Frage stellt sich, ob sich der sogenannte öffentliche Diskurs in Sachen Sarrazin und dessen, wofür sein Erfolg steht, nicht allmählich zu einer Kommunikation der permanenten Notlüge entwickelt. Diese Gesellschaft ist nicht in der Lage, ein irreleitendes Buch zu diskutieren. Und Sarrazin hat es geschafft, dass die Institutionen, die sich mit ihm befassen, allesamt in den Zustand der Notlüge geraten. Das begann beim Bundespräsidenten und der Bundesbank und landet jetzt beim »Aspekte«-Film, über den geredet wurde (leider auch weil Balci und Sarrazin vorab in »Welt«-Artikeln dramatisierten), ehe ihn überhaupt jemand gesehen hatte, endet jetzt vorläufig dabei, dass die Autorin Balci demontiert und isoliert wird.

Mag sein, dass der »Aspekte«-Film keine gute Idee war. Die Begründung, man habe genau das auch im RBB-Film zeigen wollen, klingt widersprüchlich. Frau Balci sagt aber: Genau das wurde abgelehnt. Aber auch dem RBB muss klar sein, dass Frau Balci seit langem schon im Fadenkreuz von Extremisten steht und dass die absurde Begründung, sie sei Subjekt, also Partei, der Berichterstattung (welcher Fernsehreporter ist nicht im Bild?), einen Gesichtsverlust bedeutet, der sie schutzlos macht. Denn auch der Vorwurf des Senders ist ja nichts anderes als eine Notlüge, frommer Selbstbetrug. Die Wahrheit heißt: Man ist restlos überfordert.

Güner Balci, an die plötzlich Maßstäbe angelegt werden, die wir sonst leider häufig vermissen, ist, wie jeder weiß, der ihre Biographie kennt, ein »role model« für aufstiegswillige junge Türkinnen und bei Reaktionären deshalb unbeliebt. Kein Zweifel, was für diese jungen Leute die traurige Lektion dieses abenteuerlichen, rufschädigenden Vorgangs sein wird.

Nur Thilo Sarrazin darf lachen. Man muss es zugeben: Blöder kann man auf seinen substantiell und historisch widerlegten Biologismus nicht reagieren. Das hätte sich auch Sarrazin in seinen wildesten Träumen nicht ausgemalt. Begreift man denn nicht, dass alle Thesen von Sarrazin überdeckt werden und von Anfang an überdeckt wurden von der Debatte über sanktionslose Meinungsfreiheit – ja, dass das Buch, das angeblich so viele Tabus bereut, nur dieses Tabu bespielt? Dass das die Mega-Mausefalle ist, die in dieses Buch eingebaut ist? Dass das erklärt, warum der Autor, was der wahre Skandal ist, auch ein Jahr danach, immer noch behauptet, er habe nichts zu korrigieren? Professor Haber hätte uns in der Kinderstube zeigen können, warum Sarrazins Gesellschaftsmodell nicht funktioniert. Auch die englische BBC könnte das.

Wir sind noch nicht einmal in der Lage, das Anstößige dieses Buches von seinen sachlichen Teilen zu trennen. Dabei ist es ganz einfach. Man nehme diesen Satz: »Das Muster des generativen Verhaltens in Deutschland seit Mitte der sechziger Jahre ist keine Darwinsche natürliche Zuchtwahl im Sinne von ›survival of the fittest‹, sondern eine kulturell bedingte, vom Menschen selbst gesteuerte Auswahl, die den einzigen nachwachsenden Rohstoff, den Deutschland hat, nämliche Intelligenz, relativ und absolut in hohem Tempo vermindert.« Das ist

Sarrazins Bruch mit unserem westlichen Kulturbegriff. Wir aber sind irrwitzige Hermeneuten. Jetzt werden schon Diebstähle fingiert, die Versicherung zahlt ja. Hermes, der Gott der Hermeneuten, war auch der Gott der Diebe und Trickser.

Gestern nachmittag hat der RBB entschieden, dass Güner Balcis Film nicht gedreht wird. Kein Buch im klassischen Sinn, sondern ein Trojaner, der die Codes des öffentlichen Diskurses hackt. Zynisch lässt man eine Frau fallen, die ein Rollenmodell für aufstiegswillige junge Türkinnen ist.

Erziehung vor Verdun

Der Schauplatz des ersten Informationskriegs, inspiziert im Zeitalter der europäischen Krise: Was geschieht, wenn man mit Martin Schulz die Schlachtfelder besucht

Wir, Herr Schulz, ein gelernter Buchhändler aus dem Rheinischen, und ich, fuhren nach Verdun. Die Idee entstand, als sich bei einem Gespräch herausstellte, wie viel Herr Schulz im Laufe seines Lebens über den Ersten Weltkrieg nicht nur gelesen, sondern auch im Kopf behalten hatte. Viel mehr jedenfalls als ich. Nicht nur ein Buchverkäufer offenbar, sondern ein Leser, der, so wie ein Generalstabschef die Karten studiert, die Bewegungs- und Gedankenprofile unzähliger Schriftsteller und Zeitzeugen kartographierte und zu hochinteressanten Fragestellungen gelangt war.

Herr Schulz sollte mir das Verdun zeigen, das in seiner Vorstellung aufgrund einer offenbar schon in jungen Jahren einsetzenden Informationssammelwut entstanden war. Das war die offizielle Version. Die inoffizielle lautete: Ich wollte nicht nur Verdun, ich wollte Herrn Schulz in Verdun sehen. Das hat damit zu tun, dass Martin Schulz nicht nur Buchhändler, sondern auch Präsident des Europaparlaments ist und, als Nachfolger Barrosos, den Posten des Kommissionspräsidenten anstrebt. Es ist eines, zu fragen, was Politiker wollen und erhoffen und versprechen. Ein anderes und interessanter ist die Frage, warum sie etwas tun. Die Antwort auf die Frage, warum es ein geeintes Europa geben müsse, hat man eigentlich immer mit einem Wort beantworten können: Verdun.

In den siebziger Jahren, als der Schmerz noch groß und die Gesprächsbereitschaft immer noch gering war, hätte man in den Gasthöfen rund um Verdun einen jungen Mann sehen können, der alte Franzosen und Französinnen nach ihren Erinnerungen fragte. Das war der junge Martin Schulz. Über Jahre hinweg ist er im Sommer auf eigene Faust hierhergefahren, weil er, wie er sagt, den Augenblick erwartete, wo er sich wirklich vorstellen konnte, was hier geschah. Aber das konnten selbst die alten Leute nicht mehr.

Zu jung, um noch den Zweiten Weltkrieg zu erleben, hatte er in seiner grenznahen Heimat eine gleichsam drahtlose Botschaft empfangen, die die Luft erfüllt: den Hass, das Misstrauen und die ja wirklich heutzutage irrwitzig anmutende Erkenntnis, dass sein Großvater vor Verdun stationiert wurde, um Franzosen zu erschießen. Er ist nicht so platt zu behaupten, dass er deshalb den Weg in die Europapolitik eingeschlagen hat. Es ist vielmehr so, dass er plötzlich den Weg verlässt, sich einen Weg durchs Gestrüpp bahnt und sagt: »Warten Sie, hier muss es sein.« Und dann ist da ein Einstiegsloch oder ein Graben oder ein Ort zwischen Tannen, von dem wir durch Zeitzeugenaussagen genau wissen, welcher Schrecken hier wütete, als es ein Ort von Schlamm und Moder war.

Die Orientierung ist schwierig. Hier war vielleicht eine Gabelung, an der sich die deutschen Truppen immer verirrten. Als Wegweiser legten sie einen gefallenen Franzosen an die Kreuzung. Der »tote Franzose« war ein Treffpunkt, bis die Granaten die Leiche zerfetzten. Und jetzt geht vor uns Martin Schulz, der Enkel, der hier jeden Stein zu kennen scheint und irgendwann sagt, wie viele Opfer die kurze Strecke, die wir hier zurücklegen, im Jahre 1916 gekostet hätte.

Es ist so, dass das Existentielle dieses Maschinenkrieges über einen Zeitraum von einhundert Jahren uns – auch das muss man sagen – bis an die Grenze des Kitsches und der Sonntagsreden bewusst geworden ist. Was dazu zu sagen ist, hatte im Jahre 1915 eine amerikanische Zeitschrift, die ihr Land vom Kriegseintritt abhalten wollte, sehr bündig formuliert: »Wenn Sie den Krieg lieben, ziehen Sie einen Graben in Ihrem Garten, füllen ihn halb mit Wasser, kriechen hinein und bleiben dort einen Tag oder zwei, ohne etwas zu essen; bestellen Sie sich weiter einen Geisteskranken, damit er mit ein paar Revolvern und einem Maschinengewehr auf Sie schießt.« Alles, was darüber hinausgeht, hat sich jede Generation neu zurechtgelegt, die die Botschaft von Verdun entziffern wollte: von der Revanche bis zur Friedensbotschaft.

Auf dem Weg zum »Toten Mann«, einer besonders umkämpften Anhöhe mit unzähligen Opfern, versagt der Handyempfang. »Hören Sie das?«, fragt Schulz. »Nein.« »Eben!« »Wie?« »Es ist nichts zu hören. Keine Vögel, kein Gezwitscher. Immer, wenn ich hier bin, ist Totenstille.« Man muss immer daran denken, dass Schulz in einer Institution arbeitet, die vielleicht alle fünfzig Jahre an Verdun und alle hundert Jahre an den Ersten Weltkrieg denkt, aber ansonsten mit ihrem bürokratischen, befehlsmäßigen und verwaltungsverliebten Jargon an einen realitätsfernen, vermotteten Generalstab erinnert.

Aber das betrifft nicht nur Europa. Sooft wir auch vom europäischen Friedenswerk reden – so recht versteht niemand mehr die Gefahr, die davon ausgehen könnte, dass Deutschland beschließt, eine Anhöhe in Frankreich zu erobern. »Eigentlich«, sagt Schulz, »ist es an der Zeit, Verdun nicht nur als nationalgeschichtliches Ereignis zu sehen.« Was er damit meint, hatte uns hierhergeführt. Worum kämpften eigentlich alle diese Soldaten hier, und wofür bezahlten sie mit ihrem Leben? Gewiss: um ein paar Quadratmeter Erde und um Bewegung, und unsere Großeltern hätten gesagt, um Paris oder Berlin. Aber das stimmte schon mit Beginn des Stellungskriegs im Herbst 1914, heute vor 99 Jahren, nicht mehr.

Verdun war, wie Stefan Kaufmann schon vor vielen Jahren in einer bahnbrechenden Studie feststellte, der erste Krieg um Informationen. Ein aberwitziges Aufgebot an Menschen und Maschinen, Opfern, Verwundungen und Schicksalen, die, wie die Nachwelt intuitiv verstand, in jenem berühmten Satz kulminierte, der die Seiten des Heeres füllt: »Im Westen nichts Neues«. Jede Generation hat diesen Satz anders gelesen; aber eine Gesellschaft, die wie keine zuvor Information als Waffe, Nahrung und Rohstoff begreift, müsste elektrisiert sein.

Als die Offensive an der Westfront zum bewegungslosen Stellungskrieg wurde, geschah Folgendes: Innerhalb kürzester Zeit kroch eine Riesenspinne über die Landschaft, die die übersichtlichen Linien der Angriffsbewegungen zerriss und ein gewaltiges, immer komplexer werdendes Netz webte. Sie wühlte sich durch den Boden. Die Soldaten verschwanden von der Erdoberfläche und verwandelten sie in ein schier unentwirrbares Geflecht von Gräben. Kaum jemand wusste mehr, an welchem Punkt dieses wabernden, sich ständig zerstörenden und ständig sich wieder neu bildenden Netzes er sich genau befand. Zu sehen war nichts. Zu hören – die Hupen, Klingeln, Trompeten, mit denen man in die Schlacht gezogen war – wegen des Geschützdonners in den entscheidenden Momenten kaum etwas.

In diesem Augenblick legte sich ein zweites Netz über die Schlachtfelder. Kaum ein Mensch hatte es im Sommer 1914 vorausgesehen, und auch später hat es in der Gefallenen- und Geschützstatistik unserer Schulbücher nie eine Rolle gespielt. Heute aber, da die Zivilgesellschaft in einem ganz neuen Netz verwoben ist, sieht man es mit anderen Augen. Dieses Netzwerk bestand am Ende des Krieges aus sechs Millionen Kilometern Telefonleitungen, die die deutschen Truppen verlegt hatten, aus Tausenden von drahtlosen Funkanlagen, und es hatte, wie es in der noch vor dem Siegeszug des Internets veröffentlichten Studie über »Kommunikationstechnik und Kriegsführung« heißt, eine Ausdehnung von 920 000 Kilometern.

Irgendwo im Gestrüpp von Verdun sahen wir dann das winzige Stück Draht. Stacheldraht, denkt sich der Geschichtstourist. War aber falsch. Der Draht war nicht zum Trennen gedacht, sondern zum Verbinden. Es ist das Fragment einer uralten Datenautobahn. Über solche Drähte liefen im Ersten Weltkrieg Befehle, die ganze Armeen in den Tod schickten. In Verdun findet man so etwas nur mit Glück. Dort hatten die Granaten jeden Zentimeter durchpflügt, so dass es bald keinen Sinn mehr hatte, neue Leitungen zu verlegen. Verzweifelt baten die Armeen um eine Alternative. Und Verdun, das zum Symbol von so vielem werden sollte in seiner totalen Sinnlosigkeit, wurde, in den Worten des Oberleutnants Randewig, »zum Geburtsort des Funken-kleingeräts«: ein Weltkriegs-Handy, das fünfzig Kilogramm wog (und von mehreren Menschen getragen werden musste), eine Reichweite von vier bis fünf Kilometern hatte und mit Akkubatterien acht Stunden funktionierte.

»In Wahrheit«, sagt Schulz, »starben hier Menschen oft nur deshalb, weil sie herausfinden sollten, was zwanzig Meter weiter geschieht.« Telefon und Funk führten nicht nur zur Dezentralisierung zentraler Entscheidungsabläufe und damit zur sozialen Revolution in der Armee, sondern umgekehrt auch zur totalen Distanzierung von Befehlshabern, die das, was ihre Befehle auslösten, nur noch vermittelt und abstrakt erfuhren. Oft saßen sie an ihren Telefongeräten, warteten auf Rückmeldungen, die sich durch eine ganze Telefonhierarchie hocharbeiteten, während gleichzeitig auf dem Schlachtfeld in Echtzeit eine horizontale Kommunikationskette entstand. Der Kommunikationsraum einer implodierenden Organisation, die am Ende nur feststellen konnte: nichts Neues. Dass man jedes technische Hilfsmittel – Flaggen, Ballons, Blinker, Leuchtpistolen, Telefon, Funk – nutzt, um Informationen zu erkämpfen, miteinander zu reden, und dies alles zu dem Zweck, die anderen zu töten, ist in Verdun zum ersten Mal in einer technischen Modernität ausgeführt worden, die eine direkte Linie zu uns zieht. Netze sind neutral, sie sind per se weder friedlich noch kooperativ, sie verwandeln Organisationen nicht automatisch zum Besseren.

Damit das geschieht, braucht man Politik. Martin Schulz redet immer wieder alarmiert von der EU, der großen europäischen Organisation. Weil er als nüchtern gilt, wird seine Warnung vor der »letzten Chance für Europa« von vielen sehr ernst genommen. Er sieht in dem Gebilde EU etwas, das sich entscheiden muss, ob es sich seiner undemokratischen oder demokratischen Seele zuwendet. Der Kopf schwirrt einem angesichts all der Abteilungen und Unterabteilungen und Kommissionen und Beiräten.

Nein, wenn alles schiefgehen würde, gäbe es kein zweites Verdun. Aber irgendetwas, das mit diesem kleinen Stück Draht zu tun hat, irgendetwas, das etwas sehr Gutes zu etwas sehr Schlechtem machen könnte. Information zählt heute, fast 98 Jahre nach Verdun, zu den wertvollsten Rohstoffen, Lebensmitteln und Währungen der Welt. Sie dient in ihren zivilen Form zum Glück nicht mehr dazu, den nächsten Schützengraben zu erreichen. Sie ist Erbgut. Bei alldem, was Europa bevorsteht, ist es irgendwie beruhigend, dass Martin Schulz von Verdun nicht loskommt.

Fangen Sie einfach mal damit an!

*Hitler und der Nationalsozialismus als Lebensthema: Joachim C. Fest
spricht über die politische Bestechlichkeit der Deutschen und
den Augenblick der Befreiung*

Wirklich befreit fühlte er sich, als er nach seiner Entlassung aus
der amerikanischen Kriegsgefangenschaft von seinem Buchhändler mit zwei Büchern nach Hause gehen konnte. Joachim C. Fest, geboren 1926 in Berlin-Karlshorst, ist seit den sechziger Jahren eine der
angesehensten zeitgeschichtlichen Kommentatoren der Bunderepublik.
Seine Hitler-Biographie, die im Jahr 1973 erschien und in alle Weltsprachen übersetzt wurde, setzte Maßstäbe und war ein Fundament
der dann einsetzenden historischen Selbstbefragung der Deutschen.
Zunächst in Hörfunk und Fernsehen, dann als Herausgeber dieser
Zeitung prägte Fest die wichtigen deutschen Vergangenheitsdebatten.
In dem Gespräch, das wir dokumentieren, macht er den Unterschied
deutlich, der zwischen Begriffen wie »Befreiung« oder »Widerstand«
und der lebensgeschichtlichen Wirklichkeit liegt. Und er erklärt, wie
zu Beginn der sechziger Jahre der analytische Ton im Umgang mit der
Vergangenheit den moralischen Gestus ablöste.

Herr Fest, was haben Sie am 8. Mai 1945 getan?

Ich war in einem amerikanischen Gefangenenlager in Frankreich,
habe aber an diesem Tage von der Kapitulation überhaupt nichts mitbekommen. Das passierte erst am nächsten Tag. Da ging ich die Lager-

straße hinunter und sah vor dem Schwarzen Brett eine große Menschentraube, die sich da eingefunden hatte. Da wurde heftig diskutiert, einige lasen laut vor, was da stand über die deutsche Kapitulation. Unter den Gefangenen erhob sich ein Streit über die Frage: Ist es gut, daß wir den Krieg verloren haben und daß das Ganze nun vorüber ist? Dann trat ein salopper, latschiger, etwas älterer Kamerad in die Gruppe und sagte: »Ihr seid alle verrückt geworden, Deutschland gegen die ganze Welt, das konnte doch nicht gutgehen. Seid ihr so blöd, daß ihr das nicht mal im Gefangenenlager begreift?«

Wie lange waren Sie da schon im Gefangenenlager gewesen? Seit wann war für Sie der Krieg zu Ende?

Ich gehöre zur sogenannten Flakhelfergeneration, wurde mit fünfzehn Jahren eingezogen, war dann im Arbeitsdienst, wurde am 1. Juli 1944 zum Militär einberufen und bin am 9. März 1945 bei der berühmten Brücke von Remagen gefangengenommen worden. Meine Einheit war es, die diese Brücke sprengen sollte, wozu es dann nicht kam, weil die Sprengleitungen kaputtgegangen waren und man sie so schnell nicht wiederherstellen konnte – und dann kamen die Amerikaner über die Brücke.

Die Brücke von Remagen ist ein Symbol geworden. Welche Erinnerungen verbinden sich für Sie mit der Nichtsprengung der Brücke?

Keiner von uns wußte eigentlich, wo die Amerikaner standen und wo deutsche Truppen. Man irrte durch die Wälder, grub sich in Einmannlöcher oder Zweimannlöcher ein, ich sogar in einem Zweimannloch zusammen mit meinem Feldwebel, den ich auf den Tod haßte, weil er mich kurz vorher vor ein Kriegsgericht zu bringen versucht hatte, was gescheitert war.

Warum wollte er das?

Weil ich irgendeine harmlose Bemerkung gemacht habe. Ein Leutnant hat mich gerettet, der sagte: »Nach dem Endsieg werden wir den Mann ganz hart heranehmen, aber jetzt brauchen wir ihn noch, damit der Endsieg um so sicherer wird.« Und auf solche törichten Parolen ist der Feldwebel natürlich eingestiegen. Also mit dem lag ich da in einem Erdloch. Ich bin am nächsten Tag einen Hang ein Stück weit aufwärts gegangen, auf ein Anwesen zu, und stieß da mit einem amerikanischen Soldaten zusammen, der schon die entsicherte Maschinenpistole in der Hand hatte und sofort schrie: »Hands up!« Ich konnte also gar nichts machen und mußte mich ergeben.

Wann haben Sie vom Tod Adolf Hitlers gehört? Welchen Eindruck hat die Nachricht auf Sie gemacht?

Es hat keinen großen Eindruck auf uns gemacht. Eigentlich merkwürdig, man hätte ja sagen können, nun ist alles vorbei, nun ist also der Urheber des Bösen weg. Hitlers Tod wurde zur Kenntnis genommen.

Wie war damals Ihr persönliches Verhältnis zum Dritten Reich?

Mein Vater war höherer Beamter und wurde von den Nazis, wie das damals hieß, abgebaut, gleich Anfang 1933. Vom Ministerium ist man dann immer wieder gekommen und hat ihn in den Dienst zurückholen wollen. Er nahm aber eher die 182 Mark Pension in Kauf – mit fünf Kindern, Sie können sich vorstellen, was das bedeutete! –, als daß er bereit gewesen wäre, seinen Frieden mit den Nazis zu machen. Meine Mutter dachte praktischer und sagte: »Mein Gott, man kann die eigenen Kinder doch solcher Situation nicht aussetzen.« Sie sagte: »Tritt doch in die Partei ein, wir ändern doch deswegen unsere Meinung nicht.« Aber mein Vater war da unnachgiebig.

Was war der Grund für die Opposition Ihres Vaters?

Er war Zentrumsabgeordneter gewesen, er war einer der drei Reichsbannerführer im Gebiet Berlin-Brandenburg. Das Reichsbanner war eine Vereinigung aus Gewerkschaftlern, Sozialdemokraten und linkem Zentrum. Es handelte sich um eine halbmilitärische Einheit zur Verteidigung der Wahlveranstaltungen und überhaupt der demokratischen Parteien. Es war eine Organisation, die zwar fast zwei Millionen Mitglieder hatte, aber eigentlich keine wirklich bedeutende Rolle mehr spielte, weil zu viele sehr defätistisch dachten, die hielten das Verhängnis für unabwendbar.

Ihr Vater war in der Opposition zum System. War er auch im Widerstand?

Er hat es immer abgelehnt, von »Widerstand« zu sprechen. Er sagte, mit fünf Kindern kann man nicht im aktiven Widerstand sein. Er hatte vielleicht einen etwas anderen Widerstandsbegriff. Er sagte, Widerstand ist nur, wenn man mit der gezogenen Pistole – dies als Metapher genommen – auf Hitler zugeht und ihn niederschießt.

War bei dieser Familiengeschichte der 8. Mai 1945 für Sie ein Tag der Befreiung oder ein Tag der Niederlage?

Ich halte die Debatte, die jetzt darüber geführt wird, für ganz und gar unsinnig. Ich habe mich nicht befreit gefühlt, das konnte ich nicht, so, wie die Umstände meiner Gefangennahme verliefen und die Gefangenschaft. Wenn Sie in einem Gefangenenlager sind, wo es mitunter sehr hart zugeht, dann fühlen Sie sich nicht befreit – womöglich fehlte mir auch der Überblick. Ich weiß noch genau den Tag, an dem ich mich wirklich befreit fühlte. Ich ging in die Universitätsbuchhandlung in Freiburg zu Herrn Werner, meinem Buchhändler, der mich aus irgendeinem Grunde ins Herz geschlossen hatte, und ich bekam zwei Bücher auf einmal, ein ungeheures Privileg. Das war einmal Thomas Wolfe »Schau heimwärts, Engel« und dann von Ernest Hemingway »In einem anderen Land«. Ich ging hinunter zur ehemaligen Adolf-Hitler-Straße, die nun wieder Kaiserstraße hieß, und sagte, mit den beiden Büchern unterm Arm: »Jetzt bist du frei.«

Was haben Sie vom Unrecht, vom Terror, von der Vernichtung der Juden als Jugendlicher mitbekommen?

Ich habe nichts mitbekommen. Aber mein Vater, der den Nazis jedes Verbrechen zutraute, hatte diese berühmte BBC-Sendung an Weihnachten 1942 gehört, in der es hieß, daß im Osten die Menschen zu Zehntausenden im Lager umgebracht würden. Die erste Reaktion war ungläubiges Staunen, so hat er mir das nach dem Krieg erzählt.

Das heißt, damals hat er aber nicht darüber gesprochen?

Nein, ich war gerade vierzehn oder fünfzehn Jahre alt, das ist doch sehr riskant, denn auf ein solches Wissen stand die Todesstrafe. Mein

Vater hat sich dann erst gesagt: »Das sind doch wieder die abgehackten Kinderhände aus dem Ersten Weltkrieg. Diese englische Kriegspropaganda tut sich immer durch Übertreibungen hervor, sie lernen es auch nicht, es ist schrecklich.« Es ließ ihm keine Ruhe. Ende März 1943 wußte er definitiv, daß das passiert.

Wie hat er gesucht?

Er hatte Widerstandsverbindungen über einen Freundeskreis, hatte Verbindungen auch zu allen möglichen anderen Leuten. Das Kuriose ist, daß die endgültige Gewißheit über einen leitenden Mitarbeiter des Speer-Ministeriums kam.

Können Sie sagen, was er da erfahren hat?

Daß Menschen dort in Massen umgebracht wurden, von mehreren Orten war die Rede.

Von Gaskammern war auch die Rede?

Von Gaskammern war die Rede und auch, daß Menschen in Massen erschossen würden. Es war von allen möglichen Techniken die Rede, und mein Vater sagte: »Was fange ich mit diesem Wissen an?« Es war alles nur noch furchtbarer geworden, und man hoffte noch mehr darauf, daß es bald zu Ende gehen würde. Ich kann noch eine Geschichte dazu erzählen, aus dem Jahr 1943. Unser Grundstück in Karlshorst stieß an das Pfarrgrundstück, und der Pfarrer war ein Freund meines Vaters. Der Pfarrer hat ihm im Herbst 1943 gesagt, in seinem Beichtstuhl sei jetzt jemand aufgetreten, der von grauenhaften Geschichten im Osten erzählte. Das hat sich gehäuft, und bis Ende des Krieges waren es vier, fünf oder sechs Soldaten, die diesem Pfarrer berichtet haben, was sie erlebten, und der hat es meinem Vater erzählt.

Aber von den Konzentrationslagern im Reichsgebiet hat im Grunde jeder Erwachsene gewußt …

Das wußte jeder. Konnte jedenfalls jeder wissen. Worüber ich mehrfach nach dem Krieg mit Leuten der BBC gesprochen habe: Der Sender hat dieses eine Programm Weihnachten 1942 gebracht und dann nie wieder. Warum?

Warum?

Ich weiß es nicht. Lord Weidenfeld hat mir gesagt, daß dafür der damals auch in England latente Antisemitismus verantwortlich war. Andere sagen, es war Nachlässigkeit.

War das Dritte Reich ein sozialer Staat, der an der Beute die deutschen Volksgenossen teilhaben ließ?

Ich habe immer die These vertreten, der Nationalsozialismus, das Dritte Reich war viel mehr links als rechts. Ich habe einmal in der »taz« darüber geschrieben. Es hat große Empörung ausgelöst.

Also in dem Sinne von »Kraft durch Freude«, dem eigentlichen Beginn des Massentourismus?

Dazu der Volkswagen.

Die Ideen von Volkswagen, Volksempfänger, Sozialstaat überhaupt – gehen sie über in die Strukturen der Bundesrepublik?

Nicht vom Nationalsozialismus, das ist älter. Daß der Staat eine Verantwortung für seine Bürger hat, das beginnt bereits im neunzehnten Jahrhundert. Die Bismarcksche Sozialgesetzgebung hat das zur Grundlage, und da hat die Weimarer Republik mit sehr unzureichenden Mitteln angeknüpft. Aber die Nazis haben das dann ganz groß ausgebaut.

Und mit Kriegsbeute finanziert und damit die Menschen korrumpiert?

Götz Alys These. Ich habe das noch nicht genauer prüfen können. Im Kleinen verhielt es sich so: Man hörte von Nachbarn, die aus Polen mit einem Schinken kamen oder aus Frankreich mit Parfüm für ihre Frauen. Ich denke, die haben auch bezahlt dafür, haben es nicht nur geräubert, aber es ist sicher viel geräubert worden. Aber ich selber habe noch im September 1944 in Holland erlebt, daß Kameraden einem alten Ehepaar, Besitzern eines Papierwarenladens, eine Karte mit gezogener Pistole abnötigten. Die haben das nachher in ihrer Einheit stolz erzählt – und sind sofort vors Kriegsgericht gestellt worden. Auch das gab es.

Was meinen Sie, wenn Sie sagen, der Nationalsozialismus war eher links als rechts?

All das, was an sozialpolitischen Leistungen von den Nazis einge-führt wurde. Es gab ein Programm »Schönheit der Arbeit«. Die Fabri-ken sahen nach Armeleutefabriken aus, und das sollte nicht mehr sein. Da sollten die Wände geweißt werden, und die Toiletten und die hy-gienischen Vorrichtungen sollten so präsentabel gemacht werden, daß Menschen darin sich auch aufhalten konnten. Und die Menschen haben das dem Regime auch gedankt.

Hat man sich keine Gedanken darüber gemacht, daß mit den Zwangs-arbeitern ganz andere Dinge passierten?

Nicht nur die Zwangsarbeiter, sondern das viele Unrecht, das zu-gleich geschah. Das ist der Vorwurf, den man den Deutschen machen kann, das völlig übersehen zu haben und gesagt zu haben: »Ach, es geht uns doch gut.«

Wir wissen, daß Speer fast verzweifelte, weil Hitler den Deutschen so wenig zumuten wollte und bis zuletzt versuchte, ihnen vieles zu ersparen. Ist diese Rücksicht auf die Bevölkerung der Grund dafür, daß es trotz der Bombardierungen nie zu einer Revolte kam?

Eine Revolte konnte es nicht geben. Das war nicht zu organisieren. Die einzigen, die das konnten, waren das Militär und vielleicht die Kirchen. Es gab keine Organisationsbasis, von der aus man ein Wider-standsunternehmen hätte einleiten können.

Es gab die Proteste gegen die Euthanasie.

Ja, auch die Frauen in der Rosenstraße. Nur: Die Proteste gegen die Euthanasie kamen von der Kirche. Und bei der Rosenstraße hat es mal funktioniert. Manchmal denke ich, daß viel zuwenig gewagt wurde, denn das Regime war auch ängstlich.

Warum haben die Kirchen nicht widersprochen, von Widerstand ganz zu schweigen, als sie sahen, daß die Juden aus den Städten ver-schwanden?

Das ist die Hochhuth-Frage, nicht wahr? Vom Vatikan wird immer wieder behauptet, sie sei befriedigend beantwortet oder so, daß sich jemand, der sehr kritisch eingestellt ist, mit der Antwort abfinden könne. Ich finde, die Antwort ist unbefriedigend.

Wann haben Sie angefangen, sich als Lebensaufgabe mit der Geschichte des Dritten Reiches und vor allem der Geschichte Hitlers zu befassen? Was war Ihr Motiv?

Ich hatte als Vierzehn- oder Fünfzehnjähriger Jacob Burckhardts Kulturgeschichte der Renaissance in Italien gelesen und war begeistert und sagte, das wird mal mein Thema. Dann schnappte ich im Unterricht den Begriff »Privatgelehrter« auf und sagte mir, damit entgehst du allem. Also Privatgelehrter. Man heiratet eine reiche Frau, und dann kann man sich das leisten. Das Leben spielte nachher ganz anders. Ich habe mich für das Dritte Reich überhaupt nicht interessiert. Aber dann wurde ich 1953 beim Rias als Redakteur eingestellt. Am zweiten oder dritten Tag kam der stellvertretende amerikanische Intendant und fragte: »Was machen Sie denn jetzt hier?« Ich war aufgefallen durch Kommentare. Und da sagte ich, ich habe das und das vor – und dann sagte er: »Was ich mir von Ihnen wünsche, ist eine deutsche Geschichte von der Entlassung Bismarcks bis 1945.« Ich sagte, ich sei kein gelernter Historiker. Seine Antwort war: »Ach, ein Journalist muß alles können.« Dann sagte ich, so im Abgehen, nachdem wir uns nun einig waren: »Na ja, diese acht bis zehn Sendungen werde ich auch noch zustande kriegen.« Da sagte er: »Kommen Sie noch einmal zurück, wir haben uns mißverstanden: Ich habe nicht an acht bis zehn Sendungen gedacht, sondern an achtzig bis hundert.« Da sagte ich: »Nein, das ist eine Lebensaufgabe.« Und dann sagte er: »Ach wissen Sie, fangen Sie einfach mal damit an, und dann sehen Sie weiter.« Und ich habe dann »einfach mal angefangen«.

Ihr Buch »Das Gesicht des Dritten Reiches«, das daraus entstand und von Hannah Arendt zu den Leitwerken über die Epoche gerechnet wurde, hat Ihr Vater noch gelesen, der ja nun die Zeit kannte.

Nein, das hat er nicht mehr gelesen. Er hat nur einzelne Stücke gelesen.

Aber er wußte, daß das Ihr Thema war?

Er kannte diese Sendereihe, und die hatte große Resonanz in Berlin. Ich habe nie im Leben so viel Post bekommen wie auf diese Sendereihe hin, das war wirklich ein öffentliches Gespräch, das nun einsetzte, weil es, glaube ich, auch ein anderer Ton war, ein analytischer Ton statt eines moralisierenden.

Und wie ging es weiter?

Ich habe aus diesen Sendungen ein Buch gemacht, es wurde ein großer Erfolg. Darauf wandte sich ein amerikanischer Verlag an mich und fragte nach einer Hitler-Biographie. Es könne doch nicht sein, daß die einzige ernstzunehmende Hitler-Biographie die von Alan Bullock bliebe. Die Aufschluß vermittelnde Hitler-Biographie müsse von einem Deutschen geschrieben werden. Da habe ich gesagt, ich habe jetzt »Das Gesicht des Dritten Reiches« geschrieben, bin gerade Chefredakteur beim NDR geworden. Ich habe keine Lust mehr, mich schon wieder mit dem Dritten Reich zu beschäftigen. Dann kamen viele Umstände zusammen, und eines Tages bin ich aus dem NDR ausgeschieden und habe dieses Buch begonnen, das Hitler-Buch.

Sie hatten allerdings, als Albert Speer 1966 aus dem Gefängnis entlassen wurde, einen Kronzeugen.

Ich hatte mich gerade entschlossen, dieses Hitler-Buch zu schreiben, da wandte sich Wolf Jobst Siedler an mich, der damalige Leiter der Ullstein-Verlage. Er sagte, Speer ist entlassen worden, ich brauche einen vernehmenden Lektor, jemanden, der ihn auf die richtigen Themen führt und ihm die richtigen Fragen stellt.

Einen »vernehmenden Lektor«?

Ja, Siedler wollte von vornherein etwas sehr Ehrgeiziges, das definitive Memoirenbuch über das Dritte Reich. Ich sah hier die Chance: Wenn ich das Hitler-Buch schreibe, dann habe ich einen Zeugen, der glaubwürdig wirkt. Nach ein bis zwei Gesprächen mit Speer hatte ich den Eindruck, bei ihm kann man fündig werden.

Wie war die erste Begegnung?

Er kam den Gartenweg zu meiner Hamburger Wohnung herauf, schlenkernd mit einer verbeulten Aktentasche, und wirkte so zivilistisch, wie man nur wirken kann. Ich fragte mich: Der Mann war vor fünfundzwanzig Jahren der Wirtschaftsdiktator Europas, unglaublich, kann er nicht gewesen sein.

Sie haben alle wichtigen Zeugen kennengelernt, die im Dritten Reich eine Rolle gespielt hatten und noch lebten. Haben Sie einen Schlüssel für das Rätsel, das Charisma, die Persönlichkeit Hitlers?

Ich habe darüber zwölfhundert Seiten geschrieben, und auf zwölfhundert Seiten kann ich Ihnen das annäherungsweise erklären. Aber eine Formel dafür habe ich nicht.

Darf ich eine Frage zurückgeben, die Sie in der Biographie selber gestellt haben: Kann man Hitler groß nennen?

Nein. Er ist vielleicht der größte Kulturbruch, der sich in der europäischen Geschichte ereignet hat. Dazu gehört, daß er nicht nur Völker vernichtet hat, Länder, Städte, sondern auch die Welt der Begriffe unterminiert hat. Der Begriff der historischen Größe ist definiert bei Jakob Burckhardt in den »Weltgeschichtlichen Betrachtungen«. Schließlich sagt er, zu einer wirklichen Größe gehöre ein Gran Güte. Dieses Gran Güte ist bei Hitler total abwesend.

Sie haben einmal die Frage gestellt, ob die Vernunft im Nachkriegsdeutschland nur ein Reflex vernünftiger Verhältnisse gewesen sei, und daran die Überlegung angeschlossen, ob unter neuen Umständen auch eine große neue Irrationalität eintreten kann.

Das ist durchaus möglich, die müßte dann aber europaweit sein. Die kann nicht mehr auf ein einzelnes Land begrenzt sein.

Sind der Nationalsozialismus und der Holocaust also keine historischen Singularitäten?

Nein, das würde ich niemals sagen. Ich weiß, das ist der Historikerstreit, den Sie ansprechen, aber Singuläres gibt es nicht, oder alles ist singulär.

Für uns Deutsche singulär.

Für uns Deutsche ist es natürlich singulär. Aber es ist in der Welt und in der Geschichte überhaupt nicht singulär, was im Holocaust geschehen ist. Wie hoch ist der Anteil der Menschen, die Pol Pot umgebracht hat? Wie viele hat Stalin umgebracht? Die Zahlen gehen weit über die der Opfer Hitlers hinaus. Dennoch würde ich sagen, das Entsetzen, das Hitlers Taten ausgelöst haben, geht für uns als Deutsche jedenfalls sehr viel tiefer als das, was Stalin oder Pol Pot oder die vielen Mörder von Idi Amin bis zu sonstwem angerichtet haben. Jeder kehre da vor seiner Tür. Vor der deutschen Tür ist Hitler, und der wird da noch lange bleiben.

Das Gespräch führten Stefan Aust und Frank Schirrmacher.

Seid ihr überhaupt sicher,
dass der Krieg vorbei ist?

*Heute beginnen wir mit dem Vorabdruck von Jonathan Littells Roman
»Die Wohlgesinnten«, der fiktiven Lebensbeichte eines SS-Mannes. Das
Buch ist der Versuch zu erklären, was uns bis heute unerklärlich scheint*

Jonathan Littells Roman »Die Wohlgesinnten« erscheint Ende Februar in deutscher Sprache. 1381 Seiten, geschrieben aus der Perspektive eines SS-Obersturmbannführers, der als Mitglied des Sonder-
kommandos 4a und des Reichssicherheitshauptamts zwischen 1941 und
1945 an der Planung des Holocaust beteiligt ist, ihn perfektioniert,
umsetzt und ausführt.

Von heute an drucken wir den Anfang des Buches vorab; die ersten
120 Seiten. Das ist nicht mehr als ein Bruchteil des Werkes. Der letzte
Satz, mit dem unser Vorabdruck enden wird, lautet: »Genau das war
es, was mir unbegreiflich blieb: die Kluft, die absolute Unverhältnismäßigkeit zwischen der Leichtigkeit, mit der es sich tötet, und der un-
endlichen Schwierigkeit, mit der gestorben wird. Für uns war es ein
schmutziges Tagewerk unter vielen, für sie das Ende von allem.«

Jonathan Littells Buch ist in Frankreich mittlerweile mehr als acht-
hunderttausendmal verkauft worden. Es hat die französische Kritik
gespalten, wurde aber auch im Verriss noch gerühmt, mit dem Prix
Goncourt ausgezeichnet und immer wieder in den höchsten Tönen
gelobt. Selbst der wichtigste Kritiker des Buches, Claude Lanzmann,

erkennt an, dass dieses Werk, und sei es als literarische Monstrosität, Tatbestände schafft, hinter die die Diskussion nicht mehr zurückgehen kann. Sie hält in Frankreich seit August 2006 an.

Jede Debatte über das Buch war seither aber immer noch auf eine andere Frage gestoßen: Wie werden die Deutschen reagieren? Was wird geschehen, wenn das Buch des Täters Max Aue – so der Name der fiktiven Hauptperson – in Deutschland erscheint?

»Seid ihr überhaupt sicher«, heißt es am Beginn des Buches, das mit Anspielungen auf Ernst Jüngers »Marmorklippen« einsetzt, »dass der Krieg vorbei ist? In gewisser Weise ist der Krieg nie vorbei, oder er ist erst vorbei, wenn das letzte Kind, das am letzten Tag des Krieges geboren wurde, wohlbehalten begraben ist, und auch danach lebt er in dessen Kindern und in deren Kindern fort, bis sich das Erbe allmählich verflüchtigt.« Diese Kinder leben noch. Und ihre Kinder erst recht. Littell stammt aus einer jüdischen Familie. Als Jude schreibt er sich ein in die Gestalt eines Eichmann. Das ist der Skandal dieses Buches, sein Schrecken. Hier spricht ein Stimmenimitator mit der Stimme seines potentiellen Mörders. Kein Zweifel, Littell ging es um dieses Doppelgängertum. Deshalb hat Aue am gleichen Tag Geburtstag wie sein Autor, der sich geistig an jenen Stellen des Buches verdoppelt, die sein Außenseitersein zum Gegenstand machen. Ein Doppelgängertum, das den Deutschen seit Ende des Krieges bewusst ist, weil jede neue Generation sich fragen muss, ob sie nicht hätte Täter sein können. Dieser Max Aue ist aber nicht der anthropologische Platzhalter, und Littell teilt uns mit nicht mit, dass Menschen eben alle zum Bösen fähig sind. Seine Absicht ist radikaler und so existentiell, dass des Autors fast vollständige Abwesenheit in der Öffentlichkeit – er ist bereit nur zu ein paar ausgewählten Interviews – dadurch erklärlich wird.

»Gegen deinen Willen bist du im Leib deiner Mutter gebildet worden«, heißt es einmal mit einem Zitat aus dem Kleinen Midraschim, »und gegen deinen Willen wirst du geboren«. In diesem Gedanke verbirgt sich der Schlüssel zum Verständnis dieses Buches. Wiederkehrend, in allen Variationen berührt und wieder freigegeben, taucht der antike Gedanke in den »Wohlgesinnten« auf, dass es besser sei, überhaupt nie geboren worden zu sein. Für Littell klingt das nicht humanistisch und nach der Sammlung Heimeran, sondern realistisch. Gegen den Willen der deutschen Regierung und ihrer Bürokratie ist er geboren und am Leben. Es hätte dann aber, auf paradoxe Weise, der fiktive Autor, Max Aue, als Sieger der Geschichte überlebt – und zwar in Gestalt all der anderen Max Aues mit Namen Eichmann und Höß, deren Programm die Ausrottung der Juden war. Dieser Twist einer finsteren Dialektik erklärt, warum dieses Buch allein dadurch ein Skandal und eine Radikalität ist, weil es geschrieben worden ist.

Wer dieses Buch gelesen hat, der hat eintausenddreihundert Seiten lang einem jener Mörder zugehört, die unter den Namen Höß, Eichmann oder Hans Frank nicht nur in unserer historischen, sondern auch in unserer literarischen Erinnerung firmieren. Sie alle haben Texte und Wortprotokolle hinterlassen, und sie alle soufflieren in Littells Buch. Freunde des mehrfachen Schriftsinns, des literarischen Echos, Philologen historischer Ausrichtung haben überhaupt erst begonnen, Littells Buch auf seine unzähligen Quellen, Querverweise und Stimmen abzuhören.

Doch dieser Max Aue ist noch mehr als all diese Stimmen und Protokolle, Drucksachen und Befehle. Er ist – seit Thomas Manns Dr. Faustus ein Leitmotiv des deutschen Teufelspakts – ein Intellektueller, ein halber Künstler, als Homosexueller auch ein gefährdeter Außenseiter (weil nur bei einem Außenseiter sowohl leidenschaftliches Interesse wie geduldiges Desinteresse an den Morden plausibel wird).

Was das mit einem tut, ist nur schwer zu beschreiben. Wenn wir, nach einem Wort von Peter Hacks, dazu neigen »die historischen Tendenzen immer nur in Form unanwendbarer Abstraktionen zu begreifen«, so ist hier das Gegenteil versucht. Immer wieder stellt sich beim Lesen die Frage der Anwendbarkeit, also der Identifikation.

Unerhört brutale Beschreibungen der Massaker wechseln mit sonderbar kitschigen Naturschilderungen, und über allem und auf fast jeder zweiten Seite: Behördenprosa, Amtsbewegungen zwischen RSHA und AOK, zwischen SS und OKW. Die bürokratische Prosa, von Littell verwendet wie Thomas Mann im »Faustus« die Zwölftonmusik, entmündigt den Täter noch in der Lebensbeichte; er leidet, um ein Wort über den Kommandanten von Auschwitz zu variieren, unter den sachlichen Schwierigkeiten der Behördenkonkurrenz, nicht aber unter den unmenschlichen Zumutungen seines Auftrags. Genauso, sagt Littell, sagen die Quellen, genauso ist so einer: Er fotografiert den Elbrus im Sonnenaufgang, und am Abend fotografiert er die ermordeten Juden.

Was ist das für ein Buch? Es ist zunächst, und dafür spricht fast alles, ein Buch von einer unerhörten Präzision. Littell hat die Quellen in einer bislang beispiellosen Weise in sein Werk integriert: von Goldhagen (den er ablehnt) bis zu Christopher R. Browning, von Albert Speer bis zu Ernst Nolte, von Joachim Fest bis Ian Kershaw. Es ist enorm. Doch man kann vorhersagen, dass sich die Rezeption in Deutschland von der französischen schon allein deshalb unterscheidet, weil das gebildete deutsche Lese-Publikum viele dieser Fakten kennt, insgesamt über genauere Kenntnisse der historischen Vorgänge verfügt. Die französische Öffentlichkeit hat in weitaus geringerem Maße als die deutsche Kenntnis von den historischen, bürokratischen und ideologischen Fakten des Völkermords; schon deshalb wird Littells Roman in Frankreich auch als historischer Roman gelesen. Deutsche Leser werden beeindruckt sein von der Bändigung der Fakten in den kunstvoll übereinanderliegenden Schichten des Romans; aber sie werden nachdrücklicher die Frage nach der Hauptfigur stellen. Ist das der Täter? Erklärt Aues Biographie, was uns bis heute unerklärlich scheint? Ist es das Jahrhundertwerk, als das es von »Le Monde« gepriesen wird?

Das ist es wohl nicht. Dieses Buch hat einige große Passagen und Nebenstränge (Ernst Jünger im Kaukasus!), ist aber auch über einige Strecken fast unlesbar, es ermüdet durch die Darstellung ewiger Behördenquerelen, und es gelingt ihm oft nicht, seine Hauptfigur plastisch werden zu lassen. Wir haben hier nicht eine Geschichte vor uns, die zur Erzählung wird, sondern eine Vorarbeit, eine Geschichte, die der Autor gleichsam unter seine Kontrolle bringt, annektiert. Er macht sich im Erzähler zum Urheber, um den Kausalzusammenhang von Täter und ewigem Opfer aufzubrechen. Dieses Verfahren wurde seit Thomas Manns »Doktor Faustus« bis hin zu Jorge Luis Borges' »Deutsches Requiem« literarisch bisher nur in Ansätzen angewandt. Max Aues fiktive Beichte ist das Buch, das hätte geschrieben werden müssen – die Täter gab es alle –, aber nie geschrieben worden ist. Jonathan Littells Buch ist das Buch, das nie hätte geschrieben werden sollen – weil Littell nie auf die Welt hätte kommen sollen –, und doch geschrieben worden ist.

Es ist dies kein »Krieg und Frieden«, es ist, was sein literarisches Gelingen angeht, kein Jahrhundertbuch. Aber groß ist es dennoch. Groß und kalt. Dieser Leser ist unfähig mehr zu sagen; er ertappt sich dabei, wie er ein fast lexikalisches Verhältnis zu dem Werk entwickelte, je länger er es gelesen hat.

Im April 1941 sagt Thomas Mann in einer seiner Rundfunkansprachen über Hitler: »Es ist unleidlich, wenn jemand, in dessen Haut niemand stecken möchte, beständig ›Ich‹ sagt.« Dieses Ich, in dem niemand stecken möchte und das doch noch die Nachgeborenen in seine üble Abhängigkeit zieht, ist das Ich dieses Romans.

Wir sind berührt und entfremdet von dem Werk, das mit den Namen weniger das Schicksal vieler wieder aufruft. Es sollen viele sein, die darüber diskutieren.

Die Geschichte deutscher Albträume

Warten Sie nicht auf einen hohen Feiertag, sondern versammeln Sie jetzt Ihre Familie: Der Dreiteiler »Unsere Mütter, unsere Väter«, den das ZDF vom kommenden Sonntag an ausstrahlt, ist die letzte Chance, über die Generationen hinweg die Geschichte des Krieges zu erzählen

M an braucht sechs Augenpaare, um diesen Film zu sehen. Sechs Augenpaare, die nichts anderes wären als die Blicke dreier Generationen: Großeltern, Eltern, Kinder. Sie müssen gemeinsam sehen, was auf dem Bildschirm geschieht. Dann wird man vielleicht die Erfahrung machen, wie es ist, wenn Tote ins Leben zurückkehren.

Deshalb der unerbetene Rat an die Leser: Trommeln Sie am Sonntag die Familie zusammen und sehen Sie fern. Wo immer möglich, sollten Eltern den ZDF-Dreiteiler »Unsere Mütter, unsere Väter« zusammen, mit ihren Kindern ansehen (freigegeben, trotz einiger sehr grausamer Szenen, ab 12 Jahren). Und dort, wo es die Familiendemographie erlaubt, zusammen mit den Kindern der Kinder. Warum sich solche Verabredungen für Silvester aufsparen? Es tickt eine ganz andere Uhr: In Europa geht gerade die Zeitgenossenschaft des Zweiten Weltkrieges zu Ende. Die Minuten und Sekunden verrinnen; bald ist keiner mehr da, der noch dabei war.

Die Geschichten, die bis Mitternacht nicht erzählt sind, werden nie mehr erzählt werden. Fragen, die einem viel zu spät einfallen, wenn niemand mehr da ist, sie zu beantworten. Wir befinden uns, was das kollektive Gedächtnis angeht, eine Minute vor Mitternacht. Nicht mehr lange, und alles wird nur noch Fotografie, Film oder Buch sein. Und ausgerechnet ein ZDF-Film soll da eine letzte Chance sein, die Uhr anzuhalten und zumindest eine Stunde dazuzugewinnen? Ja, das ist so. Die Reaktionen derjenigen, die ihn bisher gesehen haben, sprechen dafür.

»Opa erzählt wieder vom Krieg«: Das war immer eine Wilhelm-Busch-Version der wirklichen Verhältnisse, eher 1871 als 1945. Die Frage war immer eine ganz andere: Was war es, was ihr nicht habt erzählen können? Die Antwort darauf war nicht nur moralisch prekär. Sie war es auch grammatikalisch. Sätze brauchen ein Subjekt, Erzählungen brauchen Identifikationsfiguren. Was aber, wenn da nichts zum Identifizieren ist? Die Deutschen haben mühsame Aus- und Umwege gesucht, um das Problem zu lösen. Sie haben Kinderfiguren in den Mittelpunkt ihrer Nachkriegsidentifikation gestellt, einen, der nicht mehr wächst und auch als Erwachsener Kind bleibt wie Oskar Matzerath, oder den Schulaufsatz in Siegfried Lenz' »Deutschstunde«, um nur die einflussreichsten Ich-Erzählungen zu nennen.

Lange Zeit wurde die Darstellung des erwachsenen Subjekts im Krieg an Klischee-Fabriken eines Konsalik ausgelagert, bis dann die Kinder von einst selbst Erwachsene, Eltern und schließlich Großeltern geworden waren. Da stehen wir heute. Und nun kommt ein ZDF-Dreiteiler und riskiert nichts weniger, als die Geschichte noch einmal neu zu erzählen. In der Tat: mit sehr jungen Menschen, alle zwischen 20 und 25 Jahre alt, als Protagonisten. Aber es sind junge Menschen, die unterdessen zu Eltern, Großeltern oder sogar Urgroßeltern geworden sind. Von dieser Verbindung in unsere Jetzt-Welt ist dieser Film nicht zu lösen.

Man wacht in einem Albtraum auf. Und wer noch Kontakt zu den letzten Überlebenden jener Generation hat, der weiß, dass das keine feuilletonistische Metapher ist. Am Tage funktionierten alle perfekt, schon fast unmittelbar nach Kriegsende, und die letzten Szenen des Films geben davon eine gute Vorstellung. Vielleicht also müsste man sich den Nächten zuwenden. Man müsste eine Geschichte schreiben, wer alles in den Jahrzehnten dieser erfolgsverwöhnten Bundesrepublik nachts in Albträumen aufwachte und wer einen ruhigen Schlaf hatte.

Diese auffällige, fast manische Beschäftigung mit Träumen etwa in den »Spandauer Tagebüchern« des Albert Speer, die immer wirken wie Geschichten, die man erzählen müsste und die mitten im Satz stecken-bleiben, bis schließlich der ganze Mensch nur noch ein angefangener, steckengebliebener Satz ist, der nie ausspricht, was er sagen wollte.

Das ist das Stichwort dieses Films. Er will es jetzt wissen. Er will den Satz zu Ende sprechen. Verständlich, dass es da Befürchtungen gibt. Doch ehe man abwinkt, wie es jetzt manche tun, weil man es »nicht mehr hören kann«, oder andere, durchaus zu Recht, die »Hitler sells« rufen: Nichts dergleichen liegt hier vor.

Fünf Freunde, die sich 1941 in Berlin treffen, darunter ein Jude, und die unsere Eltern oder Großeltern sein könnten, junge, sympathi-sche Leute, ein wirklicher Nazi ist nicht unter ihnen. Und nun zeigt der Film, wie sich in nur vier Jahren Charakter, Person, Moral und Land fundamental verändern. »Verändern« ist hier nur ein anderes Wort für den Prozess einer vollständigen Vernichtung. Als Zuschauer befindet man sich bei den drei Teilen dieses Films in einer ständigen Suchbewegung: Immer will man sein »Vertrauen« an einer Figur fest-machen, sich mit ihr identifizieren und – das Wort ist keinesfalls zu pathetisch – eine Art von moralischer und sozialer Geborgenheit in einer intakten Persönlichkeit finden. Es ist genau das, was den Titel »Unsere Mütter, unsere Väter« so überaus plausibel macht: die Ursehn-sucht nach demjenigen oder derjenigen, die einen nicht im Stich las-sen. Aber die Sehnsucht, die der Film am Anfang befördert, entzieht er mit jeder Minute.

Da ist, von Viktor, dem verfolgten Juden, abgesehen, niemand, der nicht an dem Prozess der moralischen Selbstzerstörung beteiligt wäre.

Das ist, jenseits einiger Szenen, das Grausame dieses Werks: Es reproduziert die barbarische Kälte der Welt, die es beschreibt, indem es den Zuschauer in Illusionen wiegt, die es sogleich selbst zerstört. Eine umfängliche Literatur hat immer wieder die Charakteristika der Täter, von den Einsatzgruppen bis zum politischen Personal des Dritten Reichs, durchleuchtet. Was aber viel schwerer zu verstehen ist, das ist eine Figur, die als junge Krankenschwester sogar russischen Kriegsgefangenen beisteht und dennoch, in einem nachgerade unfassbar routinierten Prozess, die jüdische Mit-Krankenschwester denunziert. Eine Figur, die die Entmenschlichung des Krieges durchschaut, sich den Parolen entzieht und dennoch auf die Idee kommt, Kriegsgefangene zum selbstmörderischen Aufspüren von Minen einzusetzen.

Unmöglich, alle Details dieses Films zu beschreiben. Selten zuvor beispielsweise hat man so sehr verstanden, wie die Indoktrinationsmaschine des Nationalsozialismus funktionierte. Und eigentlich noch nie hat man so klar sehen können, dass auch die Feinde der Nazis nicht die Freunde ihrer Opfer sein mussten. Die – authentische – Geschichte des Juden Viktor, der unter Partisanen gerät, die aus ihrem Antisemitismus keinen Hehl machen, gehört zu den berührendsten Momenten dieses Films. Er zeigt, anders, als es unsere Hollywood-Phantasie uns einredet, dass die Opfer in Wahrheit vollständig allein und einsam waren: eine in humanistischer Empörung vereinte zivilisatorische Gegenwelt, wie sie Thomas Mann in seinen Radioansprachen beschworen hat, war in Wahrheit wie die Zivilisation eines anderen Planeten.

Dieser Film, den Nico Hofmann produziert und dessen vorzügliches Drehbuch Stefan Kolditz geschrieben hat, besitzt in seiner unbestreitbaren Wucht und Monstrosität die Chance, den letzten Zeitgenossen noch einmal inmitten ihrer Familie die Zunge zu lösen. Er leitet, das haben Vorabkritiken mit Recht hervorgehoben, eine neue Phase der filmisch-historischen Aufarbeitung des Nationalsozialismus ein. Nico Hofmann, den mancher gerne für unernst hält, weil er auch unernste Stoffe produziert, ist selbst der Protagonist dieser neuen

Phase. Der Produzent, Jahrgang 1959, der nun endgültig zu den ganz großen Produzenten des Landes gezählt werden muss, redet auch von seiner eigenen Mutter und seinem eigenen Vater, und man geht nicht zu weit, wenn man behauptet, dass er die siebenjährige Arbeit an diesem Film auch deshalb auf sich nahm, um mit seinen Eltern ein letztes Mal ins Gespräch zu kommen. Die Ernsthaftigkeit, die Detailtreue, die Kompromisslosigkeit, mit denen er es tat, sind bewundernswert und haben das Zeug dazu, die Seele des Landes anzurühren. Wer wäre man selbst in diesem Film gewesen? Wer wäre man geworden, wenn man 1941 zwanzig Jahre alt gewesen wäre? Das sind die zukunftsweisenden und am Ende unabweisbaren Fragen, die Nico Hofmanns großes Werk im Zuschauer zurücklässt.

Und wenn wir schon bei unerbetenen Ratschlägen sind: Ein weiterer, ungleich profanerer wäre, bei der populären Gebührendebatte und der Diskussion über die Zukunft öffentlich-rechtlicher Systeme pragmatischer zu argumentieren. Dass das ZDF unter dem Intendanten Bellut das Risiko dieses Films einging – allein die Brutalität wird Debatten hervorrufen, wenn man vergisst, dass die Brutalität des Films nur eine Ahnung der Brutalität der Wahrheit ist –, verdient nicht nur großen Respekt. Es zeigt, was öffentlich-rechtliches Fernsehen vermag und wozu es da ist – und umgekehrt, wozu wir da wären: den Beteiligten den Mut zu machen, dass sich solche Risiken lohnen können.

Ein Land, das sich über einem neuen »Tatort« mit Til Schweiger spaltet und darüber tagelang öffentlich diskutiert, wird, so ist zu hoffen, die Chance, ja, das Geschenk einer Selbsterkundung, die dieser Dreiteiler darstellt, annehmen. Es wird vielleicht weniger laut und auch nicht in digitaler Echtzeit geschehen; es wird hoffentlich in den Familien und mit Freunden diskutiert, vielleicht auch nur so wie in der Redaktion dieser Zeitung geschehen, dass sehr junge Leute ihre Eltern nach den längst verstorbenen Großeltern fragen. Familiengeschichten sind Produktionsstätten von Identitäten; man lernt vom Scheitern und Versagen mehr als von den Erfolgsgeschichten der Wirtschaftswundergeneration. In einem Europa, das jetzt zu vergessen beginnt, was es einst war, sind solche Familiengeschichten auch der Kern der europäischen Idee – und sei es nur, dass man begreift: Das alles liegt erst eine Generation zurück.

Man schaue diesen Film. Man kritisiere ihn (oder den Rezensenten), man tadele, seine Ausführung, die (großartigen und völlig unverbrauchten) Schauspieler, aber man schaue ihn wenigstens an. Es ist nicht nur ein Film, es ist eine soziale Plattform. Man muss zumindest eine Ahnung davon haben, welche Träume in den Nächten dieser reichen Republik geträumt wurden, welche Schuld verarbeitet oder ignoriert wurde und wie sie das verwandelten, was wir am hellen Tag erlebten: die Generation der Politiker, die noch wusste, was ein Krieg war, und all der anderen, die wussten nicht nur, wozu Menschen, sondern auch, wozu sie selbst fähig waren.

Dieses Bewusstsein schwindet, und dieser Film hält es wach. In ihrem Werk »Das Leiden anderer betrachten« hatte Susan Sontag geschrieben: »Die Toten interessieren sich nicht im geringsten für die Lebenden. Wir begreifen nicht. Wir können uns einfach nicht vorstellen, wie das war. Wir können uns nicht vorstellen, wie furchtbar, wie erschreckend der Krieg ist; und wie normal er wird. Können es nicht verstehen und können es uns nicht vorstellen.«

Das ist aus der Perspektive der Toten gesprochen. Aber solange es noch Lebende gibt, haben wir die Chance zu begreifen. »Kommt, reden wir zusammen, wer redet, ist nicht tot«, lautet die berühmte Zeile von Gottfried Benn. Nico Hofmann und das ZDF geben uns dazu jetzt die Chance.

Wir haben ihn uns engagiert. Die Biographie Adolf Hitlers als Geschichte seiner Macht

Ian Kershaw entzaubert die Dämonie des Willens und zeigt,
wie Deutschland sich seinen Vollstrecker schuf

Als Ian Kershaw, Historiker an der Universität Sheffield, von seinem Plan einer neuen Hitler-Biographie erzählte, ist ihm abgeraten worden. »An deiner Stelle würde ich das bleiben lassen«, hatte Hans Mommsen gesagt, das respektgebietende Haupt jener »Funktionalisten«, die mehr an den sich katastrophisch selbst dynamisierenden Prozessen des Dritten Reichs interessiert sind als an der persönlichen Rolle Adolf Hitlers. Auch die »Intentionalisten«, jene Gegenschule also, die, vereinfacht gesprochen, das Dritte Reich und seine Verbrechen als Ergebnis willentlicher Handlungen betrachtet, sind nicht notwendig glühende Befürworter der biographischen Geschichtsschreibung.

Aber es ist nicht nur methodologische Vereinsamung, die einem Hitler-Biographen die Arbeit erschwert. Auch die Gesellschaft, in die er sich begibt, hat etwas Entmutigendes. Das Buch von Alan Bullock und mehr noch die Hitler-Biographie Joachim Fests haben einschüchternde Maßstäbe gesetzt. Kershaw hat den Versuch dennoch gewagt und soeben – mit dem Berichtszeitraum 1889 bis 1936 – den ersten Teil seiner Hitler-Biographie vorgelegt. Im kommenden Jahr wird der zweite Band erscheinen: Es wird die umfangreichste Hitler-Biographie, die je entstanden ist.

Jetzt schon kann man sagen, daß Hans Mommsen seinem jüngeren englischen Kollegen einen schlechten Rat gegeben hat. Ian Kershaws »Hitler« zählt zu den bedeutendsten zeitgeschichtlichen Werken der letzten Jahrzehnte. Sofern der zweite Band hält, was der erste verspricht, wird diese Biographie neue Maßstäbe setzen. Hier ist ein Jahrhundertende-Buch entstanden, das Perspektive, Personal und Ausmalung des historischen Panoramabildes neu bestimmt. Dazu verhalfen dem Autor gewiß nicht nur Ausdauer, Talent und kompositorische Intelligenz, sondern auch eine historische Erfahrung, die seine Vorgänger noch nicht haben konnten.

Zustimmend hatte vor einem Vierteljahrhundert Joachim Fest in der Vorbetrachtung seiner Biographie Rudolf Augstein zitiert: »Hitler, so darf man wähnen, war der letzte Exekutor klassischer ›großer‹ Politik.« Daran sind heute zumindest Zweifel angebracht: Die Wende von 1989 hat Hitlers Erbe zwar nicht ausgelöscht, wohl aber dessen fortdauernde Vollstreckung außer Kraft gesetzt. Solange die Teilung Europas galt, hatte Hitler das letzte Wort in der europäischen Geschichte. Das ist nun vorbei. Damit verlieren manche geschichtsphilosophische Erwägungen ihre Vordringlichkeit. Ob man es will oder nicht, seit 1989 versteht man Hitler wieder als Erscheinungs- und Möglichkeitsform der Politik.

Kershaw hat weder die Geschichte des Dritten Reichs noch die Biographie Hitlers neu geschrieben. Von Brigitte Hamanns umfassender Untersuchung über »Hitlers Wien« bis zu den in Moskauer Archiven vollständig vorhandenen Tagebüchern Joseph Goebbels' hat er aber seinen Vorgängern unzugängliches oder unbekanntes Material berücksichtigen können. Noch wichtiger ist, daß er, anders als seine Vorgänger, auf Hermann Rauschnings »Gespräche mit Hitler« ganz verzichtet, deren Authentizität seit längerem bezweifelt wird. Auch die sogenannten »Bunkergespräche«, Hitlers letzte Monologe im Führerhauptquartier, hat Kershaw nur mit äußerster Vorsicht herangezogen. Das ist deshalb wichtig, weil beide Publikationen oft als Belege für Hitlers Weltanschauung herhalten mußten.

Hitler sprach nie so tiefsinnig, wie er es in dem nietzscheanisch-nihilistischen Idiom der Rauschning-Gespräche tut, und auch die mit vermächtnishaftem Pathos formulierten Bunkergespräche haben ihm eine faustisch-spekulative Seele angedichtet, die sich in anderen Zeugnissen kaum finden läßt. Sowenig Kershaws Verzicht quantitativ ins Gewicht fallen mag – qualitativ ist er kaum zu überschätzen, weil er dem Porträt Hitlers eine metaphysische Dimension nimmt. Bemerkenswerterweise scheint der britische Historiker auch Albert Speers »Erinnerungen« keinen hohen Quellenwert beizumessen – sollte sich dieser Eindruck im zweiten Teil der Biographie bestätigen, wäre dies die spektakuläre Verabschiedung eines Textes, der wie kaum ein zweiter das Bild von Hitlers Herrschaft geprägt hat.

Wie seine Vorgänger hadert Kershaw mit der »Leere« seines Sujets, mit dem erzähltechnischen Dilemma, eine »Unperson« abzubilden. Zugleich kommt ihm die Abwesenheit eines faßbaren Charakterbilds auch entgegen. Denn den ohnehin längst unergiebigen Streit zwischen Intentionalisten und Funktionalisten sucht Kershaw zu lösen, indem er Hitler als Beweger und Bewegten des historischen Prozesses schildert. Seine Biographie des Diktators ist zugleich eine Analyse der Gruppen, Organisationen und Institutionen, die Hitler beherrschten, ehe er sie selbst beherrschte. Das führt zu einer ernüchternden Wahrnehmung des »deutschen Verhängnisses«. Kershaws Überzeugung lautet, daß Hitler hätte Hitler sein und doch nie Diktator werden können, wenn nicht eine gesellschaftliche Nachfrage nach ihm bestanden hätte. Nicht der geschichtsphilosophisch verbrämte Wille des desorientierten Soldaten des Jahres 1919, sondern affektive und realpolitische Bedürfnisse seiner Zeit haben Hitler die Macht verliehen.

Gewiß ist diese Entdämonisierung, die Entmythologisierung eines »Triumphs des Willens« nicht ganz neu. Sie ist aber an Hitlers Person bislang nicht konsequent vollzogen worden, weil sie den Biographen in größte dramaturgische Probleme stürzt. Kershaw hat den Knoten gelöst: Sein Protagonist prägt, beherrscht und zerstört die Welt, die ihn umgibt. Aber diese Welt ist nicht tatenlos. Immer ist Hitler auch

Gegenstand des freien Spiels der gesellschaftlichen Kräfte, die er selbst in seinen mächtigsten Zeiten kaum zu kontrollieren imstande ist.

Zwei Sätze melden sich in jeder Biographie Hitlers an. Der eine, Mitte der dreißiger Jahre zum Jugendfreund Kubizek in Bayreuth gesprochen, lautet mit Blick auf ein frühes Wagner-Erlebnis: »Damals begann es.« Der zweite findet sich in »Mein Kampf« am Ende der Reminiszenz an die Novemberrevolution: »Ich aber beschloß, Politiker zu werden.« Beide Sätze sind Motti für Hitlers Version des »Willens zur Macht«. Kershaw widerspricht beiden. Er widersteht der Versuchung, Hitlers Selbstmythisierung auch nur im Ansatz für bare Münze zu nehmen.

Zwar zeigt er immer wieder, mit welcher störrischen Konsequenz Hitler dem einmal gefundenen Weltbild die Wirklichkeit unterwerfen will. Auch ist er mit Fest darin einig, daß sich die Bewußtseinsinhalte und Affektbesetzungen seines Protagonisten nach 1921 nur unwesentlich gewandelt haben. Doch die schon oft beschriebene Antriebsarmut, Willensschwäche und Entscheidungsfurcht Hitlers ist hier konstitutiv für das Charakterbild. Kershaws Darstellung des Münchner Putsches, der Strasser-Krise, der Machtergreifung und der Röhm-Affäre verbindet die halb unklare, halb unartikulierte Bewußtseinslage Hitlers mit den Reaktionsbildern seiner politischen Umwelt.

Schon wenn Hitler erstmals die historische Bühne betritt, erweist sich das Verfahren als fruchtbar. »Hitlers Eintritt in die Politik«, schreibt Kershaw, »entsprang keiner bewußten Wahl, sondern seiner Fähigkeit, das Beste aus den ihm gebotenen Möglichkeiten zu machen. Sein Opportunismus – und eine gute Portion Glück – halfen ihm dabei mehr als seine Willenskraft.« Nicht Hitler wählte die Politik, sondern die Politik wählte ihn, sie ist »durch Revolution und Räterepublik zu ihm in die Kaserne gekommen«. Jahre später, im Januar 1933, wird Papen, die Unheilsgeschichte gleichsam ratifizierend, sagen: »Wir haben ihn uns engagiert.«

Erst die Begegnung mit der Deutschen Arbeiterpartei brachte Hitler die Möglichkeit einer politischen Karriere zu Bewußtsein. Aber in dem dunklen, den Historikern verschlossenen Zwischenraum zwischen dem Kriegsende und jenem 12. September 1919, als Hitler im Sterneckerbräu zum erstenmal auf die DAP traf, zeigt sich Kershaw ein anderer Hitler: einer, der den Mehrheitssozialisten zuneigte, mit dem Ziel, »die Demobilmachung so lange wie möglich hinauszuzögern«. Einer, der schon im Lazarett zu Pasewalk die Ankunft revolutionärer Matrosen nicht seinen Vorgesetzten meldete, »wie es patriotische Pflicht gewesen wäre«, der im Februar 1919 wahrscheinlich an einem Demonstrationszug von ungefähr zehntausend linken Arbeitern und Soldaten in München teilnahm und im April wie fast alle Soldaten der Münchner Garnison die rote Armbinde der Revolution getragen haben dürfte. Kershaw betrachtet diese Details aber nicht als Ausdruck politischer Überzeugung, sondern als Anzeichen für Hitlers Opportunismus, den er von nun an nicht mehr aus dem Blick verliert.

Die Grundzüge dieser Einschätzung hat auch Fest schon mitgeteilt und sogar ausdrücklich von Hitlers Charaktermischung aus »Verlegenheit, Passivität und opportunistischer Anpassung« gesprochen. Anders als sein Vorgänger untersucht Kershaw diesen Opportunismus aber systematisch daraufhin, wie Hitler sich Ansprüchen, Wollen und Absichten seiner Umwelt anpaßte. Der Opportunismus ist ihm nur die Kehrseite des gesellschaftlichen Willens, den der aus dem Krieg zurückgekehrte Soldat zum eigenen Vorteil auszunutzen gedachte. Es liegt in der Natur der Sache, daß diese Sichtweise immer dann produktiv ist, wenn Hitler als Handelnder oder zum Handeln Gezwungener von gesellschaftlichen und politischen Interessen bedroht oder ermutigt wird, die seinem eigenen Instinkt entgegenstehen.

Man wird in Kershaws Beschreibung von Hitlers Kindheits- und Jugendzeit wenig Neues finden. Auch in der Darstellung des Ersten Weltkriegs, der einem berühmten Wort zufolge Hitler erst zu Hitler gemacht habe, versagt Kershaw sich jede geistes- oder seelengeschichtliche Spekulation, die vom Quellenmaterial nicht gedeckt wird. Das ist auch sonst ein erfreulicher Zug dieser Biographie: Der Leser kann sich darauf verlassen, daß der Autor die Quellen äußerst konservativ auswertet, ohne sie imaginativ zu überhöhen.

Vielleicht ist Kershaws Werk deshalb so modern. Je deutlicher Hitler seine Rolle spielt, je stärker die affektbeladenen und gleichzeitig sorgsam kalkulierten Atavismen zum Tragen kommen, desto nachdrücklicher zeichnet Kershaw das Bild des zur Modernität verurteilten und von Heimweh nach dem Verlorenen getriebenen Deutschland der Zwischenkriegszeit. Seine Neuinterpretation Hitlers wird immer dann sprechend, wenn er den Partei- und späteren Staatsführer in Krisenmomenten zeigt, die dieser nicht kontrolliert. So widerspricht Kershaw der These, Hitler habe bei Antritt seiner Haftstrafe in Landsberg Rosenberg deshalb zum Chef der NSDAP gemacht, weil er sicher sein konnte, daß der konfuse Parteiphilosoph die Partei über kurz oder lang ruinieren und Hitler um so unentbehrlicher machen würde. Kershaw zeigt, daß nach Lage der Dinge tatsächlich kein Besserer zur Verfügung gestanden hätte. Solche Korrekturen nehmen Hitlers Karriere etwas von jener »schlafwandlerischen Sicherheit«, der sich der Diktator später gern rühmte.

Überhaupt erfährt man hier, wie oft Hitler gerade dort den Lauf der Dinge nicht unter Kontrolle hatte, wo die historischen Ereignisse bislang als Resultate wohlbedachter Planung gesehen wurden. Das gilt für die Darstellung der Parteikrise der zwanziger Jahre, die höchst aufschlußreiche Entstehungsgeschichte des Ermächtigungsgesetzes und die Beschreibung des Röhm-Putsches. Besonders interessant wird Kershaws These im Hinblick auf die Verabschiedung der Nürnberger Rassegesetze. Daran war Hitler, wie Kershaw zeigt, erst ganz am Ende beteiligt: Sie seien aus der Notwendigkeit hervorgegangen, die unkontrollierbar gewordene Brutalität gegen Juden zu kanalisieren und die bürgerliche Angst vor der manifesten Rechtsunsicherheit zu beschwichtigen.

Im allgemeinen jedoch schuf der in vorauseilendem Gehorsam unterstellte Führerwille eine sich selbst reproduzierende Handlungsanweisung. Kershaw beschreibt diesen Prozeß mit sprechenden Details, wenn er sich mit der Entstehung des nationalsozialistischen Führerstaats befaßt. Er zeigt, wie sehr die beispiellosen Veränderungen von 1933 – die Abschaffung der Parteien und Gewerkschaften, die Gleichschaltung der Länder, die Zerschlagung der Institutionen – fast ohne Hitlers Zutun zustande kamen. Die nationalsozialistische Basis übernahm gleichsam den Willen Hitlers, in dessen Geist sie innerhalb kürzester Zeit den Staat reorganisierte. Die Überarbeitung des Beamtenrechts und der antisemitische Arierparagraph gingen vermutlich auf eine Anweisung Hitlers zurück. Aber gleichzeitig trafen aus dem Innenministerium und anderen staatlichen Stellen eine ganze Reihe von Vorschlägen für antijüdische Maßnahmen ein. Keine zwei Monate nach der Machtergreifung hatten die Institutionen des Reiches den Staat nicht bloß auf Hitlers Anordnung, sondern aus eigenem Antrieb fundamental verändert. »Hitlers Rolle«, faßt Kershaw zusammen, »beschränkte sich im wesentlichen darauf, die Legalisierung von Maßnahmen zu sanktionieren, welche häufig bereits illegal von Parteiaktivisten eingeführt worden waren.«

Das ist die neue und maßstabsetzende Leistung Ian Kershaws: In dem Augenblick, da Hitler volle diktatorische Handlungsfreiheit besitzt, fällt der Blick seines Chronisten auf die institutionellen Strukturen des Staates, die an dieser Handlungsfreiheit in einem bestürzenden Ausmaß partizipieren. Die Figur Martin Bormanns, der erst später die Bühne betreten wird, ist hier bereits als exemplarischer gesellschaftlicher Typus angelegt.

Die Weise, in der Kershaw die staatlichen Veränderungen beschreibt, nimmt Hitlers Karriere als Reichskanzler einen beträchtlichen Teil ihres Willenspathos. Das heißt nicht, wie der Historiker betont, daß Hitler austauschbar gewesen wäre oder der verbrecherische Radikalismus des Regimes sich auch ohne ihn entwickelt hätte. Indes hält Kershaw das Wechselspiel zwischen Hitlers Direktiven und den Initiativen anderer für unerläßlich, wolle man »die verhängnisvolle, ›kumulative Radikalisierung‹ des Regimes verstehen«.

»Dem Führer entgegenarbeiten« – das ist die Formel, die Kershaw in den Quellen gefunden hat und die nichts anderes besagt, als daß jedermann, Hitlers Willen erahnend und vorwegnehmend, die nationalsozialistische Revolution in seinem eigenen Umkreis zu Ende zu bringen hatte. Täuschen die Zeichen nicht, wird dieses »funktionalistische« Argument im zweiten Teil dieser Biographie eine noch größere, düstere Rolle spielen.

Kershaws Buch wird ohne Zweifel zu einem Standardwerk werden. Vielleicht verändert es unseren Blick auf Hitler weniger als den auf die Gesellschaft, die ihn möglich machte. Die Feinmechanik dieser Ermöglichung läßt sich in dieser Biographie so genau wie sonst nirgendwo studieren.

Dennoch wird, wer die Epoche und den Mann studieren will, auf Joachim Fests Biographie nicht verzichten können. In seiner Rationalität fällt es Kershaw schwer, jene objektiv irrationalen Beziehungen auf den Begriff zu bringen, die Adolf Hitler zu seiner Welt unterhielt. Und wichtiger als eine Debatte über das Wesen »charismatischer« Herrschaft ist die versuchsweise Rekonstruktion jenes verhängnisvollen Charismas. Hitlers charakterliche »Leere« hatte Fest in der Tradition von Thomas Manns berühmtem Essay »Bruder Hitler« mit einer literarischen Beschreibung der prekären Bewußtseinsbildung seines Protagonisten auszufüllen versucht. So war ihm eine letzte und sehr beunruhigende Variante des deutschen Bildungsromans geglückt. Die gesellschaftsgeschichtliche Interpretation von Kershaws Biographie wird von dem literarischen und ideengeschichtlichen Mehrwert der vor fünfundzwanzig Jahren erschienenen Biographie ergänzt.

Man kann darauf die Probe machen. Beispielsweise am Stichtag des kommenden Unglücks, am 30. Januar 1933. Das künftige Kabinett Hitler hat sich zur Vereidigung in der Residenz Hindenburgs eingefunden. Aber die Beteiligten sind im Streit. Hitler besteht auf baldigen Neuwahlen, um seine Regierung zu legitimieren. Hugenberg hält dagegen. Kershaw schreibt: »Hitler und Hugenberg waren in eine hitzige Debatte vertieft, als sie in Meißners Zimmer auf den Präsidenten warteten. Das Kabinett hätte zu Fall kommen können, bevor es vereidigt worden war … Der Zeitpunkt für die Vereidigung war gekommen. Doch der Streit ging weiter. Meißner ermahnte sie, den Präsidenten nicht länger warten zu lassen.«

Fests Darstellung lautet: »In einer Fensternische des Raumes bestürmten seine Bändiger jetzt vereint den weiterhin widerstrebenden Hugenberg, während nebenan der Reichspräsident seinen Staatssekretär rufen ließ und ungeduldig fragte, was die Verzögerung zu bedeuten habe. ›Mit der Uhr in der Hand‹ kam Meißner zu den Streitenden zurück … Und was der Ansturm der konservativen Freunde, die Überredungskünste Hitlers, die Beschwörungen Papens nicht vermocht hatten, bewirkte nun noch einmal, zum letzten Mal im Leben und Sterben der Republik, der legendäre Name des Feldmarschall-Präsidenten … (Hugenberg) lenkte ein, wohl wissend, was auf dem Spiele stand, in tiefem Respekt vor dem Terminkalender Hindenburgs.« Nichts wurde hier den historischen Fakten hinzugefügt oder verändert. Doch jeder erkennt, daß der kurze Hinweis auf Hindenburgs Terminkalender eine deutsche Sittengeschichte in nuce enthält.

Man sollte also die beiden Ansätze nicht gegeneinander ausspielen. Nachdrücklicher als durch Kershaws Meisterwerk hat nicht bewiesen werden können, daß biographische, also erzählende Geschichtsschreibung ihr Recht hat. Die Bibliotheken verzeichnen 12 000 Arbeiten über Hitler – ein Gebirge von Texten. Kershaws Werk ist ein Zentralmassiv.

Erste, zweite und dritte Kultur

Die Nachschulung

Europa schläft: Künstliche Intelligenz und Heideggers Software

Man reibt sich die Augen: Fast wöchentlich werden wir von tech-nologischen und wissenschaftlichen Innovationen überrascht wie kaum eine Generation zuvor, und Europa schweigt. Craig Venter decodiert das menschliche Genom, und es ist in der Öffentlichkeit allenfalls ein Fall für das Patentamt. Die immer weitreichendere Ab-hängigkeit von der Datenvernetzung wird erst ein Thema, wenn der Liebesvirus für einen Tag die Systeme lahm legt. Der amerikanische Theoretiker und Computerexperte Ray Kurzweil verkündet unter dem Beifall des amerikanischen Publikums, dass Computer noch zu unseren Lebzeiten den menschlichen Verstand übersteigen werden, und in Deutschland kennt man noch nicht einmal seinen Namen – vielleicht auch deshalb, weil sein Bestseller »The Age of Spiritual Ma-chines« im letzten Jahr unter dem fast schon parodistisch altbackenen Titel »Homo S@piens« in Deutsch erschien.

Die Geschichte des europäischen Intellektuellen im neuen Jahr-hundert beginnt mit seinem störrischen oder linkischen Drumherum-schweigen. Man sieht ihn förmlich vor sich, wie er mit seinem neuen Textverarbeitungsprogramm hantiert – dieses genervte und wütende Nichtzurechtkommen, dieser angeblich fehlende »technische Verstand«, dieser Überdruss, der sich – oft ja zu Recht – schon beim Einstecken der Kabel anmeldet: Dies alles kennzeichnet auch die Geisteshaltung dem revolutionären Paradigmenwechsel selbst gegenüber. Die neue Welt kam nicht als Gedanke über uns Europäer, sondern als Nachschulung: von der Schreibmaschine auf den Computer, vom Computer aufs Internet.

Vielleicht deshalb denken viele europäische Intellektuelle, es handele sich gegenwärtig um eine jener technologischen Adaptionen, die unsere Vorfahren mit der Erfindung des Automobils oder des Kühlschranks auch schon gemacht haben. Das ist sicher ein Irrtum. Es könnte ja sein, dass Ray Kurzweil Unrecht hat mit seiner Prognose, wir würden in den nächsten zwanzig Jahren durch Bio-, Nano- und Computertechnologie mehr Veränderungen unserer Lebenswelt erfahren als im ganzen zwanzigsten Jahrhundert – aber es wäre doch angezeigt, insbesondere in Zeiten einer technologiebewussten »grünen« Regierungsbeteiligung, darüber zu reden. Aber wir wuseln mit unseren Kabeln und Steckern und Anschlüssen herum, während anderswo das Programm unserer Zukunft geschrieben wird.

»Europa hat aufgehört zu denken«, sagt Jaron Lanier. »Aber es hat die Software geliefert.« All die Fragen, die sich die abendländischen Philosophen gestellt hätten, all die Fragen nach Sein, Schein und Bewusstsein, würden sich nun bald auch die Computer zu stellen beginnen. »Sie können dann auf die Software bei Kant und bei Heidegger zurückgreifen.«

Jaron Lanier ist einer der Cyber-Gurus Amerikas und Protagonist jener neuen Intellektuellenszene, von der Europa noch kaum eine Ahnung hat und doch endlich eine haben müsste, um aus dem Schlaf des alten Jahrhunderts aufzuwachen. Vor Jahren hat Lanier den Begriff »virtual reality« erfunden und wurde durch spektakuläre Softwareprogramme berühmt. Jetzt rekonstruiert er altägyptische Musik. »Wir werden etwas hörbar machen, was einst bei den Pharaonen so gehört wurde – wenn man so will: der klassische Anwendungsfall von ›reverse engineering‹.« Lanier ist überzeugt, dass die technische Evolution im Begriff ist, künstliche Intelligenz hervorzubringen. Doch wird sie immer wieder an ihren Softwarefehlern verzweifeln. Kant, Schopenhauer,

Nietzsche sind auch nur fehlerhafte Versionsnummern des Selbstbewusstseins. »Die Philosophen haben die Menschen einem ständigen Beta-Testing ihrer Software unterworfen.«

Es ist wunderlich, wie sehr die technologische Elite des neuen Jahrhunderts ins Vorvergangene zurückgreift. Bill Gates, der Leonardo da Vinci und Kunstwerke mit Copyright sammelt und damit die Geschichte seines Selbstbewusstseins erzählt. Craig Venter, der Entzifferer des Genoms, der die Entdeckungsfahrt von Christoph Kolumbus in einem Einmannsegler nachmacht. Ray Kurzweil, der einflussreiche Chronist der technologischen Revolution (und Inhaber unzähliger Patente), der seine Computer Shakespeare-Gedichte nacherfinden lässt. Daniel Hillis, der Konstrukteur der Supercomputer, baut eine mechanische Uhr, die zehntausend Jahre funktionieren soll. »Das wird«, so sagt er, »mein eigenes kleines Stonehenge.« Und schließlich Nathan Myhrvold, »the brain of Gates« (»das Gehirn von Gates«), der umfangreiche Expeditionen zum Leben der Dinosaurier betreibt.

Die Rechenleistung von Computern hat sich, so erklärt Nathan Myhrvold, seit 1970 um den Faktor 1 Million erhöht. Es würde in dieser Geschwindigkeit noch einmal zwei Jahrzehnte so weitergehen. Der Faktor von einer Million, so könne man sich den Vorgang veranschaulichen, reduziere ein Jahr auf dreißig Sekunden. Das heißt, dass heute ein neuer Computer in dreißig Sekunden die Rechenleistung erbringt, für die eine ältere Maschine ein Jahr gebraucht hat. Im Jahre 2010 wird ein Computer in dreißig Sekunden das tun können, wofür ein Computer aus den siebziger Jahren eine Million Jahre gebraucht hätte. Vielleicht deshalb dieser Aufbruch zu den Dinosauriern. »Wir erleben eine zweite Evolution«, sagt Myhrvold.

Unsere Nachkommen, so glaubt er, würden unsere Zeit- und Raumperspektiven so wenig begreifen, wie wir die des Mittelalters. Als Assistent von Stephen Hawking hat Myhrvold einst das Entstehen einer »Geschichte der Zeit« und einer neuen Kosmologie begleitet. »Die Astronomen haben sich ihre Werkzeuge gebaut, und jetzt bauen sich die Bioinformatiker endlich ihr neues Werkzeug.« Die Verbindung von

Gentechnologie und Informatik werde eine gewaltige Revolution aus-lösen. Er sagt voraus, dass wie bei dem Modell AOL und Time-Warner kleine Biotechfirmen riesige Pharmakonzerne kaufen werden. »Die Dimensionen werden zumindest das sprengen, was ich mir vorstellen kann.« Man muss wissen, was Myhrvolds Dimensionen sind: Als zen-traler Wissenschaftsstratege bei Microsoft ist der frühere Assistent Ste-phen Hawkings zum Milliardär geworden.

Wer in den fünfziger Jahren nach Paris reiste, tat das vielleicht, um in irgendeinem Café Sartre Hof halten oder mit Camus streiten zu sehen. Wer am Freitag, den 19. Mai in die Lobby des Waldorf-Astoria gegan-gen wäre, hätte nur einen Vierzigjährigen und einen Dreißigjährigen gesehen. »Weiß es, was es ist?«, fragt der Vierzigjährige. »Es ist noch ein Baby«, sagt der Dreißigjährige. Der Dreißigjährige heißt Ben Goertzel, und er hat Gleichaltrige aus der ganzen Welt in seiner Firma versammelt, um künstliche Intelligenz für das Internet zu erzeugen. Der Vierzigjäh-rige ist Nathan Myhrvold, und er gibt dem Jüngeren genau fünfzehn Mi-nuten Zeit, um sein Schicksal zu bestimmen. »Um unser Baby großzu-ziehen, werden wir mit ihm nicht über Bäume und Blumen und Zähne reden, denn es wird von diesen Dingen niemals etwas erfahren. Wir wer-den mit ihm über Dateien und Midi-Sequenzen und Shapes reden, denn dies sind Dinge, über die das Baby und wir selbst Erfahrungen gesam-melt haben.« Was sich hier abspielt, ist wie die Begegnung zwischen zwei Künstlern, dem berühmten Älteren und dem wilden Jungen, und es fehlte nur, dass Goertzel zu Myhrvold wie einst Heine zu Goethe auf die Frage, woran er denn arbeite, antwortete: »An einem Faust.«

Gentechnologie und die Entwicklung künstlicher Intelligenz, so sagt Myhrvold, sind die beiden zentralen Obsessionen der amerikanischen Wissenschaftselite. In einem Text, der sich im Internet abrufen lässt, hat er die Grenzen dieses Vorhabens illustriert. Ein Beispiel sind die verschie-denen Möglichkeiten, mit denen sich 59 Objekte anordnen lassen – also kaum mehr als ein Kartenspiel. Um all Möglichkeiten der Anordnung der 59 Objekte zu errechnen, bedürfe es 10 hoch 20 Anordnungen. Das entspräche der Anzahl aller Protonen und Neuronen im Universum.

»Europa hat aufgehört zu denken«, sagt Lanier ohne Bosheit und fügt später hinzu: »Vielleicht werden wir hier ja verrückt.« Junge Männer, die jungen Milliardären die Entwicklung von künstlicher Intelligenz wie ein Gedicht vorsagen. Wissenschaftler wie Daniel Hillis, der den leistungsfähigsten Computer der Welt gebaut hat und nun eine mechanische Uhr, die vielleicht noch in einer Zeit ohne Menschen die Stunde schlägt. Hillis, den Marvin Minsky zu den bedeutendsten Wissenschaftlern unserer Zeit zählt, hat Parallelrechner gebaut, die die Evolution simulieren. Seine Maschinen waren so leistungsfähig, dass die amerikanische Regierung den Verkauf seiner Firma »Thinking Machines« an ein japanisches Unternehmen aus Gründen der nationalen Sicherheit untersagte. Wo landete der Theoretiker des »artificial life«? »Bis vor kurzem war ich bei Disney. Aber ich habe gekündigt. Es war eine große Erfahrung. Aber nur ein Übergang für den nächsten Schritt zur Herstellung von ›artificial life‹.«

Ray Kurzweil spricht von dem Zeitalter der »spiritual machines« – und in der Tat: An der äußersten Front der Technologie ist eine ebenso spirituelle wie materialistische Bewegung entstanden. Wie jede Bewegung hat sie ihre profanen Seiten, und fragt man die Beteiligten nach dem Ausdruck dieser Profanität, nennt jeder von ihnen ausnahmslos den Namen von Bill Gates, als wäre er der Stalin, der ideologische Verräter des Computerzeitalters. Aber das sind schon Nebenkriegsschauplätze. »Wir alle«, sagt Lanier, »haben Anteil daran, dass Microsoft zerlegt wird. Zerlegt, in seine Bestandteile«, das klingt aus seinem Munde wie: »in Haut und Knochen zerlegt«. Das Neue, das heraufzieht, wird mit Windows so wenig zu tun haben, wie der Monitor mit einem Fenster. Was dann? Man soll an das Naheliegende denken, um die Dimensionen der Revolutionen zu begreifen, empfiehlt Hillis, der, anders als Myhrvold, noch nicht zum Milliardär geworden ist und eine neue Firma gründet: Denken Sie an den Besuch auf dem Amt, in der Schule, Universität, Bibliothek und beim Arzt – all das wird in ein paar Jahrzehnten nicht mehr so sein, wie Sie es kennen.

Um ein wenig vorherzuwissen, werden wir im Feuilleton dieser Zeitung in den nächsten Monaten die Theoretiker der, wie es John Brockman nennt, »dritten Kultur« zu Wort kommen lassen. Europa soll nicht nur die Software von Ich-Krisen und Ich-Verlusten, von Verzweiflung und abendländischer Melancholie liefern. Wir sollten an dem Code, der hier geschrieben wird, mitschreiben.

06.06.2014

Seine Waffe: Aufklärung

Der Friedenspreis für Jaron Lanier ist ein politisches Signal: Was wäre optimistischer als die Hoffnung, dass Menschen, Gesellschaft und Politik imstande sind, die normative Kraft von Technologien zu regulieren?

Man muss die letzten zwölf Monate auf einem anderen Planeten gelebt haben, wenn man nicht erkennt, dass der Friedenspreis für Jaron Lanier im Zeitalter nach Snowden ein eminent politischer Preis ist. Allerdings: Man lebte da ja wirklich. Man tut es noch; ein beträchtlicher Teil des Landes glaubt immer noch, die Snowden-Affäre spielte sich in einer anderen Galaxie ab.

Deshalb muss man immer noch erklären, was Snowdens Enthüllungen »mit einem selbst« zu tun haben. Offenbar glauben viele immer noch, der Eintritt in die Risikozone digitaler Technologien wäre Lichtjahre von ihnen persönlich entfernt. Immerhin, der Börsenverein denkt es nicht mehr, denn er reiht Lanier jetzt in die Kette jener Preisträger ein, die an den Wendepunkten technologisch-gesellschaftlichen Wandels ausgezeichnet wurden: Carl-Friedrich von Weizsäcker 1963 im Zeichen der Atomangst und der Club of Rome zehn Jahre später angesichts von Öl-Schock und beginnender Umweltbewegung.

Schwer, den Informatiker, der das Internet mitentwickelte, mit dem Etikett »Kulturpessimist« zu belegen, den die neue Kaste der Industrie-Intellektuellen aus den soziologischen Friedhöfen des zwanzigsten Jahrhunderts ausgebuddelt hat. Nicht nur weiß Lanier, der als Dreizehnjähriger Informatik zu studieren begann, wovon er technisch redet; er widerlegt auch die demagogische Grundfigur, die der wohlfeilen Opposition zugrunde liegt. Was könnte optimistischer sein als die Hoffnung, dass Menschen, Gesellschaft und Politik imstande sind, die normative Kraft von Technologien zu regulieren?

Lanier sieht, wie vor ihm nur der Computer-Halbgott Joseph Weizenbaum, seit zehn Jahren voraus, womit wir heute zu tun haben. Er hat erkannt, dass die Kommerzialisierung des Internets in der ersten Jahrhundertdekade neue Machtzentren erschafft, die in dem Maße, in dem das Leben selbst digitalisiert wird, zu Chefs der Menschen werden.

Snowdens Enthüllungen deutet er wie ein Los Alamos der Digitalwelt. Hier wurde, wie einst bei den ersten Atombombentests in der Wüste von Nevada, bewiesen, dass tatsächlich angewendet wird, was theoretisch für möglich gehalten wurde: die Komplettüberwachung einer ganzen Gesellschaft, ihrer Kommunikation, ihrer Gemütsverfassung, ihrer Gesichter, ihres Konsums und der Geschwindigkeit, mit der sie Sätze ins Keyboard hämmern. Ihn wird am wenigsten gewundert haben, dass die amerikanische Regierung selbst dieses Unterfangen in die Nähe des technologischen Zentralereignisses des letzten Jahrhunderts stellte: Sie nannte ihr Überwachungsprogramm das »zweite Manhattan-Projekt«.

Lanier wird nicht müde, darauf hinzuweisen, dass man nicht von Geheimdiensten reden und von der Überwachungs-Ökonomie der Industrie-Giganten schweigen könne. Der überwachte Konsument wird in einer Welt, wo auch der Bürger nur noch als Konsument wahrgenommen wird, zur normativen Erscheinungsform des sozialen Lebens. Ein Drittes gibt es nicht, wird es nie geben: Auch das ist bei ihm nachzulesen. Wer glaubt, sich entziehen zu können, unterschätzt, dass der Nichtgebrauch der Technologie ihn schon bald vom gesellschaftlichen Leben ausschließen wird. Auch deshalb verwundert die Insistenz, mit der manche Politiker, aus Angst, für unmodern zu gelten, immer wieder darauf hinweisen, man dürfe das Digitale, Big Data an der

Spitze, nicht »verteufeln«. Als ginge es darum! Als wüsste nicht jeder, dass Big Data große Wohlstandschancen eröffnet, dass es aber gleichzeitig ein großes Spiel mit der menschlichen Existenz sein kann, bei dem wir die Regeln nicht kennen. Als fände nicht längst die Debatte über die Risiken und Chancen des Digitalen auf allen Plattformen des Digitalen statt! Gegen solche Polemik ist Jaron Lanier ein gutes Gegengift. In der politischen Debatte muss es um das gehen, was Norbert Wiener einst mit Blick auf das Zeitalter intelligenter Maschinen die »menschliche Behandlung von Menschen« nannte. Jeder weiß, wie man ein Smartphone bedient; die politische Frage lautet umgekehrt: wie man verhindert, dass man vom Smartphone bedient wird.

Lanier hat dazu vergangenes Jahr in der »New York Times« ein paar lesenswerte Gedanken formuliert und sich der Frage unserer aller digitalen »Passivität« gewidmet. Um zu zeigen, was »Daten« sind, verweist er gern auf das mittlerweile notorische Beispiel Instagram: Gegründet 2010 mit nur dreizehn Mitarbeitern und ohne Business-Plan, wird das Unternehmen zwei Jahre später für eine Milliarde Dollar von Facebook gekauft.

Bundespräsident Joachim Gauck hat das schöne Wort vom »digitalen Zwilling« geprägt, jenem Doppelgänger, der uns unweigerlich ersetzt und der in einer Welt, in der bereits heute das Facebook-Login manchmal den Pass ersetzt, am Ende mehr Wirklichkeit hat als das Double aus Fleisch und Blut. Wo die Manipulation der Simulation identisch wird mit der Manipulation des Phänomens, wird sogar fragwürdig, wo das »Ich« eines Menschen überhaupt residiert: dort, wo wir es glauben, oder nicht doch eher dort, wo andere sagen, dass hier das »wahre« Ich entzifferbar wird – seine Wünsche, Pläne, Strategien oder Gefühle. »Wir kennen Sie besser als Sie sich selbst«, dieser Lieblingssatz von Überwachungsinstituten staatlicher und ziviler Art geht in den Augen von Lanier zudem mit einer Wiederkehr eines fast behavioristischen Menschenbilds einher. Einen Vorgeschmack lieferte vor ein paar Monaten die »New York Times«, als sie offenbarte, mit welchen über Facebook- und Pay-TV gesteuerten Strategien Obama seine letzte Wahl gewann.

Zu behaupten, die Warnungen seien zu düster, müsste in der Post-Snowden-Welt eigentlich schwerer fallen. Politische und medial abwiegelnde Interventionen, selbst die von der nachdenklichen Katrin Göring-Eckardt, setzten voraus, dass das Selbst-Gefühl, das »Ich« des modernen Menschen immer intakt gegen solche Zumutungen Einspruch erheben kann. Aber das ist die Orwell-Variante der Zukunft, die auch in den Augen Laniers die unwahrscheinlichste ist. Viel wahrscheinlicher ist, dass nicht nur wir selbst, sondern auch die Institutionen, von denen wir abhängen – vom Arzt über den Richter bis zum Bankbeamten –, zwischen den beiden Zwillingen nicht mehr unterscheiden können und im Zweifelsfall dem berechenbareren den Vorzug geben.

Der Friedenspreis an Lanier kommt zu einem Zeitpunkt, wo auch die deutsche und die europäische Industrie ahnt, was auf sie zukommen wird, wenn einige wenige Giganten mehr über ihre Kunden und einige Geheimdienste mehr über ihre Pläne wissen, als sie es je für möglich hielten. Eine unregulierte Informationsökonomie, so viel ist klar, führt zur Autonomieverlusten, die vom Einzelnen bis zu ganzen Branchen reicht.

Es gibt Auswege, und Lanier ist einer von denen, der sie aufzeigt: Gleichsam »ethische« Systeme, die ihre Algorithmen offenlegen, einem erklären, welche Daten sie wofür benutzen und wofür man sich verkauft, wenn man angeblich kostenlose Dienste benutzt, sind pragmatische Schritte. Das Bewusstsein dafür, dass Daten identisch mit dem menschlichen Leben werden können, erzwingt ein fundamentales Umdenken darüber, ob Algorithmen automatisch Geschäftsgeheimnisse sein können oder nicht offengelegt werden müssen.

Soeben hat die Internetplattform irights.info einen überaus lesenswerten Artikel des amerikanischen Rechtsprofessors Eben Moglen veröffentlicht, der zeigt, wie sehr sich auch in der amerikanischen Avantgarde das Denken zu verändern beginnt. »Um zu entscheiden, ob wir ihnen unsere Daten geben«, schreibt Moglen, »müssen wir wissen, was sie wirklich tun.« Das ist die Waffe: Aufklärung. Und das

Echo gibt Jaron Lanier. Als Kind des Silicon Valley weiß er, was sie tun. Und er weiß, dass wir auf die dunkle Seite der Macht wechseln, wenn sie es weiterhin tun.

Unser Sprößling

Der erste geklonte menschliche Embryo stellt die Machtfrage

Die Tatsachen, die die Wissenschaft in diesen Monaten setzt, werden unsere Gesellschaften nie mehr in Ruhe lassen. Die Schnelligkeit überrascht alle: die Wissenschaftler an erster Stelle.

Erst 1998 haben Biologen gelernt, embryonale Stammzellen im Labor zu züchten. Die Stammzellen des Gehirns wurden erst 1999 gefunden, die Stammzellen der Haut im Jahr 2000. Im Juni vergangenen Jahres publizierte Craig Venter das menschliche Genom – ein Vorhaben, für das einst ein Jahrhundert veranschlagt wurde. Seit Sonntag ist die Beschleunigung der Erdrotation noch größer geworden. Die Presseerklärung von Advanced Cell Technology vom Sonntag wird in die Geschichte eingehen als die erste Mitteilung von Menschen, daß ein elementarer Schritt zur künstlichen Erzeugung von Menschen (ohne den Vorgang der Befruchtung) gelungen ist. Der erste menschliche Embryo wurde geklont. Daß der geklonte Embryo nach drei Zellteilungen aufgehört hat, sich zu reproduzieren, führt die Firma selbst nicht auf biologische, sondern auf technische Gründe zurück. Sie werden bald behoben sein.

Vorsorglich weist Advanced Cell darauf hin, daß das Unternehmen kein menschliches, sondern nur zellulares Leben geschaffen habe. Daran ist richtig, daß die Firma an der Herstellung menschlichen Lebens gar kein Interesse hat. Sie betreibt das therapeutische, nicht das reproduktive Klonen. Die Embryonen werden zur Herstellung von embryonalen Stammzellen benötigt; sie sollen in der Tat nicht implantiert und ausgetragen und also lebende Menschen werden. Sie sind Medikament für die neue Ära der regenerativen Medizin: Wer ein neues Herz, eine neue Leber, eine neue Bauchspeicheldrüse benötigt, läßt sich klonen, schafft also eine Embryokopie von sich selbst, um aus deren durch Abtötung gewonnenen Stammzellen das entsprechende Gewebe zu bekommen. In einem schaurig-schönen Satz hat Roland McKay, Stammzellexperte an den National Institutes of Health, die Vision so formuliert: »Ich weiß nicht, wie man ein Herz herstellt. Aber sobald man weiß, wie man Stammzellen in einen Herzmuskel verwandelt, ist es leicht.«

Man soll sich nichts vormachen: Während die Zivilisationen des Westens in Afghanistan einen Krieg führten, um zu verteidigen, was sie sind, wurden in ihren Laboratorien Dinge erforscht, die imstande sind, unser moralisches und soziales Welt- und Selbstbild zu überrollen. Es könnte sein, daß manche von uns aus dieser wissenschaftlich-technischen Revolution so erwachen, wie die Taliban in der Moderne erwacht sind: desorientiert in einem System, das die letzte unangetastete Konstante, das menschliche Leben, aus dem Zentrum der Werte verbannt hat. Galilei hat die Erde aus der Mitte des Universums geholt; jetzt wird der Mensch selbst aus der Mitte der Evolution entlassen.

Wir sollen nicht den Kopf schütteln über Frauen in Burkas und Krieger mit Bärten. Eine ähnliche Ungleichzeitigkeit steht uns selber bevor, und nur, weil wir glücklicherweise Toleranz gelernt haben, wird uns die biologische Moderne nicht erträglicher sein. Die Menschheit wird früher oder später in die Lage versetzt werden, Prozesse, für die die Natur einhunderttausend Jahre benötigt, in einem Bruchteil dieser Zeit umzusetzen. Die Menschen werden sich nicht nur an technische und soziale Innovationen immer wieder anpassen müssen, sondern bald schon an biologische. Wie lange wird es dauern, bis die Dynamik der technischen Innovation, vom Pferdefuhrwerk bis zur

Mondlandung, auf biologische Prozesse Anwendung findet? Man rede nicht von Science-fiction. Der Prozeß der Ungleichzeitigkeit hat längst begonnen: Schon heute erscheinen die Verteidiger der Blastozyte, also des Embryos im Frühstadium, manchen skurril, sogar gefährlich. Nicht nur der Ministerpräsident Clement nennt sie »Fundamentalisten«, ohne Ahnung davon, daß er eine der künftigen Konfliktlinien unserer Gesellschaft beschreibt.

Denn selbst die Nachahmung der Natur ist ja nur ein winziger Schritt im Vergleich zu dem, was uns bevorsteht. Wer sagt denn, das Herzzellen, wie sie die Natur bereitstellt, überhaupt optimal sind? Wer kam überhaupt, so fragt die Wissenschaft, je auf die Idee, die Natur, und das heißt: die unendlich langsame Evolution, sei ein Vorbild? Unser Körper: angepaßt an die Steinzeit, aber nicht an die Moderne. Richard Dawkins, der bedeutendste Evolutionstheoretiker der Gegenwart, formulierte das in dieser Zeitung so: »Es mag paradox klingen, aber das erste, was wir tun müssen, wenn wir die Zukunft des Planeten sichern wollen, ist aufzuhören, Ratschläge von der Natur anzunehmen. Die Natur ist nur auf kurzfristigen Profit aus.«

Der Mensch hat die Umwelt, die den Selektionsdruck steuert, im zwanzigsten Jahrhundert radikal verändert. Nun ist er im Begriff, die Gene, auf die der Druck ausgeübt wird, gezielt zu manipulieren. Das heißt: nicht mehr die Natur, sondern Menschen entscheiden über die Biologie von Menschen, also über die aller künftiger Generationen. Was wird das für eine Gesellschaft sein, die in der Lage ist, einen Teil ihres Nachwuchses, also ihrer Embyronen, zu Reparaturzwecken zu gebrauchen und den anderen, wenn nicht abzutreiben, dann nach eigenen Kriterien zu selektieren? Wie wird man sich dort, wo dies zur gesellschaftlichen Routine geworden ist, eigentlich in die Augen schauen? Ein zweites Ich schaffen, um sich zu regenerieren? Der namenlose Sprößling aus Worcester ist der Homunkulus all unserer Zukunftsfragen. Der wissenschaftlich-medizinische Fortschritt stellt eine neue Machtfrage in unseren Gesellschaften. Nicht nur Afghanistan ist eine Wüste.

Was die SPD verschläft

*Diese Wahl fand unter den Vorbeben der neuen industriellen Revolution
statt. Wird die Sozialdemokratie begreifen, wofür sie gebraucht wird?*

M ax Frisch, der große eidgenössische Freund der alten Sozialdemokratie, erzählte oft die Geschichte des Rip van Winkle. Es
ist die Geschichte eines Jägers, der unter einem Baum einschläft, und als
er morgens wieder aufwacht, ist das Gewehr verrostet und in seinem
Dorf kein Mensch mehr da, den er kennt, denn es sind in Wahrheit hundert Jahre vergangen. Wenn am Freitag der Konvent der Sozialdemokraten zusammentritt, sollte man sich einen Hochfrequenzhändler einladen
oder, wenn der sich nicht finden lässt, einfach einen Handy-Händler
vom Ku'damm. Beide könnten die zeitgenössische Version der Rip-van-
Winkle-Geschichte erzählen. Sie könnten den Politikern zeigen, was in
der heutigen Welt exponentieller Beschleunigung vier Jahre bedeuten.

»Wer heute einen Aktienkurs auf seinem Computer liest«, sagte einst
ein Kenner der Materie, »schaut in Wahrheit in einen Stern, der seit
Jahrtausenden erloschen ist.« Wer noch vor vier Jahren glauben mochte,
der Durchbruch zur Lichtgeschwindigkeit sei auf Handels- oder Bör-
sensysteme beschränkt – ein Vorgang, der vom Plan bis zur Verwirk-
lichung auch nicht länger als ein halbes Jahrzehnt dauerte –, muss am
Vorabend von Big Data erkennen, dass die Dynamiken nun im Begriff sind, die Welt des Sozialen, vor allem die Arbeitswelt, in einen
neuen Beschleunigungsmodus zu versetzen.

Wie der Reisende im D-Zug sucht man feste Bezugspunkte für die Geschwindigkeit und macht den Wandel an der Turbo-Evolution von digitalen Industriegiganten fest, die innerhalb weniger Jahre aus dem Nichts die Kommunikation des Planeten beherrschen. Aber selbst Google und Apple sind nur Start-ups im Vergleich zu der neuen sozialen Software, die gerade ins Gehäuse unserer Gesellschaften implementiert wird.

Dass wir in einer neuen industriellen Revolution leben, hat sich mittlerweile herumgesprochen. Merkwürdigerweise werden aber kaum Lehren aus dem neunzehnten Jahrhundert gezogen. Natürlich kann man eine Geschichte der Dampfmaschine erzählen, die von James Watt bis zur IAA reicht und nichts anderes ist als eine Geschichte menschlichen Erfindergeists. Man kann sie aber auch als Geschichte einer beispiellosen sozialen Revolution erzählen und sich fragen, ob wir Nachgeborenen das Ingenium in Gestalt des neuesten i-Phones bekommen, aber den sozialen Preis nicht werden zahlen müssen. Die Antwort lautet nicht nur, dass wir zahlen müssen, sondern vor allem, dass wir sehr viel schneller zur Kasse gebeten werden als unsere Vorfahren. Politik, die aus den Erfahrungen des neunzehnten Jahrhunderts gelernt hat, hat die Aufgabe, diesen Preis abzuschätzen und auszuhandeln. Und genau hier kommt, nach dem vorläufigen Verschwinden des politischen Liberalismus, die SPD ins Spiel.

Es ist merkwürdig, dass eine Partei, die ihre Geburt der ersten industriellen Revolution verdankt, die Dramatik der zweiten industriellen Revolution für eine Angelegenheit hält, für die man sich Zeit lassen kann. Die Effizienz- und Rationalisierungsprozesse der Dampfmaschine haben selbst im neunzehnten Jahrhundert keine fünfzig Jahre gebraucht, um die Gesellschaft zu revolutionieren. Wie wird das mit den Automatisierungsprozessen einer Gesellschaft sein, die eine Vision des neunzehnten Jahrhunderts erfüllt und tatsächlich die »Dampfmaschine des Denkens« mit ihren Automatisierungseffekten auf der einen und Monopolbildungen auf der anderen Seite erschaffen hat?

Keine zehn Jahre brauchte es dafür. Und es ist erst der Anfang der Geschichte. In wenigen Wochen erscheint das neue Buch von Constanze Kurz und Frank Rieger mit dem Titel »Arbeitsfrei – Eine Entdeckungsreise zu den Maschinen, die uns ersetzen«. Jeder auf dem SPD-Konvent (und bei allen anderen Parteien) sollte sich mit einem Exemplar versehen. Die Autoren haben sich die menschenleeren Welten moderner Robotik angeschaut, die vom selbstfahrenden Auto über die Bäckerei bis zum Pflege- und Chirurgieroboter nichts weniger sein wird als eine neue Ära moderner Gesellschaft im Verhältnis zu Arbeit, Effizienz und dem Selbstbewusstsein ihrer Mitglieder. Selbstregulierende Systeme, denen mit der Erfindung der Dampfmaschine sich historisch auch der Liberalismus verdankt, werden in dieser neuen Welt systematisch zu sozialen Rückkoppelungs- (oder Feedback-) Systemen.

In anderen Worten: Die Idee des selbstregulierenden, von keiner äußeren Intervention beeinträchtigten Marktes wird nun erstmals in der Geschichte der Moderne auf die soziale Interaktion von Gesellschaften übertragen, und zwar mit der Pointe, dass die Systeme, die dies ermöglichen, sehr wenigen – von der NSA bis zu den Industriegiganten des Silicon Valley – die Macht eines absoluten Gedächtnisses verleihen.

Ich lese und werde gelesen. Ich kaufe und werde Produkt. Ich frage die Suchmaschine und gebe ihr durch die Frage eine Antwort. All das ist längst zur Erfahrung des Alltags geworden. Als demokratischem Prozess unter Gleichen wäre dagegen nichts zu sagen. Als Verfahren, um jeden Denk- und Arbeitsschritt in künftigen Arbeits- und Sozialwelten zu optimieren und seine Effizienz zu gewichten, bedarf er der Regulierung wie einst bei den Arbeitsplätzen im neunzehnten Jahrhundert. Und es beginnt schon viel früher: Online-Ausbildungen beispielsweise sind faszinierend und können enorme Chancengleichheiten schaffen. Umgekehrt gilt aber, dass durch Rückkoppelungseffekte Datenbanken entstehen, die jedes Talent, jede Lernschwäche, jeden mikroskopischen Lernerfolg oder -misserfolg messen und dem potentiellen

Arbeitsmarkt zur Verfügung stellen. Das kann großartige Möglichkeiten eröffnen. Es kann aber ebenso zu einer völligen Auslieferung des Einzelnen an einen wild gewordenen Markt führen.

Das sind keine Narrative für Jules Verne, und es sind keine Nischenprobleme. Überall, von den Börsen, über die Geheimdienste bis zum Einkauf, beobachten wir die identische Logik; überall müssen wir das Verhältnis der Gesellschaft zu den Märkten der Informationsökonomie neu austarieren. Es geschieht jetzt, und es geschieht mit unerhörter Geschwindigkeit. Das Gefühl, dass die aktuellen politischen Massenrücktritte etwas von Verspätetheit und Überfälligkeit haben, trügt keineswegs. Das Vertrauen zu Angela Merkel scheint damit zusammenzuhängen, dass die Menschen glauben, dass sie weiß, wie die Maschine funktioniert und wie man sie repariert. Aber über das neue soziale Zusammenspiel von Mensch und Maschine ist damit noch nichts gesagt – wie wenig, das zeigen die Missverständnisse der Snowden-Debatte. Blickt man auf sie, wie es Ronald Pofalla und ein paar Verschwörungstheoretiker taten, als Teil eines Orwell-Systems mit Unterdrücker, Unterdrückten und der moralisch eindeutigen Rollenverteilung von Gut und Böse, dann ist die Debatte in der Tat beendet.

Die Snowden-Affäre ist etwas ganz anderes: Ihr Schrecken kommt nicht aus James-Bond-artigen, strengst geheimen technologischen Überwachungsunikaten, sondern daraus, dass sie die gleichen Logiken, Systeme, Formeln und Maschinen benutzt, die unseren Alltag und unsere Arbeitswelt bestimmen – so sehr, dass ein Kaufhaus namens Amazon, das unsere Einkäufe organisiert und speichert, das Gleiche auch für die CIA tut.

Was hätte die Gesellschaft eines Josef Neckermann, in der viele heute noch leben, wohl zu dieser Realität gesagt? Als Ergebnis automatisierter Rückkoppelungssysteme, wo potentiell jede Lebensregung, die wir digital senden, »verarbeitet« werden kann, ist die schöne neue Welt der NSA nichts anderes als Wal Mart plus staatlichen Gewaltmonopols minus politischer Kontrolle.

Erst wenn man erkennt, dass das Neue der Überwachungsdebatte darin besteht, dass man über eine Industrie und einen Markt spricht – für den sich der englische Geheimdienst nach dem Vorbild der Londoner City und ihren Börsenalgorithmen ausdrücklich anbietet –, versteht man, dass die Snowden-Affäre ein eminentes Kapitel unserer industriellen Moderne ist: ein Zeichen dafür, wie Institutionen gerade im Begriff sind, sich zu ändern, und wozu sie fähig sind. Man hätte das ahnen können, als vor Jahren der ursprüngliche Plan der NSA (der dann dank einhelliger Empörung aufgegeben werden musste), Überwachungs- und Bedrohungsszenarien buchstäblich als Börsen zu organisieren, bekannt wurde. Die Weisheit des »Marktes« sollte beispielsweise durch Wetten auf Anschläge und politische Rücktritte eine Vorhersage über die Zukunft erlauben. Alles spricht dafür, dass diese Börse, wenn auch entgegen dem ursprünglichen Plan, ohne Wetteinsatz längst entstanden ist.

Aus alldem folgt nicht Resignation oder Maschinenstürmerei. Aus alldem folgt die Erkenntnis, dass es die Aufgabe dieser politischen Generation ist, die größtmögliche Versöhnung der Sphären zu erreichen. Dazu bedarf es der Kenntnis dessen, was vor sich geht. Zweitens: Verständnis dafür, dass die Revolution der Arbeitswelt die Welt Henry Fords in den Schatten stellt, weil sie die Trennung zwischen Arbeit und »Freizeit«, Öffentlichkeit und Privatheit völlig neu definiert. Optimierung und Selbstoptimierung des homo oeconomicus sind älter als die digitale Revolution. Jetzt aber wird tatsächlich die »Effizienz« des Privatlebens von Facebook und Twitter – das die Arbeitgeber lesen können – bis hin zur Frage der individuellen Aufstiegschancen zum Gegenstand von Systemen, die auf die Frage, was andere über uns denken, eine vorgeblich eindeutige Antwort geben, die wir selbst oft gar nicht kennen. Drittens: Aufklärung darüber, dass wir entgegen allen Theorien der vergangenen zweihundert Jahre nun erstmals in Gestalt der neuen Technologien einen Mit- und Gegenspieler haben, der über ein unendliches Gedächtnis verfügt.

Als Normalbürger partizipieren wir, allen Netz-Ideologien zum Trotz, wie Peter Galison gezeigt hat, nur an einem Bruchteil dieses Gedächtnisses. Das schafft Macht-Asymmetrien, die sich nicht mit dem Ohrwurm »das war aber immer so« abtun lassen: Einen »allwissenden« Counterpart gab es außerhalb der Religionen noch nie. Es ist die wirkliche Macht-Asymmetrie der Moderne, und die Frage, wie sie demokratisiert werden kann, ohne die unbestreitbaren Vorteile der neuen Technologien, auch von Big Data, zu verlieren – das ist die zentrale Frage der nächsten Jahre.

Es ist eine Pointe, dass es Sigmar Gabriel und Christian Lindner waren, die in Beiträgen für diese Zeitung die Herausforderungen dieser Verschmelzung am deutlichsten formuliert haben. Beide haben nicht nur auf die übermächtige Rolle des »deep state« hingewiesen, sondern auch auf die der Industriemonopole des Silicon Valley.

Die Sozialdemokraten müssen sich fragen, welche Rolle sie in der industriellen Revolution der Jetztzeit spielen wollen und wie viel Zeit noch bleibt. In Zeiten, in denen Politiker und Journalisten darum wetteifern, politische Ideen nur noch als Posten- und Interessengeschachere egoistischer Einzelner zu lesen, werden diese Hinweise allenfalls als Gegenstand für Sonntagsreden Gehör finden. Dabei geht es um nicht weniger als einen neuen Gesellschaftsvertrag zwischen den Menschen und den Maschinen (oder besser: ihren Besitzern), die sie ersetzen, verändern und überwachen. Selbst bei bestem Willen einer deutschen Regierung ist nicht ausgemacht, welchen Weg Europa in diesen Fragen einschlägt. Die Engländer und die Franzosen scheinen bereit, für den Vorteil des Augenblicks die Frage der neuen Lebens- und Arbeitswelten zu ignorieren. Ob die SPD dazu in der Lage ist, ist keineswegs ausgemacht; denn in Wahrheit sträubt sie sich auch deshalb, weil die digitale Revolution eine Revolution ihrer selbst sein wird.

Aber was eigentlich ist die Aufgabe von Politik im Gegensatz zu Unternehmen, wenn nicht das: Themen, von denen sie überzeugt ist, anzusprechen, auch wenn für sie im Augenblick noch kein politischer Markt da ist? Gewiss: Wir können noch länger über die Sprunghaftigkeit Sigmar Gabriels diskutieren (in dessen Ära ja offenbar der Bundesrat erobert wurde), insbesondere in Medien, die ein Muster an Nicht-Sprunghaftigkeit sind und gerade Horst Seehofer zum Triumphator ausrufen. Die SPD kann sich auch den Karriereplänen von Hannelore Kraft unterwerfen, vier Jahre warten und es dann wieder versuchen. Die Partei wäre dann ja auch nur statt 150 Jahre 154 Jahre alt. Es könnte aber sein, dass, wenn sie dann aufwacht, die politische Waffe verrostet und ein gefühltes Jahrhundert vergangen ist und keiner mehr da, der sie wiedererkennt.

Grass, Walser, Reich-Ranicki

Das imperative Ich

Verabredung mit einer Kunstfigur: Günter Grass und die Lehre
vom unangewendeten Erwachsensein

Vor drei Jahren sprach Günter Grass in der Bayerischen Akademie
der Schönen Künste über die Kritik. Er sprach von seinem Haß
auf die biographische Analyse. Er sprach von seiner Abscheu vor Ein-
sichten, die nicht aus dem Kunstwerk entnommen, sondern aus dem
Leben des Künstlers entwendet werden. »Mißbrauch«, »Selbstherr-
lichkeit«, »Hybris«, »Neid«, »Gift des Sekundären« – wütend tobte der
Erkenntnisekel durch die Sätze. »Am Ende war Thomas Mann ertappt«,
heißt es über die journalistische Ausspähung des tagebuchschreiben-
den Großkollegen, »in seinem Wesenskern gedeutet und auf den Punkt
gebracht ... Wurde auch Zeit. Glaubte wohl den Zauberer spielen zu
können. Jetzt ist er unser. Wir kennen ihn durch und durch.«

Wer hinter die Schöpfung schaut, so der Verdacht, greift auch in
die Taschen des Schöpfers. Drohend warnte Grass die Kritik vor Un-
ersättlichkeit. Im Autor beleidige sie den Ernährer, der sie bisher durch-
gefüttert und mit ihr die »Früchte seiner Arbeit« geteilt habe. Sprach
hier der Autor? Zürnte der Arbeitgeber? Kein Zweifel, der Sprachzu-
schnitt hat anderes Format. »Jetzt ist er unser«, sagt der Kritiker über
den Autor. »Er soll nicht werden wie unsereiner«, sagt der Autor über
den Kritiker. Denn man soll essen von allen Bäumen des Gartens;
aber von dem einen Baum soll man nicht essen.

Von Anbeginn mißtraut Grass Geschichten, die er nicht kontrolliert; von Anbeginn stopft er seine Größenphantasien mit einem Buckel aus. Angaben über sein Leben hat er selten und auch dann nur widerwillig gemacht. Die Vorarbeiten und Wachstumsschichten seiner Werke hat er – mit einer ungewollten Ausnahme – vollständig vernichtet. Er, der mit der Wucht seines künstlerischen und politischen Ich die Bundesrepublik nachhaltiger geprägt, belehrt und gezüchtigt hat als irgendein anderer zeitgenössischer Schriftsteller, hat Vorkehrungen getroffen, sich unkenntlich zu machen. Max Frisch, der den noch unbekannten Autor 1955 trifft, fällt sofort das enorme Selbstbewußtsein des Dichters auf. Der junge Mann ist nicht zu haben für Konversation. Er redet nicht, fragt nicht und scheint auf undurchdringliche Weise vollständig zu sein. »Was er von der derzeitigen Literatur hält, ist schon seit der Suppe ziemlich klar: ein neues Stück von Friedrich Dürrenmatt, »Besuch der alten Dame‹, sieht er sich gar nicht an. Er schreibe selber Stücke.«

Das ist nicht nur der Hochmut des ehrgeizigen Autodidakten. Es ist auch die Eifersucht des Selbstschöpfers auf konkurrierende Schöpfungen. Grass' epische Welt ist eine Trutzburg, in der die Zugbrücken hochgehen, wenn man sie betreten hat. Selbst dort, wo Schriftsteller sich gewöhnlich preisgeben und wo man ihnen auf die Spur kommen kann, in Texten über andere Schriftsteller, bleibt er einsilbig. Es gibt, gemessen am Umfang seines essayistischen Werks, erstaunlich wenig Äußerungen über tote und lebende Kollegen: eine Preisrede auf Arno Schmidt, den berühmten Essay über den Lehrer Döblin, der in Wahrheit ein Traktat über Ökonomie geworden ist, zudem verstreute Grüße an Zeitgenossen.

Andernorts, bei Thomas Mann zum Beispiel, aber auch bei Arno Schmidt oder Wolfgang Koeppen, stiften literarische Essays und ästhetische Theorieversuche nicht nur imaginäre Traditions- und Familienverhältnisse. Sie sind immer auch schmerzhafte und übersetzungsfähige Akte der künstlerischen Selbstaufgabe. Grass' essayistische Lebensarbeit kennt diese feinfühligen Dolmetscher zwischen Welt und Ich nicht.

Der Autor nimmt die Verhandlungen selber auf. Er vertritt Interessen und sucht in den Werken der anderen seine Interessenvertreter. Seine Essays und Reden sind »Versuche, die Republik endlich beginnen zu lassen«.

So wächst neben den Romanen und Erzählungen, die im Begriff sind, das erzählerische Subjekt ganz und gar aufzulösen, ein eigentümlicher und in der Literaturgeschichte auch einzigartiger Dialog zwischen Ich und Nation heran, in dem es bald schon zu erstaunlichen Identifikationen kommen wird. Den Kanzler Kiesinger adressierte er in einem offenen Brief als imaginären Vater, um ihm die Kanzlerschaft auszureden (»will ich in aller Öffentlichkeit den letzten Versuch unternehmen, Sie zur Einsicht zu bewegen«), den Kanzler Brandt wählte er sich öffentlich als Ersatz-Vater.

Grass aber tauft sich nach seinem Buch. Der »Blechtrommler« trommelt für die Es-Pe-De. Er engagiert seine Romanhelden (»Nicht, daß ich sagen will, Oskar Matzerath wählt SPD, aber sein Sohn und Halbbruder Kurt – Sie erinnern sich? …«). Er buchstabiert Politik mit dem Alphabet seines großen Bildungsromans. »Die Bürger in der Bundesrepublik«, so verkündet er nach dem Sieg Willy Brandts, »sind der Frühphase, der Schul- und Sandkastendemokratie, entwachsen.«

Das war nicht mit dem Eigensinn einer beliebigen Generation, sondern mit der epischen Autorität des Erzählers gesprochen. Hier nahm einer Maß, der seinen Helden nicht hatte wachsen lassen. Weder Böll noch Andersch, weder Rühmkorf noch Lenz hätten je so reden können. Die geniale Idee, in der Zwergenwelt des Kinderzimmers nach den Riesenfossilien des Dritten Reichs zu schürfen, öffnete ihm den Weg in das Tiefenbewußtsein einer ganzen Gesellschaft. Heute wirkt es auf den Betrachter, als habe sich im Zentrum des Landes, zwischen gewählten und abgewählten Vätern, ab Mitte der sechziger Jahre die Geburt der Politik aus dem Geist der »Blechtrommel« vollzogen.

Mit dramatisierter Nachdenklichkeit klagte Grass Herrschaftsverhältnisse an und rieb sich am autoritären Gestus des politischen Idioms. Aber er selbst sprach politisch auktorial. Noch heute spürt man in seinen Wahlkampfreden die charakteristische Mischung aus Zweifel und Allwissen, aus Angleichung und Überhebung. Er redete die Gesellschaft an, als handele es sich um das Personal seiner Romane. Hier sprach ein Erzähler, der mit seinen Figuren gegen die eigene Geschichte paktiert.

Das Zeitalter der Patriarchen, der vorvergangenen Adenauer-Generation, war verdämmert und mit ihm das letzte Leuchtfeuer des neunzehnten Jahrhunderts. Eines Morgens war das eigene Lebensalter identisch mit dem Lebensalter der vielfach amputierten Republik. Dem moralisch behelligten und schuldbeladenen Land wuchs aus der Kunstfigur des Blechtrommlers Kindheit und Spielzeug, also: strafunmündiges Bewußtsein zu.

Das Trommeln lehrte eine neue Kunst, die sich bis weit in die achtziger Jahre in dem merkwürdigen, für die Bundesrepublik so überaus charakteristischen Diskurs von schuldunfähiger Naivität und trotziger Apokalypse ausdrückte. Es war die Kunst des unangewendeten Erwachsenseins. Wenn es stimmt, daß das Grundgesetz Gehäuse und Dach der alten Republik gewesen ist, so wurde die »Blechtrommel« dessen Innen- und Kellerraum.

Aber wer sprach aus dem »Blechtrommler«, den sich immer größere Leserschaften, erst zögernd, dann bereitwillig, als Identifikationsadresse gewählt hatten? Der Roman gab darauf am wenigsten Antwort und gibt sie bis heute nicht. Ist es der Autor? Oskar? Goethe? Rasputin? Christus? Antichrist? Grass ist in den Augen seiner Mitwelt, je nach Stimmung und Laune des Betrachters, all das geworden, und die Vielfalt der Rollen machte vergessen, daß man den Herrn der kollektiven Erinnerungsarbeit unter all seinen Verkleidungen gar nicht mehr aufzufinden vermochte.

Er, der für alle sprach, entzog sich allen. Doch die repräsentative Größenphantasie, die in seinen politischen Äußerungen immer deutlicher und bald auch für viele entnervend zum Vorschein kam, muß Eltern haben. Man kennt die Anschrift: Danzig, Vorort Langfuhr, Labesweg 13. Dort lebt er mit Vater, Mutter und Schwester in einer Zweizimmerwohnung. Er ist sechs, als unter Hermann Rauschning die erste nationalsozialistische Regierung im Freistaat gebildet wird, elf, als die Danziger Juden deportiert und die Synagogen in der »Reichskristallnacht« zerstört werden. Als Zwölfjähriger erlebt er, daß um seine Stadt ein Krieg entbrennt, ein Weltkrieg, wie er später begreift.

Er hat davon nicht berichtet. Doch in einer der ungeheuerlichsten Szenen der »Blechtrommel« erlebt Oskar den Kriegsausbruch im Kinderzimmer der Polnischen Post, im Spielzimmer fremder, verschwundener Kinder. »Ich habe also«, sagt Grass später mit Blick auf seine Kindheit, »nie ein eigenes Zimmer gehabt als Kind.« Er hatte, heißt das, in diesem Krieg kein Territorium. Er mußte es sich erobern. Goebbels' Sportpalast-Rede begeistert den Siebzehnjährigen. An den Endsieg glaubte er bis zuletzt. Den Holocaust hält er auch dann noch für undenkbar, als die Amerikaner ihn durch das Konzentrationslager Dachau führen. Erst als der ehemalige Reichsjugendführer Baldur von Schirach in Nürnberg aussagt, die Verbrechen bekennt, den Mißbrauch der Jugend beklagt, glaubt Günter Grass, daß etwas Furchtbares vorgefallen ist.

Was es war, kann er sich später aus dem Geschichtsbuch zusammensetzen. Was mit ihm war und was die Inkubationsphase in Hitlers Reich bedeutete, hat er in der »Blechtrommel« aufgeschrieben. Bekanntlich gibt sich Oskar Matzerath den Befehl, nicht mehr zu wachsen, und das Wunder geschieht: der Befehl wird tatsächlich befolgt.

Das Wunder seines Urhebers ist das Wunder des Wachstums. Günter Grass, Pimpf im Herzen des Dritten Reichs, gibt sich den Befehl zu wachsen, und der Befehl wird tatsächlich befolgt. Er will Künstler werden: Er will berühmt werden, er will groß werden, er will der Schatten sein, den er keine zwanzig Jahre später auch wirklich auf die deutsche Literatur werfen wird. Mit dreizehn Jahren beteiligt er sich erfolglos am Geschichtenwettbewerb einer Hitler-Jugend-Zeitung. Einmal zeichnet er namenlose Ostarbeiter in sein Skizzenbuch, es sind Studien, keine Zeugenaussagen: später plagt ihn, daß ihn nichts dabei plagte.

Doch damals treibt ihn nur der »gesteigerte Größenwahn, etwas Unübersehbares hinstellen zu wollen«. »Ich aber beschloß, nicht Politiker zu werden«, verkündet Oskar in der »Blechtrommel« unter Anspielung auf Hitlers folgenreiche Äußerung und wählt statt dessen das Künstlertum. Sein Urheber macht es ihm vor. Im Labesweg 13 malt er seiner Mutter das Leben seiner Berufung und Berühmtheit aus. »Und weil«, so fügt er hinzu, »Helene Grass nicht nur ein kleinbürgerliches Gemüt gehabt hat, sondern auch entsprechend theaterliebend gewesen ist, hat sie ihren zwölf-dreizehnjährigen Sohn, der gerne Lügengeschichten auftischte und ihr Reisen nach Neapel und Hongkong, Reichtum und Persianermäntel versprach, spöttisch Peer Gynt genannt.«

Das alles ist vertrautes, in unzähligen Künstlerbiographien eingewobenes Muster. Gynts, großmäulige Selbstverlierer, gibt es viele. Was den Fall außergewöhnlich und seine künstlerische Verarbeitung einzigartig macht, ist die Tatsache, daß sich der »gesteigerte Größenwahn« im identifikatorisch erlebten Dritten Reich ausbildete, und zwar buchstäblich unter dem Namen »Hitler-Jugend«.

Umstellt von den Über-Ich-Monstrositäten des Regimes, das von Friedrich dem Großen bis Herbert Norkus eine Vielzahl von Vorbildern produzieren konnte (an denen sich Jahrzehnte später Siegfried Lenz abarbeiten wird), mußte der junge Grass nach Ende des Krieges künstlerische Größenphantasie als soziale Invalidität und Schuldbelastung wahrnehmen. Die entscheidende Frage war nicht, wie man den Buckel wieder los wurde – das ist nur die Frage Oskar Matzeraths, der in der Irrenanstalt keinen Zahnbecher mehr zum Singen bringt. Die entscheidende Frage für Grass mußte sein, wie man das einmal gefundene Selbstbewußtsein über den 8. Mai 1945 hinaus retten konnte. »Ich kann mich … nicht erinnern. Ich kann mich in dem Augenblick sofort erinnern, wenn ich mein Ich mit einer Fiktion konfrontiere, in einem bestimmten Zeitraum. Dann ist da ein nahezu unbegrenztes Erinnerungsvermögen an das gesamte Umfeld. Aber das bloße Ich, mein bloßes Ich, wenn ich ihm nachgehen sollte, beschreibend, würde mich noch vor der Einschulung langweilen.«

Die »Fiktion«, mit der er sich konfrontierte, kam von der Mutter, und sie hieß Peer Gynt. Ehe es Oskar gab, gab es Peer, und seine Existenz hat in den Tiefenstrukturen der »Blechtrommel« unübersehbare Spuren hinterlassen. Peer Gynt, der Kaiser der Welt, der Exeget der Tollhäusler, der Belauscher der Säulenheiligen, der Erfinder der Märchen, war womöglich die lang gesuchte Kunstfigur, die Grass die Brücke über den Zeitbruch baute.

Ibsens »Peer Gynt« betrat die Bühnen des Reichs in der Übersetzung des Nazi-Dichters Dietrich Eckart. Er war Großcharakter im nationalsozialistischen Heiligenkalender – Hitler hatte ihm »Mein Kampf« gewidmet. Als der zwölfjährige Grass zum ersten Mal von dem Stück gehört haben mag, war Peer der »Hamlet des Nordens«, Verkörperung des Tatmenschen, des Dichters und Denkers, gesalbter König in der Phantasiewelt des Dritten Reichs. Nun, nach dem Krieg, kehrte Gynt in existentialistischer Übersetzung zurück: der moderne, grübelnde, Ich-Besessene, aber in seiner Ich-Besessenheit sich selbst und sein Schicksal wählende Mensch. »Und dieses Gyntsche Ich nun ist –? / Die Welt hier hinterm Schädelgitter, / Durch die ich ich bin und kein Dritter, / Wie Gott Gott und nicht Antichrist / … Das Gyntsche Ich, – das ist das Heer / Von Wünschen, Lüsten und Begehr, – / Das Gyntsche Ich, das ist der Reih'n / Von Forderungen, Phantasien, – / Kurz alles, was just meine Brust hebt / Und macht, daß Gynt als solcher lebt.«

Nacht, Kiefernwald. Ein Waldbrand hat gewütet. Alles verkohlt, alles Untergang. Gynt, aufs höchste bedroht, wird angeklagt von den Gedanken, die er nicht gedacht, den Losungen, die er nicht gesprochen, den Liedern, die er nicht gesungen, den Tränen, die er nicht geweint, den Taten, die er nicht getan – man kann nichts mehr auf ihn geben, schon ist er verloren, da scheint Rettung auf. Zum Gesang von »Glaube, Liebe, Hoffnung« erlöst und entschuldet ihn seine Geliebte, die jahrzehntelang auf ihn gewartet hat. »Glaube Liebe Hoffnung« heißt das Kapitel in der »Blechtrommel«, in dem Oskar Zeuge der »Reichskristallnacht« wird.

Brand, Untergang, Selbstmord des jüdischen Spielzeughändlers. Oskar, das Kind, schaut und kann nichts tun und denkt auch nicht ans Tun. Vor dem Theater verteilen Frauen christliche Losungen: »Glaube Liebe Hoffnung« steht auf dem Transparent. Oskars entsetzter Gesang zersägt die Losung bis zur Unverständlichkeit. Erst wenn man die Umkehrung begreift, wenn man den festgefügten Raum des Romans verläßt, entdeckt man den Autor und wird seiner traurigen Botschaft gewahr.

Gynt, das ist der Weg zurück zu dem Kind, das sein Autor einmal war: ungedachte Gedanken, ungetane Taten, ungeweinte Tränen und alles ohne Rettung. Keiner, der gewartet hat, und keiner, der erlöst. So bleiben Grass am Ende nur die nie gesungenen Lieder, die hätten Taten sein können, und erst in dieser nachholenden und zerstörenden Bewegung wird er zum Repräsentanten seiner Generation. Seine unerlöste Kindheit braucht ihn. Das Land braucht seine Kindheit. »Vielleicht«, so beginnt er eine seiner wichtigsten biographischen Selbstauskünfte, »haben mich die Schuldprobleme daran gehindert, so eindringlich wie Max Frisch über Identitätsprobleme nachzudenken.«

Grass hatte zeitlebens eine Verabredung mit einer halb verschwiegenen, halb ausgesprochenen Ich-Fiktion. Einer neugierigen Öffentlichkeit hat er einst Camus' Sisyphos als Selbstverständigungsfigur angeboten und damit immerhin bestätigt, wie sehr sich sein Schaffen von mythischen Figuren herleitet.

Doch Ibsens Gynt, der Held, der sein Ich über alle Epochen hinweg bewahren will, bildet die Urschicht seines Selbstverständnisses, und es wäre eine eigene Untersuchung wert, dieser Fährte vom »Hochwasser« bis zur »Rättin« zu folgen. Gewonnen war nicht nur literarische Identität, sondern auch die Zuständigkeit für jene Märchenwelt, deren Melodie fast alle seine Werke durchzieht. Fünf Jahre nach dem Tod der Mutter, notiert Grass, »erschien die ›Blechtrommel‹ und wurde zu dem, was sich Peer Gynt womöglich unter Erfolg vorgestellt haben mag«.

Wie der Knopfgießer in »Peer Gynt« die Seelen umgießt, so hat Grass in seinen Romanen die literarische Tradition umgearbeitet und umgeschmolzen. Doch mit dem Entsetzen Peer Gynts, dem sich die Umformung der eigenen Seele ankündigt, flieht Grass alle Gefahren der Selbstenteignung. »Von meinem Selbst aber laß ich keinen Deut'«, sagt Peer. »Dies wie ein Stück Lehm / Zerknetet werden zu weiß Gott wem, –«. Dieser Trotz hat langen Atem: die Festversammlung in der Bayerischen Akademie hat es zu spüren bekommen.

»Die Blechtrommel«, »Katz und Maus« und »Das Treffen in Telgte« sind die bedeutendsten Resultate von Grass' literarischer Selbstentdeckung, und es ist nicht ohne belehrenden Reiz zu sehen, wie sich nach der Wende von 1989 auch der oft kritisierte dritte Teil der »Blechtrommel«, der in der Bundesrepublik spielt, mit funkelndem historischem Edelrost überzieht. Aber auch sein Scheitern war ehrgeizig und blieb, wie etwa bei der »Rättin«, auch dann noch merkwürdig, wenn man es nicht gegen die Größe des Anfangs aufrechnete. Gynt träumte von Gyntiana und Grass, wie man weiß, von einer Gesellschaft »sozialer Demokratie«. Verwundert sieht man heute, aus dem Abstand der Jahrzehnte, wie ungebrochen sein künstlerisches Selbst in das politische Bewußtsein eingewandert ist. Aber aus der Distanz kann man auch erkennen, wie sehr die Rolle vorgegeben und durch seine Art, sich selber produktiv zu machen, geradezu erzwungen wurde.

Der Wahlkampf für die SPD stand unter dem verfremdeten Motto Walt Whitmans (»Dich singe ich Demokratie«), des großen Epikers der Vereinigten Staaten. Nichts berechtigt zu der Annahme, daß Grass in dem Erfinder des amerikanischen Selbstbewußtseins weniger gesehen hätte als die Spiegelfigur des eigenen Ehrgeizes. Er meditiert über Entwicklungshilfe, globalen Warenverkehr und warnt vor schlechten Zeiten. Bald schon findet die Kritik den Selbsthinweis und nennt ihn »Peer Gynt in allen Gassen«.

Doch da hat sich das Selbstporträt schon wieder verändert. Im Februar 1973 zieht er, im Rückblick auf den Wahlsieg Willy Brandts, vor der SPÖ in Wien seine »Siebenjahresbilanz«. Er sagt »demokratische Geschichten« voraus, teilt mit, daß er Vorsorge getroffen hat, warnt, daß man »demokratisch fett« sein und dennoch die Zukunft verlieren könne – kurzum, im Augenblick des Triumphs redet nicht mehr der Blechtrommler, jetzt redet Joseph, der dem Pharao die Träume deutet. In Sprockhövel versucht er, Betriebsräte für die Geschichte der Arbeiterbewegung zu interessieren. »Wir lasen Gerhart Hauptmanns Schauspiel ›Die Weber‹.«

Was als durchaus wünschenswerte Revolte gegen die autoritären Verkehrsformen begann, wurde bald schon selbst autoritär und nahm im Laufe der Jahre jene unverwechselbare Färbung von Anmaßung und Würde an, die ihn anläßlich der sogenannten »Kontinent«-Affäre über den soeben ausgebürgerten, aber bei einem Springer-Verlag publizierenden Alexander Solschenizyn schreiben ließ: »Der Kampf mit den Unterdrückern seines Landes läßt ihm keine Kraft, hier im Westen zu differenzieren, dem Rat erfahrener Kollegen zugänglich zu bleiben.« Unbelehrt wird er später in Nicaragua die Gefängnisse der Revolution verteidigen – auch das Schicksal des politischen Schriftstellers im zwanzigsten Jahrhundert, zum Werkzeug der Täter zu werden, erspart er sich und seinen Lesern nicht.

Das alles sind Marginalien zur Geschichte der Republik und Fußnoten zum Werk des Autors. Man muß die Kette seiner Wahrheiten und Irrtümer nicht verfolgen – oder jedenfalls nur bis zu dem Vorfall vom 28. Mai 1971. Grass hatte sich einige Tage zuvor durch einen scharfen Artikel gegen Heinar Kipphardt unbeliebt gemacht. An jenem Abend wollte er eine Aufführung in der Schaubühne sehen. Kaum hatte die Aufführung begonnen, unterbrachen die Schauspieler das Stück und verlasen, angeführt von Peter Stein, eine Protestresolution.

»Dann«, so berichtet Grass später, »wurde das Publikum darauf aufmerksam gemacht, daß ich mich im Theaterraum befinde, dann bezeugte das Kollektiv ›seine Verachtung gegenüber dem hier anwesenden Günter Grass‹. Die Resolution löste frenetischen Beifall aus; einzelne Rufe wie ›Raus‹ und ›Grass raus‹ bezeugten, daß die Methode der Schaubühne eine wirkungsvolle war. Bevor das Kollektiv die Spielfläche verlassen konnte, stand ich auf und versuchte ich, Antwort zu geben.«

Die Urszene der Vertreibung hatte Folgen: sie markiert Grass' endgültigen Bruch mit der »angelesenen Revolution«, dem neuen studentischen Jugendprotest, der aus einer bundesdeutschen Kindheit geboren schien, für die er schon in »örtlich betäubt« keine Sprache mehr hatte. Man muß auf das mehrfache »Ich« hören, mit dem er verletzt und gedemütigt gegen das Kollektiv anredet. Das Stück aber, aus dem er hatte vertrieben werden sollen und dessen Figuren ihn nun von der Bühne herab beschimpften, war »Peer Gynt«.

Günter Grass wird siebzig. Seine Generation, so heißt es im »Treffen in Telgte«, sei unendlich viel älter, als Jahre sagen könnten. Doch in Wahrheit war es ihr Schicksal, lebenslang hinter ihrer Kindheit zurückzubleiben. Oskar Matzerath macht die Welt der Riesen klein, weil er sie als Zwerg besiegt. Die nie vergehende Kindheit dieser Generation, die wie mumifiziert in den Grabkammern des Dritten Reichs zurückgelassene Erinnerung, verkürzt alles Erwachsensein auf den Augenblick.

Das ist der Fluch, der Grass am Ende selber traf. Wie eine Pyramide, der die Wissenschaft ständig neue Schätze entreißt, überragt die »Blechtrommel« alles, was Grass geschrieben und getan hat. Pyramiden aber sind Königsgräber. Mit einer gewissen Bockigkeit weist noch der Siebzigjährige auf andere, seiner Meinung nach bessere Werke hin. Doch niemand hört auf ihn. Die »Blechtrommel«, die er eigenem Eingeständnis zufolge noch ein Jahrzehnt nach der Veröffentlichung nur mit »Ekel« anfaßte, hat die Imaginationswelt der Nachkriegsgesellschaft nicht nur beherrscht, sondern sie auch nachhaltig verändert. Oskar Matzerath setzt sich im Kinderzimmer der Polnischen Post aus dem verlassenen Spielzeug das Leben derjenigen zusammen, die hier spielten. Dann klaut er die Blechtrommel. Das ist Grass' Bild vom verlorenen Paradies. Aber unter dem Bild steht winzig eine Gyntsche Legende. Vielleicht, steht da, gerät man spielend wieder hinein.

Den Schmerz verdoppeln

Was ist Inversion? Wenn ein Nobelpreisträger die Juden zur Gefahr erklärt.
Wenn die deutsche Justiz den Juden Körperverletzung vorwirft.
Anmerkungen zum sprachlichen Sadismus

Josef Neuberger gehört zu den Gründungsfiguren dieser Republik, er war ein Garant für Rechtssicherheit, nicht nur in seiner Tätigkeit als Justizminister und Anwalt. Als emigrierter Jude gehörte er zu jener Gruppe der Verfolgten des Nationalsozialismus, die durch die pure Tatsache ihrer Rückkehr, was heute allzu leicht vergessen wird, diesem Land wieder eine moralische Chance gaben, eine Chance, die es in den Augen vieler so schnell nicht wieder verdient hatte.

Es gibt nicht mehr viele aus dieser Generation. Mit einem habe ich das Privileg und das Glück, bis heute zusammenzuarbeiten: Marcel Reich-Ranicki. Ein anderer war Paul Spiegel, ein Dritter, in gewisser Weise ein Verbindungsglied zwischen Salomon Korn und mir und heute immer noch schmerzlich vermisst: Ignatz Bubis. Mich verbindet eine lange Arbeits- und, wenn es nicht so anmaßend wäre, würde ich sagen: Freundschaftsgeschichte mit Marcel Reich-Ranicki. Ich habe das alles erlebt – mit ihm und mit seiner im vergangenen Jahr verstorbenen Frau Tosia: die Präsenz einer Drohung, manchmal nur eines Unwohlseins, die ständige Alarmbereitschaft. Soll man in einer Rezension schreiben, dass Hilde Domin Jüdin war? Einmal strich er es heraus und sagte: »Ich will nicht, dass man denkt, sie brauche Rabatt.«

Später änderte er seine Meinung, weil sich auch das Klima unter dem Schatten des Historikerstreits änderte: »Wir werden uns nicht verstecken«, sagte er, »und Hilde Domin schon gar nicht.«

Wir reden von den neunziger Jahren. Kurze Zeit später erschien Marcel Reich-Ranickis Biographie. Ich fuhr mit ihm alle Orte seiner Kindheit in Berlin ab. Auf dem Kaiserdamm kamen wir an einem Polizeigebäude vorbei, eines von den Gebäuden, wo man aus dem Adler, noch heute erkennbar, das Hakenkreuz herausgeschlagen hatte. Fast beiläufig sagte er: »Ah, schauen Sie, in diesem Polizeirevier habe ich mir meinen Deportationsbefehl abgeholt.« Und dann ins Deutsche Theater am Gendarmenmarkt. »Dort in der Loge sah ich Göring und Gerhart Hauptmann. Die Hymne wurde gespielt, Hauptmann stand auf und zeigte den Hitlergruß.« Ich fragte ihn: »Wie haben Sie das empfunden?« »Wie soll ich das empfunden haben? Es war eine Perversion, eine Inversion, alles war auf den Kopf gestellt.«

Ich bin Journalist, mein Handwerkszeug ist die Sprache. Ich möchte deshalb in einem Exkurs eine sprachliche Figur beleuchten, die im Augenblick, so scheint mir, Karriere macht. In Abwandlung eines Wortes von Jean-Paul Sartre könnte man sagen, Sprache ist »gelenktes Denken«, sie gibt Bahnen vor, und immer wieder gibt es Leute, die unmerkliche Abzweigungen und Abwege einbauen, und plötzlich ist nicht nur die Sprache, sondern auch das Denken an Zielen, die man gar nicht hat erreichen wollen. Man nennt das Demagogie.

Die rhetorische Figur, die ich ansprechen will, heißt »Inversion«, auch Umkehrung genannt, anfangs meistens nur eine syntaktische Umstellung, gern aber auch eine gedankliche. Was ist eine Inversion? Eine berühmte zeitliche Inversion findet sich in Goethes »Faust«, wo Mephisto sagt: »Ihr Mann ist tot und lässt Sie grüßen.« Das klingt harmlos, fast witzig, aber es ist gemein gemeint: erst der Schock, dann der Hohn, erst das absolut Unüberschreitbare, der Tod, dann die banalste Alltagsroutine »lässt Sie schön grüßen«. Die Absicht ist: den Schmerz verdoppeln. Man kann es auch anders nennen: Es ist die sprachliche Produktion von Sadismus.

Eine andere, aktuellere Inversion stammt von einem lebenden Dichter. Er schreibt ein sich moralisch empört gebendes Gedicht über den Staat Israel, in dem die Worte »schweigen«, »zu lange verschweigen«, »Überlebende«, »auslöschen«, »Lüge«, »Zwang«, »Strafe«, »Antisemitismus«, »allesvernichtend«, »nie zu tilgen«, »Verbrechen«, »Mitschuld«, »Ausreden«, »Heuchelei«, »Wahn« in dieser Reihenfolge vorkommen. Alles Worte, die in dieser Dichte und in diesem Kontext und in dieser Sprache sich nur auf eines beziehen konnten: auf den Holocaust. Aber der deutsche Nobelpreisträger Günter Grass, der das Gedicht unter dem Titel »Was gesagt werden muss« kurz vor Ostern unter weltweiter Anteilnahme publizierte, hat alles umgedreht: All das wird aufgerufen, um Israel, ich zitiere wörtlich, »den Verursacher der erkennbaren Gefahr, zum Verzicht auf Gewalt aufzufordern«.

Es ist eine Inversion, nicht nur eine sprachliche, sondern auch eine moralische. Man vergleicht nicht, man kehrt um. Es ist eine Inversion moralischer Zurechenbarkeit im wahrsten Sinne des Wortes: Hier ging es niemals, mit keiner moralischen Silbe, um Iran oder Israel. Hier ging es einzig und allein um deutsche Geschichte. Hier ging es um die Inversion der deutschen Geschichte. Inversion heißt: endlich die Rollen wechseln, endlich Opfer sein, ich zitiere: »an deren Ende als Überlebende wir allenfalls Fußnoten sind«, endlich aus der Perspektive des Bedrohten über die reden, die noch zu eigenen Lebzeiten bedroht, verfolgt und umgebracht wurden. Es ist, mit Verlaub, eines der perfidesten Gedichte deutscher Sprache.

Inversion überall. Inversion, wenn ein berühmter deutscher Schriftsteller zu Ignatz Bubis sagte: »In Verhältnis zu Ihnen bin ich der Jude.« Inversion, wenn im Jahre 2012 eine jahrtausendealte Praxis wie die Beschneidung von deutschen Gerichten als »Körperverletzung« verurteilt wird und in Deutschland eine Debatte darüber beginnt, die »Judentum« und »Körperverletzung« in einen juristisch-semantischen Zusammenhang bringt, der einen sprachlos macht, in dem jüdische Eltern angeblich ihre eigenen Söhne verletzen, wo es einem doch erst einmal gereicht hätte, wenn die Justiz, die sich jetzt für Jahrtausende zuständig fühlt, damals sich nur für zwölf Jahre zuständig gefühlt hätte, als Deutsche und ihre Helfer nicht nur Körperverletzung an Juden betrieben, sondern Mord und Totschlag.

Inversion ist ein moralischer Doppelagent, im wahrsten Sinne des Wortes. Inversion ist es, wenn der Staat Nazis bezahlt oder beschäftigt, damit die als Nazi-Spitzel andere Nazis aushorchen und, damit sie es tun können, besonders überzeugende Nazis sein müssen oder sowieso immer schon waren und deshalb ausgewählt wurden. Das Ergebnis ist bekannt: Es war nicht nur die schlimmste neonazistische Mordserie in völliger Anonymität möglich, es ist überhaupt nur durch einen Zufall herausgekommen, dass es eine Mordserie war. Entstanden ist ein völlig kafkaeskes behördliches Durcheinander, mehr noch und fast schlimmer: ein moralisches Chaos, in dem niemand mehr entscheiden können soll, was Ursache und Wirkung, wer Anstifter und Täter war. »Ihr Mann ist tot und lässt Sie grüßen«: Das ist die zynische Botschaft der Videos der NSU.

Die Rollen wechseln, umdrehen, Kausalitäten verändern und Zeitfolgen verkehren – das sind sprachliche Mittel, um Moral zu verändern, und gerade deshalb sind sie so gefährlich. In einer Welt, in der ganze Staaten »Die Protokolle der Weisen von Zion« zur Pflichtlektüre machen und fürs Fernsehen verfilmen, ist die Inversion viel mehr als eine rhetorische Figur oder ein unsäglich schlechtes Gedicht – sie ist, nur ein paar Flugstunden von uns entfernt, im Range einer Staatsräson.

Ich habe es als junger Redakteur erlebt, als in Frankfurt unter dem Protest nicht nur der Jüdischen Gemeinde Fassbinders Stück »Der Müll, die Stadt und der Tod« zur Aufführung gebracht werden sollte – ein klassisches Beispiel von Inversion. Salomon Korn erinnert sich besser als ich, was damals behauptet und diskutiert wurde; das Wort »Ende der Schonzeit« fiel, aber im Kern ging es immer wieder darum, man müsse doch endlich »Normalität« etablieren. Für die »Operation Normalität« gibt es die rhetorische Figur der Inversion. Sie ist manchmal so unscheinbar, dass man das Bohren und Schrauben und Umdrehen gar nicht richtig hört.

Warum ist sie so beliebt? Weil der Nationalsozialismus und das, wofür er stand, ja selbst eine Inversion, moralisch gesprochen: eine Perversion war. Dreht man die Worte um, dann steht die moralische Welt auf dem Kopf. Der iranische Präsident ein »Maulheld«, Israel der »Verursacher der erkennbaren«, also wirklichen, »Gefahr« – wer die deutsche Geschichte kennt, weiß, dass man hier nur die Worte austauschen müsste, und man hätte in reinster Form das, was die Wegbereiter Hitlers, die konservativen Eliten um Franz von Papen, dachten. Hitler nur ein Maulheld und die Juden eine Bedrohung.

Damals, als das Fassbinder-Stück aufgeführt wurde, gab es eine Redaktionskonferenz der F.A.Z., es war, glaube ich, eine meiner ersten. Zu Wort meldete sich Marcel Reich-Ranicki. Was er sagte, war ganz unpathetisch, für seine Verhältnisse sehr leise und bestand nur aus einem einzigen Satz, den, so glaube ich, keiner der Anwesenden vergessen hat, weil er sehr schmerzvoll klang. Er lautete: »Die Jüdische Gemeinde Frankfurt sitzt auf gepackten Koffern.«

Jedes neuronale Netz ist so eingerichtet, dass es weiß, dass es aktiv werden muss, bevor der Schlag erfolgt. Das gilt auch für unsere Gesellschaft: Nicht erst wenn Morde passieren, rassistische Parolen verbreitet werden und Pamphlete gedruckt werden, sondern viel früher, schon dann, wenn durch Inversion Schmerz verbreitet werden soll. Das Gute ist: Da kann jeder mittun, weil es sich auf der Ebene der Sprache abspielt. Und weil wir keine fiesen Gedichte und keine fiesen Theaterstücke benötigen, um zu beweisen, was wir längst wissen: dass das Maß des Schmerzes, den Deutsche Juden zugefügt haben und der noch die Nachgeborenen im zehnten Glied verfolgen wird, zu groß ist, als dass man auch nur ein falsches Wort vertragen könnte.

Ein sehr großer Mann

Marcel Reich-Ranicki ist tot. Der größte Literaturkritiker unserer Zeit
verkörperte, in Verfolgung und Ruhm, das zwanzigste Jahrhundert.
Er war ein permanenter Protest gegen Langeweile und Mittelmaß.
Niemand vermochte einer ganzen Gesellschaft die Bedeutung
von Literatur so zu vermitteln wie er

Um 14 Uhr hatte ich ihn noch besucht. Sein Sohn Andrew war an seinem Bett im Pflegeheim, wo er seit Tagen, ja, seit Wochen war. Marcel Reich-Ranicki erkannte einen. Und es war keine Einbildung, sondern, nach einhelligem Zeugnis aller Umstehenden, unverkennbare Tatsache, dass er sich mit interessiertem Blick aufzurichten versuchte, als ich ihm sagte, ich hätte sensationelle Nachrichten aus dem literarischen Betrieb. Wir verabredeten uns für den nächsten Tag. Doch zwei Stunden später kam die Nachricht, dass Marcel Reich-Ranicki, der große Kritiker in der Geschichte der deutschen Literatur und der größte unter seinen Zeitgenossen und Nachgeborenen, gestorben war.

Es ist unmöglich, so zu tun, als könnte man ihm trauernd abgeklärt nachrufen. Wie oft haben wir mit ihm nicht über Nachrufe, die anderen galten, geredet! Ich weiß genau, was er von Nachrufen erwartet. In dem Augenblick, da ich dies schreibe, höre ich seine Stimme: »Herrgott, Sie müssen zeigen, was der Kerl taugte, nicht, wo er zur Schule ging!« Überhaupt machte er sich geradezu operative Gedanken über das Verhältnis von Tod und Kritik. Bücher von über Achtzigjährigen wurden grundsätzlich nicht verrissen. »Ich will nicht, dass wir einen Tag später den Nachruf bringen müssen«, lautete die meistens recht fröhlich vorgebrachte Begründung.

Ich weiß, was er erwarten würde. Natürlich würden ihn Superlative in diesem Nachruf nicht stören: der Größte, Wichtigste, Witzigste, Gefährlichste – und der Witz ist ja, das würde auch alles stimmen. Vielleicht hätte er gefordert, dass man einen Nachruf auf ihn vorbereitet hätte, wie er das selbst als Literaturchef zu tun pflegte. »Ich will keinen Nervenkrieg«, sagte er dann. Aber bei denen, die ihm wichtig waren und die ihm ans Herz gewachsen waren, tat er das nicht. Er schloss sich dann ein und schrieb seine emphatischsten Stücke. Wir alle merkten, dass die rhetorische Floskel in diesen Fällen wirklich stimmte: die Toten, Wolfgang Koeppen oder Siegfried Unseld, fehlten ihm von da an unablässig. Noch Jahre später kam er auf sie zurück, wie einer, der immer noch auf eine Verabredung wartet, die niemals eintreffen wird.

Und so geschieht es uns nun mit ihm. Dass er nicht mehr da ist, nie wieder nach Neuigkeiten fragen wird, nie wieder seine Kolumne in der Frankfurter Allgemeinen Sonntagszeitung schreiben wird, nie wieder poltert oder rühmt oder – ja, auch das war eine Essenz seines Wesens – liebt: All das ist jetzt nur als eine Abwesenheit und Verwaisung zu verbuchen.

Wir werden lesen, und zu Recht lesen, dass mit ihm eine Epoche zu Ende geht. Richtig deuten können wird man lange nicht, was das für eine Epoche war. Mehr jedenfalls als das »Literarische Quartett« und F.A.Z. und Gruppe 47 und deutsche Nachkriegsliteratur. Dieser Mann war in Verfolgung und Ruhm die Personifikation des zwanzigsten Jahrhunderts. Da lebte eben noch in Frankfurt am Main ein Mensch, der sich als blutjunger Mann voller Lust und Lebensfreude in die Literatur des Landes und die Kultur der Weimarer Republik vergrub; einer, der das alles wirklich liebte und zum Leben brauchte. Doch gleichzeitig ein Junge, der als Jude mit jedem Geburtstag ein

Jahr tiefer in die Epoche des Nationalsozialismus hineinwuchs. Und während er, wie er oft erzählte, jedes Jahr in sich immer nur mehr Begeisterung und Liebe für Thomas Mann und Brecht und Gründgens und Goethe entdeckte, wuchs mit jedem Jahr auf der anderen Seite der Hass: der Hass wohlgemerkt eines ganzen Staates und all seiner Bürokratien auf den jungen Juden, der nichts anderes wollte, als ins Deutsche Theater zu gehen. Zwei seiner lakonischen Sätze in den Erinnerungen: »Ich hatte noch eine Eintrittskarte für die Premiere am Abend. Die konnte ich nun nicht mehr verwenden.« Warum nicht? Weil er an diesem Tag deportiert wurde.

Einmal zeigte er mir das Polizeirevier, wo man ihm 1938 die Deportation nach Polen eröffnete. Es ist auch heute noch ein Polizeirevier. Über dem Eingang ein Adler, der einen leeren Kreis in seinen Fängen trägt. Das Hakenkreuz, das da einst zu sehen war, hat man herausgeschlagen. Unsinnig, ihn nach seinen Gefühlen zu fragen. Er leugnete sie. Anders als Tosia, seine vor ihm verstorbene, unvergessliche Frau, hat er die Traumatisierung gewissermaßen ausquartiert. Das hieß nicht, dass sie verschwunden war. Sie wartete draußen vor der Tür, immer begierig, es sich wieder bei ihm bequem zu machen. Er schaute ständig nach, ob noch abgeschlossen war. Er setzte sich niemals mit dem Rücken zur Tür. Er rasierte sich mehrmals täglich, weil unrasierte Menschen im Warschauer Ghetto aufgegriffen wurden. Es traumatisierten ihn die Dinge, die kommen könnten und die sich als böse Vorahnungen in der bürgerlichen Sozietät zu verpuppen schienen: die Fassbinder-Kontroverse und der Historiker-Streit, beides hat er bis zuletzt nicht wirklich überwunden.

So viele Schriftsteller haben mir im Laufe der Jahre erzählt – und viele haben auch darüber geschrieben –, wie es war, als Marcel Reich-Ranicki im Alter von 38 Jahren aus dem kommunistischen Polen nach Deutschland kam. Ein Mann, der Chopin-Klavierauszüge und -Aufnahmen (weil die in Polen billiger waren) in der Tasche hatte. Ich weiß nicht, wie man das Berührende dieses Ereignisses anders ins Bild bringen kann als durch pures chronologisches Referat: ein junger Jude, der genau zwanzig Jahre nach seiner Deportation mit seiner Frau nach Deutschland zurückkehrt, die Familie unterdessen ermordet, die Familie der Frau unterdessen ermordet – und er bringt Chopin-Partituren mit als Gastgeschenk. Günter Grass, den Reich-Ranicki in Polen für einen bulgarischen Spion hielt, hat einiges davon im »Tagebuch einer Schnecke« erzählt.

Wir alle haben ihn erst kennengelernt, als er auf der Höhe seines Ruhms und seiner Macht war. Sein Humor und seine Schlagfertigkeit waren atemberaubend, auch seine Respektlosigkeit. Sehr berühmte Politiker drangen darauf, in der »Frankfurter Anthologie« Gedichte zu rezensieren. Sie alle, ohne Ausnahme, bekamen Variationen der gleichen Antwort: »Es muss in diesem Land möglich sein, dass es etwas gibt, woran sich die Politik nicht vergreift.« Den Literaturteil der F.A.Z. hat er erfunden und, wie es ein Schriftsteller einst sagte, aus einem Fünfzehn-Quadratmeter-Zimmer die literarische Welt regiert. Seine Forderungen an eine hochtheoretisch, von den 68er-Jahren adornitisch geprägte Redaktion waren eindeutig: Klarheit, keine Fremdworte, leidenschaftliches Urteil. »Als ich hierherkam«, sagte er einmal, »haben die Redakteure die Gedichte ihrer Tanten gedruckt.«

Es ist ihm, in der zweiten Lebenshälfte, in diesem Land kein Unrecht geschehen, wie er selbst einmal sagte; aber der Betrieb mit seiner Eifersucht und seiner Kleinlichkeit hat ihm manches versagt. Natürlich hätte er den Friedenspreis des Deutschen Buchhandels verdient: Wenn einer Frieden gestiftet hat, in der verwundeten oder korrumpierten deutschen Literatur der Nachkriegszeit, dann war es Marcel Reich-Ranicki.

Ich habe achtundzwanzig Jahre mit ihm zusammengearbeitet, lange Zeit in allerengster Nähe. Er liebte das Telefon und hätte, wäre er jünger gewesen, das Internet als ideales Instrument seiner Eigenschaften – Neugierde, Freude am Klatsch und permanentes Informiertsein – geliebt. In Ermangelung von E-Mails nutzte er das Telefon. Und wie einst im polnischen Versteck glaubte er stets, er müsse Spannung selbst in den alltäglichsten Gesprächen erzeugen, um den

Gesprächspartner in Aufregung und Laune zu bringen. Grundsätzlich begann ein Telefonat mit Sätzen wie »Sie wissen nicht, was sich abspielt.« Oder: »Ganz Deutschland diskutiert nur eine Sache, und Sie haben noch immer nichts gemerkt.« Ach, es war herrlich, denn es war der permanente Protest gegen Langeweile und Mittelmaß.

Einen wie ihn werden wir nicht wiedersehen. Es stimmt nicht, dass jeder ersetzbar ist. Manche werden im Tod zur dauernden Abwesenheit, und er ist nun eine solche. Ob die deutschen Autoren, die unter ihm litten, wissen, dass dieser Schmerz eine Art Existenzbestätigung war? Es ist nicht schön, verrissen zu werden. Aber es bedeutet unendlich viel, wenn eine Gesellschaft der Meinung ist, nichts sei gerade wichtiger als das neue Buch von Günter Grass, Martin Walser oder Wolfgang Koeppen. Das hat er geschafft und eine Prominenz erreicht, in der er, noch auf der Ebene des Supermarkteinkaufs, als Literaturkritiker mit dem Begriff der Popularität selbst verschmolz. »Ich kenne Sie, ich kenne Sie«, begrüßte ihn einmal ein Verkäufer oder Tankwart, so ganz genau ist die Geschichte nicht zu rekonstruieren, »ich kenne Sie aus dem Fernsehen. Sie sind doch der Robert Lembke.«

Marcel Reich-Ranicki ist tot. Alle seine Anekdoten, Leidenschaften, Kritiken sind jetzt nur noch Bestandteile unserer Erinnerung. Erst dadurch spürt man, was dieser große Mann für ein Geschenk war; kein »öffentliches Unglück«, wie es in Thomas Manns »Lotte in Weimar« über Größe heißt, sondern ein Glück. Man wüsste so gerne, dass er das jetzt liest. Und, wie er es bei unserem letzten Geburtstagsartikel tat, in leicht gedehnter und sachlicher Weise sagt: »Jaaaa, ich halte es für möglich, dass ich nach meinem Tode eine Legende werde.« Das ist er geworden. Mehr als das: eine reine Freude darüber, dass er war, noch in der Trauer, dass er nicht mehr ist.

Sein Anteil

Laudatio auf Marin Walser anläßlich der Verleihung des Friedenspreises des deutschen Buchhandels

Müssen Friedenspreisträger eigentlich friedfertige Leute sein? Wäre das die Voraussetzung, so spräche zu Martin Walsers Gunsten, daß er ein leidenschaftlicher Leser ist. Leser sind wie Träumer – solange sie lesen, können sie nichts Böses tun. Und Walser ist ein Leser wie kaum ein zweiter. Ehe er einen Zug besteigt, versieht er sich mit Büchern, die selbst vierundzwanzigstündigen Verspätungen standhalten. Darum kommt er oft vor allen anderen an. Im Gefangenenlager entdeckte er Stifter. »Alle Schriftsteller, die er las«, stand dort in einer Erzählung, »beschrieben seine Krankheit.« Fortan ließ Walser sich von nichts mehr an der Erkundung dieser Krankheit hindern. Denn der Egoismus des Lesers ist ein brauchbares Gegenmittel zu den Egoismen der Weltgeschichte. »Auf jeden Fall«, so hat er sich später erinnert, »konnte im Sommer '45 endlich ungestört weitergelesen werden.«

Als wenn dies das erste wäre, das einem zu der Jahreszahl einfiele! Aber es war nun einmal das erste: Nachsommer im Gefangenenlager. Für das Lesen, meint er, gebe es keine besseren Gründe als für das Atmen, »trotzdem macht mir das Lesen oft mehr Vergnügen als das Atmen, ja es macht mir sogar das Atmen wieder vergnüglicher«. Seit ihm Adalbert Stifter im Gefangenenlager das Atmen ermöglichte, weiß er von der Macht, die Leser über die Wirklichkeit haben. Es ist keine namenlose Macht. Er hat ihr den Titel seines schönsten Essaybandes gegeben, einer literarischen Seelenexpedition, die von nichts anderem als von Lese-, also von Lebenserfahrungen handelt: »Liebeserklärungen«.

Für die Friedfertigkeitsvermutung spricht weiterhin, daß Walser nicht nur ein Lesender, sondern auch ein Schreibender ist. Auch Schreibende können, solange sie schreiben (und es noch niemand liest), nichts Schlimmes anrichten. »Durch Schreiben«, sagt er, »kann man das Denken verlangsamen.« Das heißt: Man kommt erst dann an, wenn alles sich schon verlaufen hat. Man sieht schärfer als andere Übriggebliebenes, Unerledigtes, Hinterlassenschaften. Der Schreibende bringt Fahrpläne und Termine durcheinander, er ist ein notorisch Verspäteter. Wie Kafkas Landarzt, den das Fehlläuten der Nachtglocke aus aller Wirklichkeit klingelt, begegnet der Schreibende der Welt in der Vergangenheitsform. Es ist diese kleine Verrücktheit, die es ihm erlaubt, Geschichten zu erzählen.

Der in allen Fragen der Literatur immer wieder zu Rate zu ziehende Franz Fühmann hat die Lebensäußerungen des Schriftstellers einmal bündig so beschrieben: »Der Hund bellt, die Katze miaut, der Dichter schreibt.« Das klingt viel friedfertiger, als es ist. Jeder merkt das, der liest, was Walser schreibt. Wie geht dieser Romancier mit seinen Figuren um! Welche Ichkonflikte, Selbstverluste, Seelenkämpfe werden da angezettelt! Da gibt es Liebeserklärungen, die wie Kriegsausbrüche sind. Da führen verbitterte Beamte Winterschlachten gegen den hessischen Ministerpräsidenten. Da versenken Freunde ihre Freunde im Bodensee. Diesem Personal wird alles schwer und vieles unvergnüglich, und am schwersten und unvergnüglichsten wird ihm das Atemholen.

»Martin Walsers lebhafte Irritationen schon am frühen Morgen«, so schrieb Peter Demetz, »sind mir lieber als die behäbigen Frühstücksgewohnheiten anderer, mitsamt ihrer dritten Tasse Kaffee.« Das war mit Blick auf die Essays gesprochen, gilt aber mit noch größerem

Recht für die Romane. Martin Walser ist nicht der gute Herbergsvater der deutschen Literatur. Dazu gibt es zuviel Aufregung schon beim Frühstück. Dazu fröstelt einen zu sehr in seinen Romanen. Dazu ähnelt die Innenausstattung seiner erzählten Welt zu sehr dem Seelenhaushalt unserer gelebten Welt. Nur, daß man bei ihm immer damit rechnen muß, zusammen mit der Nachttischlampe auch die Naturgewalt anzuknipsen. Wie tückisch ist der Lebensfriede in seiner Novelle »Ein fliehendes Pferd«, diesem Meisterwerk einer Besiegung, in dem der Autor zweimal die Natur lebensbedrohlich gegen das Soziale aufruft und jeder Leser merkt, daß die vernichtende Kraft der Natur gar nichts ist im Vergleich zu den entfesselten Gewalten des Sozialen. Walsers literarische Naturkatastrophen, die Unfälle, Krankheiten oder Seestürme, sind Grashalme. Oder besser: Sie sind Hälmchen im Wind im Vergleich zu den orkanhaften Elementargewalten des Sozialen und seiner Ichbedrohungen.

»Weiterschlafen«, denkt eine seiner Figuren bei Tagesanbruch, weiterschlafen und hoffen, in einer besseren Wirklichkeit aufzuwachen. Hört man das Echo? Hört man das Echo, das so alt ist wie die Lebens- und Weltangst des bürgerlichen Zeitalters; eine Angst, wie man weiß, die eine Angst des Tages, des Lichts, des Alltags ist? »Der Morgen dämmerte, das Licht verlosch« – so lautet ein sehr beunruhigender Satz in Goethes »Wahlverwandtschaften«, jenem Roman, dessen Spuren man in Walsers literarischem Werk allenthalben nachklettern kann. Die Worte fallen am Scheitelpunkt des Unglücks: Das Kind ist tot, im See ertrunken, die Ehe zerstört, die Liebe, aber auch das soziale Überleben unmöglich. In Goethes Geschichte ist zum erstenmal in der deutschen Literatur ganz selbstverständlich davon die Rede, daß der Tag mit seinen Menschen schlimmer werden wird als die Nacht mit ihren Gespenstern. Mehr noch: Hier, im Jahre 1809, stößt man auf die Vermutung, es könnte einmal damit ein Ende sein, daß ein neuer Tag beginnt.

Diese Erfahrung hat Walser seinen Figuren nicht erspart. Man hat Mitgefühl mit ihnen. Niemand ist zu beneiden, der morgens als

Walserscher Held im Bett aufwacht. Mit gespieltem Erstaunen hat er einmal bemerkt, daß die meisten seiner Romane in der Frühe beginnen. »In fünfzehnjähriger Schreibarbeit hat sich mir ein Anselm Kristlein in drei Romananfängen immer im Bett präsentiert. Allerdings nie unversehrt ... Auch danach habe ich des öfteren die Mühsal des Aufwachens in einer unfreundlichen Welt als Anfang benutzt ... Auf jeden Fall haben es diese Herren schwer, in den Tag und seine Pflichten hineinzufinden. Es könnte sein, sie schaffen es überhaupt nicht ... Das ist der Schmerz des Synchronisiertwerdens: du mußt funktionieren einen weiteren Tag.«

Es ist etwas anderes, ob man in einem Roman 1809 oder 1989 die Augen aufschlägt. Am Schlafen und Träumen hat sich in einhundertachtzig Jahren wenig geändert, alles aber am Aufwachen. Goethes Satz war die Vorwarnung. Wenn Franz Horn in »Jenseits der Liebe« eines Morgens mit unlösbar aufeinandergebissenen Zähnen erwacht, dann weiß der Autor, daß der Leser weiß, woher diese ironische Metamorphose stammt. »Als Gregor Samsa eines Morgens aus unruhigen Träumen erwachte, fand er sich in seinem Bett zu einem ungeheuren Ungeziefer verwandelt.« Das ist der berühmte erste Satz aus Kafkas »Verwandlung«, einer Erzählung, die in den Tiefen von Walsers Erzähl- und Essaykunst immer wieder mitspricht.

Dieser erste Satz, so hat Walser in seinen Poetikvorlesungen geschrieben, »entsteht aus nichts als aus problematisch gewordenem Selbstbewußtsein«. Hier hat man die gleichsam horizontale Ausgangslage von Walsers Helden. Nur daß seine Figuren wissen oder doch ahnen, was man vor dem Auftreten Gregor Samsas in der Weltliteratur eben nicht wissen konnte, daß man buchstäblich über Nacht die Identität verlieren und als Ungeziefer erwachen kann. Walser ist nicht ausgewichen in das Phantastische. Er hat diesen Befund übersetzt in die Lebenswelt Deutschlands. Seine Romanhelden haben Berufe. Sie müssen Geld verdienen. Sie haben – was Walser hervorgehoben hat – Chefs, an die sie nachts denken und von denen sie wissen, daß jene nicht an sie denken. Diese Chefs sind nicht Gott, aber, und das ist wichtiger, es spielte auch keine Rolle, wenn sie es wären, denn in dieser Welt denkt auch Gott längst nicht mehr an die, die an ihn denken. Es sind gebrochene, lädierte, von »Lebenskoliken« durchgerüttelte Charaktere, Menschen, in denen der Schmerz steckt.

Walsers Erzählkunst erlaubt, ihre Verwundungen ganz realistisch zu lesen: Angst vor sozialer Deklassierung und Arbeitslosigkeit, Leiden an Abhängigkeitsverhältnissen zum Chef – und sei der, wie in Walsers Eckermann-Stück, der beste Chef von der Welt, nämlich Johann Wolfgang Goethe. Hier, in diesem Teil seines Werks, ist die Bundesrepublik Deutschland so deutlich ablesbar wie die Datumsanzeige in der Armbanduhr: ihre oft ans Panische grenzende Unruhe, ihre Geschichtsangst, ihre Wort- und Meinungswucherungen.

Das ist die Oberfläche seiner Kunst. Unter Tage aber geschieht etwas anderes. Dort, wo er sich, seinem eigenen Wort zufolge, seinen »unterirdischen Himmel«, nämlich die Geschichte, aufspannte, arbeitete sich Walser durch die Schächte seiner Erzählungen, Einreden und Widerworte der Vergangenheit entgegen. Die Unternehmung, anfangs in ihrer Konsequenz von vielen noch gar nicht begriffen, hieß: »Die Verteidigung der Kindheit«. Es ging nicht um irgendeine Kindheit, sondern um die Kindheit eines Menschen, der im Jahre 1945 achtzehn Jahre alt geworden war. Es ging um eine Generation, deren Zeitgenossenschaft zu den prekärsten des Jahrhunderts gehört. Junge Menschen, denen plötzlich Autorität, Vaterwelt, Überlieferung ruiniert waren und die nun selbst zu Vätern und Autoritäten geworden waren. Eine Generation, die, nachdem sie älter und sogar alt geworden ist, sich vielfach nur mit Mühe ihrer Kindheit versichern kann, weil die Erinnerung an ihre Kindheit sich fast nie mit dem heutigen Wissen über das außerhalb der Spielzimmer stattfindende Verbrechen in Einklang bringen läßt.

Jetzt erst, seit Erscheinen seines Romans »Ein springender Brunnen«, erkennen wir die staunenswerte Lebenslogik dieses Unternehmens, ja, fast scheint es nun, als sei manches von dem, was er zuvor geschrieben hat, ein großes Abräumwerk gewesen: Abräumen von Worthülsen, Meinungsschutt, überhaupt von fremder, also unfreier Rede. Aufregender und bekämpfter ist der Selbstfindungsprozeß eines mittlerweile Siebzigjährigen kaum je gewesen; frappierender jedenfalls sind literarische und reale Geschichte selten zusammengefallen.

»Als Gregor Samsa eines Morgens aus unruhigen Träumen erwachte, fand er sich in seinem Bett zu einem ungeheuren Ungeziefer verwandelt.« Das, so denke ich, muß die Urerfahrung dieser Generation gewesen sein. Erwachend im Jahre 1945, mußte sie feststellen, daß sich ihr Land und meist auch ihre Väter und Familien in den Augen der Welt in etwas Abstoßendes verwandelt hatten. Zurückblickend als erwachsene Männer, in den siebziger und achtziger Jahren, wurden sie gewahr, daß auch ihre Kindheit, das Ich, das sie einmal waren, sich ins Ungezieferartige verwandelte. Adornos Satz im Rücken, wonach es kein richtiges Leben im falschen gebe, begann die Verdunkelung eines ganzen Erlebniskontinents.

»Allmählich wird mir klar«, hat Walser geschrieben, »daß jeder beim Deutschland-Gespräch eine andere Geschichte aufarbeitet. Seine eigene und oft noch seine ganze Familiengeschichte. Nie böllern aus mir die Schlagwörter so unbremsbar heraus wie beim Deutschland-Gespräch.« Damals hat er verstanden, wie unverantwortlich, wie antwortlos diese Versperrung der Kindheitserinnerung ist. Seine Aufgabe bestand darin, den in den Schlagworten mitredenden Bewußtseins- und Familiengeschichten die Zunge zu lösen.

Das konnte nur gelingen, wenn man umgekehrt die Schlagworte zum Schweigen bringen würde. Sie lauteten zum Beispiel: Ende der Geschichte, Ende der Nation, deutsche Teilung als verdiente Strafe, »Der Schoß ist fruchtbar noch« und ewig so weiter. Das war der Augenblick, in dem Martin Walser über Deutschland zu reden begann. Er sprach über Deutschland wie über eine Familiengeschichte, und er sprach wie neben ihm einzig noch Uwe Johnson. Er zerstörte die Schlagworte, indem er sich auch als Person, öffentlich, fast selber zerstören ließ.

Die Aufregung des in den Wonnen des Status quo eingeschlummerten Landes war erheblich. Heute wissen wir, daß aus dieser Operation eine der stärksten Rehabilitierungen des Intellektuellen in der Nachkriegszeit hervorging. Natürlich gab es Kindheiten in der Literatur. In unverabredeter Übereinstimmung beschreiben gerade die wichtigsten Romane, die in der Bundesrepublik wie in der DDR erschienen sind, das Dritte Reich aus Kinder- und Jugendperspektive. Aber Walsers Kindheit sieht anders aus. Er beschreibt die Kindheit, die einst war, nicht als Krankheit zum Tode. Auch nicht als eine, die – nach Katastrophe und Untergang – wie durch ein Verwandlungswunder einen antifaschistischen oder pazifistisch-lieblichen Charakter herausbildet. Walsers Figuren wissen nicht, was aus ihnen wird. Der Autor müht sich ab an dem großen Paradoxon seiner Generation: objektiv unschuldig, womöglich glücklich gewesen und gleichzeitig per Geburtsurkunde Teil eines schuldig gewordenen Ganzen gewesen zu sein. Weil er über sich reden wollte, konnte er über das Ganze nicht schweigen.

Hier liegt der Schlüssel seines deutschland- und vergangenheitspolitischen Engagements. Wieder einmal war er, der leidenschaftliche Leser, zu früh gekommen, und schon war er im Begriff, alle Termin- und Terminologiepläne durcheinanderzuwirbeln. Als fast alle glaubten, die Idee dieses Ganzen, die Nation, sei historisch überwunden, die Teilung des Landes, da schuldhaft verursacht, für die Ewigkeit gemacht, trat Walser an die Öffentlichkeit und fragte, warum das so sei und welcher Autor über die deutsche Geschichte entschieden habe. Er sprach mit literarischer, nicht mit moralischer Lizenz. »Auch ein Buch, das kein Happy-End hat«, hat er einmal gesagt, »zeigt durch seine Stimmung, daß es lieber gut ausginge … Leser und Schreiber wünschen ein besseres Ende jeder Geschichte, das heißt, sie wünschen, die Geschichte verliefe überhaupt besser. Nur wenn die große und ganze Geschichte besser verläuft, können die unzähligen einzelnen Lebensgeschichten besser ausgehen. Leser und Schreiber sind also uneinverstandene Leute. Leute, die sich nicht abgefunden haben. Noch nicht.« Mehr war ja zunächst gar nicht beabsichtigt, als er seinen Bericht »Über Deutschland reden« veröffentlichte: den Zustand beklagen,

uneinverstanden, unabgefunden sein, Raum schaffen für die eigene
Erinnerung.

Doch kaum hatte er mit der Widerrede begonnen, gab es prominente Interventionen, die kurz und bündig mitteilten, der Autor gefährde den Frieden. Das hat es damals wirklich geben sollen: Schriftsteller, die den Weltfrieden bedrohen. Heute, zehn Jahre später, erhält
Walser den Friedenspreis des Deutschen Buchhandels. Es ist ein Augenblick der Gerechtigkeit, nicht der Rechthaberei. Dazu besteht auch
gar kein Grund. Man täusche sich nicht: Die Rede, heute vorgetragen,
würde vermutlich die gleichen Reaktionen hervorrufen wie damals.
Nur die öffentliche Reizapparatur ist ein wenig anders justiert. Daß
Walser gerne in Leipzig oder Dresden das Theater besuchen würde,
ginge heute natürlich nicht mehr mit höhnisch anschwellendem Echo
durch die Presse, wie es damals geschah, als das herabsetzende Geläch-
ter und Achselzucken der Realisten sich an der anstößigen Schrulle
des Schriftstellers nicht genugtun konnte. Auch das hat es damals
wirklich geben sollen: daß der Wunsch, als freier Mensch das Dresd-
ner Theater zu besuchen, fast ein Verbrechen war, weil er die Ignoranz
gegenüber so vielen Regeln der Nachkriegsordnung einschloß.

Doch das Undenkbare des Jahres 1988 ist zur Fahrplanroutine des
Jahres 1998 geworden. Im Grunde müßte diese Verschiebung des Re-
alitätsbegriffs das Vertrauen in die eigene Vorstellungskraft kompro-
mittieren – und das wäre gewiß nicht das unproduktivste Erbe des
Winters 1989. Weil sich zwar die Welt, nicht aber die Vorstellung gewandelt hat, ist Walsers Rede unerledigt geblieben. Man muß sich in
ihr nur ein wenig aufhalten, um herauszufinden, daß der Vers, den er
sich auf Deutschland machte, uns noch immer aus dem Tritt bringt.
Er schreibt: »Darüber müssen einmal Geschichtsschreiber sich wundern: wie viele bedeutende Leute Jahrzehnte nach der Erledigung des
Faschismus ihren Zorn und ihr gutes Gewissen lebenslänglich durch
antifaschistische Regungen belebten.« Er schreibt, bedeutungsvoll,
weil es auf den erst Jahrzehnte später, nämlich vor wenigen Monaten
erschienenen Roman seiner Kindheit anspielt: »Das erworbene Wissen

über die mordende Diktatur ist eins, meine Erinnerung ist ein anderes. Allerdings nur so lange, als ich diese Erinnerung für mich behalte. Sobald ich jemand daran teilhaben lassen möchte, merke ich, daß ich die Unschuld der Erinnerung nicht vermitteln kann. Ich habe nicht den Mut oder nicht die Fähigkeit, Arbeitsszenen aus Kohlenwaggons der Jahre 1940 bis 1943 zu erzählen, weil sich hereindrängt, daß mit solchen Waggons auch Menschen in KZs transportiert worden sind. Ich müßte also reden, wie man heute über die Zeit redet. Also bliebe nichts übrig als ein heute Redender. Einer mehr, der über damals redet, als sei er damals schon der Heutige gewesen.«

Solche Sätze kränken die moralische Selbstgewißheit. Sie sagen doch nichts anderes, als daß man es sich in den fünfzig deutschen Nachkriegsjahren mit ihrer schon seit langem immer routinierter wirkenden Gewissensnot womöglich zu leicht gemacht hat, als man dachte, es sich und dem Land besonders schwer zu machen. Nur im Vorbeigehen, aber desto wirkungsvoller weist Walser auf ein fast frivoles Paradoxon hin. Denn während es in der ersten Jahrhunderthälfte, nach einem Wort Thomas Manns, für einen Deutschen unzählige Verführungen zum Schlechten gab, schenkte ihm die zweite Jahrhunderthälfte unzählige und unzählig verführerische Möglichkeiten, gut zu sein. Bessere Deutsche gab es nie als jene, die die Welt vor sich selber warnten. »Wir nicken«, schrieb Walser 1988, »vor lauter Angst, sonst für Nazis gehalten zu werden.«

Das war der Grund seiner Verneinung, seines Kopfschüttelns, in dem sich nicht nur Widerspruch und Verblüffung, sondern immer auch geradezu physischer Schwindel ausdrückte: Er wollte die Betondecke des fugen- und folgenlosen öffentlichen Gewissens aufbrechen. Er wollte zeigen, daß es keine moralischen, sondern nur rhetorische Akte sind, wenn man sich öffentlich für Deutschland schämt oder wenn man – umgekehrt – seinen Stolz, ein Deutscher zu sein, auf dem T-Shirt spazierenführt. Und er wollte sagen, welchen Preis uns das alles kostet; welchen Preis an Geschichtsbewußtsein und Mitteilungsfähigkeit zuerst.

Überflüssig, noch einmal von den Protesten und Sanktionen zu reden, die Text und Autor auf sich gezogen haben. Walser selbst hat davon berichtet. Nur eine Reizreaktion ist erwähnenswert, weil sie bis heute die Wirkungsgeschichte von Walsers »Deutschen Sorgen« beeinträchtigt und in die falsche Bahn gelenkt hat. Ich meine jenes befremdete Überrascht-Tun, das damals von einer Wandlung, Wende, ja Wesensveränderung des Schriftstellers sprach und damit übrigens, wo es um Kollegen ging, in vielen Fällen die fristlose Freundschaftsabwicklung avisierte. Ohne Zweifel hat es Metamorphosen in Walsers Werk gegeben, Korrekturen, Ausstreichungen und Verbesserungen. Aber dieses nun gerade, die Frage nämlich, was es heißt, einen deutschen Paß zu besitzen, hat sich bei ihm nicht geändert.

Vor und nach dem Bau der Mauer richtet der Vierunddreißigjährige zwei Gedichte an Bertolt Brecht, die er freilich erst Jahrzehnte später zum Druck freigibt. Im Jahr 1962 schreibt er seinen Traktat »Vom erwarteten Theater«. Darin stehen die noch im Brecht-Sound formulierten apodiktischen Sätze: »Ein deutscher Autor hat heute ausschließlich mit Figuren zu handeln, die die Zeit von '33 bis '45 entweder verschweigen oder zum Ausdruck bringen. Die deutsche Ost-West-Lage verschweigen oder zum Ausdruck bringen. Jeder Satz eines deutschen Autors, der von dieser geschichtlichen Wirklichkeit schweigt, verschweigt etwas.« Hat man das denn damals nicht gelesen? Hat man denn nicht gemerkt, daß das Verbindende dieser beiden Aufträge das Adjektiv »deutsch« ist?

Wie steht es mit seinem Essay zu den Auschwitz-Prozessen, 1965 erschienen, nur zwanzig Jahre also nach Kriegsende, das durchaus alarmistisch endet, nämlich mit dem Argwohn, die Menschen des Jahrhundertendes, also wir, könnten wieder »auf Ideen kommen«? Darin aber steht: »Die monströse Wirklichkeit von Auschwitz darf wohl auch über die Vorstellungskraft jenes Bürgers gehen, der geduldig zusieht, wie Juden und Kommunisten aus seiner Umgebung verschwinden ... Wenn aber Volk und Staat überhaupt noch sinnvolle Bezeichnungen sind für ein Politisches ... dann ist alles, was geschieht durch dieses Kollektiv bedingt … Dann ist keine Tat mehr bloß subjektiv. Dann ist Auschwitz eine großdeutsche Sache. Dann gehört jeder zu irgendeinem Teil zu der Ursache von Auschwitz. Dann wäre es eines jeden Sache, diesen Anteil herauszufinden.« Das war sein Vorhaben. Es ging ihm fortan in seiner literarischen und essayistischen Arbeit tatsächlich darum herauszufinden, was dieser eigene Anteil gewesen war.

Wer aber das eigene, auch noch so imaginäre Dabeisein bei der Katastrophe auszuloten bereit ist, muß sich, ob er will oder nicht, als Teil des Ganzen, als Mitgesellschafter einer Nation begreifen. Nein, hier hat sich nicht einer über Nacht verwandelt und ist mit wehenden Fahnen in ein feindliches Lager übergelaufen. Walser hat die DDR nicht anerkannt. Aber er hat, was oft unterschlagen wird, auch die alte Bundesrepublik nicht anerkannt. Er hat an den sechziger und siebziger Jahren gelitten wie fast alle seine Kollegen. Man betrachte sein »Deutsches Stilleben« von 1984, in dem – gegen alle damals herrschende Meinung – der Satz steht: »Ich würde mich sehr freuen, wenn in diesem Augenblick Honecker in Bonn wäre.« Der Versuch seiner damaligen Zeitgenossen, ihn in die Bibliothek des Revanchismus einzuordnen, war nicht nur ungerecht, er war auch dumm. Er hat nicht – wie manche seiner Gegner meinten – Königsberg zurückhaben wollen und auch nicht Breslau, und selbst der Wieder-Vereinigung hat er die Vorsilbe »wieder«, die das Neue zur Wiederholung macht, bestritten. Er hat nichts anderes als seine Biographie zurückhaben wollen, und weil er diese Zurückgewinnung mit den Mitteln der Literatur betrieb, wurde seine Selbstverteidigung mehr als die Bewußtseinsverteidigung seiner Generation.

Walsers Politik steht auf poetischen Füßen, also auf festen. Und ehe die Politiker diese Feststellung ironisch kassieren, seien sie daran erinnert, daß Walser aus diesem Grunde zu einem der wenigen Realpolitiker der achtziger Jahre wurde. Daß er die Nation rehabilitieren, die Inflationierung des Faschismus-Vorwurfs außer Verkehr setzen, das Geschichtsgefühl wecken wollte, geschah aus künstlerischer

Notwendigkeit: es geschah, weil er sonst über sich selbst hätte lügen müssen. »Etwas sagen«, schrieb er damals, »heißt bei mir, etwas verschweigen. Sollte man auch unsere öffentliche Meinung mit diesem Vorbehalt zur Kenntnis nehmen? Es genügt das Gebot: Du sollst nicht lügen.«

Walsers Nachdenken über Deutschland wurde von keiner Ideologie angetrieben, sondern war eine produktionsethische Notwendigkeit – Bedingung eines Bewußtseinsprozesses, den er für das nur langsam aus dem Schlaf seiner Zufriedenheit erwachende Land stellvertretend vorwegnahm. Walser hatte ja einst in Friedrich Beißners Hölderlin-Oberseminaren gesessen und damals gelernt und nie wieder vergessen, daß Literatur einer Nation einen Begriff ihrer besseren Möglichkeit geben kann. »Der Anstoß Hölderlins«, schrieb er damals, »ist bis heute schöne Literaturgeschichte geblieben. Das heißt, es gelingt uns offenbar nicht, ihn zu verstehen.«

Was werden Walsers eigene Anstöße sein, da ihm, wie selten einem Dichter zuvor, die Wirklichkeit recht gegeben hat? Einer läßt sich jetzt schon erkennen. Denn kaum ein anderer hat dem vereinigten Land so Überraschendes abgehört. Er war der erste, der die Entwicklung der neuen Bundesländer als Teil der eigenen Geschichte begriffen hat. Als Chronist der Unvorhersehbarkeit entlastet er die Literatur und ihre Leser von dem Albdruck, wissen zu müssen, was morgen kommt. Deshalb ist sein Blick auf die Gegenwart Dresdens, Leipzigs oder Rostocks so frei. Seine poetische Gerechtigkeit besteht darin, daß er die Unvorhersehbarkeit der Geschichte auch dem 9. November 1989 einschreibt. Niemand, so muß man ihn verstehen, hat das Recht, den Menschen der ehemaligen DDR vorzuwerfen, daß sie nicht wußten, daß die Mauer fällt. Unnachgiebig beharrt er darauf, daß man Biographien nicht das bessere Wissen von heute nachtragen darf.

Auch das ist Unschuld der Erinnerung. Walser, der recht behalten hat, aber immer weiß, wie leicht einem der Irrtum fällt, verachtet dieses neueste ideologische Konstrukt, das vorgibt, immer schon gewußt zu haben, daß DDR und Ostblock zum Untergang bestimmt waren.

Er sagt: Wir haben es nicht wissen, wir haben es uns nur wünschen können.

Lesende, Schreibende, sage ich, sind friedfertige Menschen, Träumer, solange sie träumen, auch. Zuweilen schreibt Walser solche Traumtexte auf. Eine dieser geträumten Geschichten macht blitzartig klar, warum es nicht nur Walsers Sache ist, was Walser erzählt: warum seine poetische Weltermittlung wichtiger sein wird als alle unsere täglichen und täglich wechselnden Meinungen über die Welt. Einmal träumt ihm, es riefe Salvador Dalí an. Selbst im Traum ist das eine Sensation. Dalí hat eine glasklare Botschaft: »Malen Sie das Jahr 2000!« ruft er dem Schriftsteller zu, »oder das Jahr 2000 malt Sie.« Das ist keine Bitte, sondern ein Ultimatum. Erzähle, heißt das, oder du wirst erzählt werden. »Es ist zu spät«, entgegnet der Dichter dem Maler. Und fügt, nach kurzem Nachdenken, hinzu: »Ebendeshalb darf es nicht zu spät sein.« Hier, in diesem fiktiven Traumgespräch, redet mit fast schlaftrunkener Stimme das, was dieser große Utopieskeptiker sich an Utopie allein noch gestattet. Denn es geht bei diesem Ultimatum nicht um Science-fiction, es geht ganz entschieden nicht um Zukunft, sondern um Vergangenheit. Male, oder du wirst gemalt werden! Das heißt: das kommende Jahrhundert legt schon die Perspektive an, ordnet schon die Staffage, verteilt womöglich schon die Plätze für das Panoramabild, das unsere Zeit einmal abgeben wird. Die Utopie heißt: Es ist vielleicht gerade noch genug Zeit, eine weitere Geschichte zu erzählen.

Das ist der produktive Impuls auch für die jüngere Generation, die längst im Begriff ist, dem vereinigten Land neue Geschichten einzuschreiben – Geschichten, wie ich hinzufüge, die jetzt, wo das Land wieder Geschichte hat, uns Lesern das Staunen und Fürchten lehren. Doch während wir mutig nach vorne ausschreiten, verdunkelt sich in unseren Rücken eine Jahrhunderterfahrung, von der wir ahnen, daß bald niemand mehr da ist, sie zu erzählen. Walser ist Repräsentant jener letzten Generation, die von der Jahrhundertkatastrophe weiß. Deutschland wird jetzt von einer Generation regiert, die den Krieg nicht mehr bewußt erlebt hat. Daß man 1945 achtzehn Jahre alt war, das erscheint uns wie die Abstammung aus dem Holozän. Deshalb, so könnte man hinzufügen, besteht Auskunftspflicht. Schlegel, der bei Ausbruch der Französischen Revolution keine achtzehn Jahre alt war, Hölderlin, der 19 Jahre alt war, Büchner, der vom Grauen der Junirevolution mit siebzehn hörte – sie alle sind zeitlebens von dieser Zeitgenossenschaft nicht mehr losgekommen und haben fast manisch versucht, die Geschichte auf einen anderen, besseren Sinn abzuhorchen.

Der englische Historiker Ian Kershaw, der soeben den ersten Teil seiner maßstabsetzenden Hitler-Biographie veröffentlicht hat, formuliert in seinem gewaltigen Werk einen einzigen geschichtsphilosophischen Satz – es ist ein sehr sprechender Exkurs ins Pathos, den sich der nüchterne Wissenschaftler erlaubt: »Nur über die Geschichte können wir für die Zukunft lernen. Und deshalb ist keine Phase der Geschichte von größerer Bedeutung als die Epoche, die Adolf Hitler beherrscht hat.« Daß wir verabscheuen, was war, und es moralisch verdammen, gehört zu den einfachsten Übungen des Deutschland-Gesprächs. Was aber zu begreifen wäre und was nur Geschichten begreiflich machen können, ist, wie Unglück und Verbrechen um einen herum wachsen können, ohne daß man davon etwas bemerkt. Oder noch konkreter: wie viel oder wie wenig man eigentlich von sich und den anderen bemerkt, wenn Geschichte in die Extremlage gerät. Oder ganz konkret: wie ein Wasserburger Gastwirtssohn in Hitlers Deutschland zu seiner Identität und seiner Sprache finden konnte und nichts weiß von Diktatur und Demokratie, von dem Ausmaß des umgehenden Verbrechens, dem unaufhaltsamen Untergang in Ruinen, von Bundesrepublik und DDR; nicht weiß also, daß der Morgen mit seinen Verwandlungen droht.

Walser zeigt, was es heißt, in einer Geschichte zu leben, deren Ende man nicht kennt. Also zeigt er, was es heißt, in der Gegenwart zu leben. »Alle Schriftsteller, die er las, beschrieben seine Krankheit.« Will also einer geheilt werden von der Ansteckung durch die Ideologien, konsultiere er Walsers Literatur. Man muß es ja nicht nur bei ihm versuchen, aber man sollte die Chance nicht verpassen. Es gibt viele, die auf diese Heilung schwören, auch wenn Walsers Methoden zugegebenermaßen unorthodox sind. Man muß in Kauf nehmen, daß man verwandelt erwacht; es fröstelt einen zuweilen, und das Leben wird riskanter. Könnte sein, man setzt sich selbst dabei aufs Spiel. Aber: Lesen wird wieder zum Vergnügen. Und das Atmen auch.

29.05.2002

Tod eines Kritikers

Der neue Roman von Martin Walser: Kein Vorabdruck in der F.A.Z.

Lieber Herr Walser,
Ihr neuer Roman wird behandelt wie ein Staatsgeheimnis. Nur ein kleiner Zirkel von Eingeweihten kannte bisher den Inhalt. Mittlerweile kenne auch ich ihn. Nicht weil Rechercheure die Panzerschränke im Suhrkamp-Haus geknackt hätten. Sie selbst haben uns, unspektakulär genug, die Fahnen gegeben. Sie wünschen, daß Ihr neuer Roman, »Tod eines Kritikers«, in dieser Zeitung vorabgedruckt wird. Sie legen Wert darauf, daß er hier und gerade hier erscheint.

Ich muß Ihnen mitteilen, daß Ihr Roman nicht in dieser Zeitung erscheinen wird. Die Kritiker mögen entscheiden, wie gut oder wie schlecht dieses Buch unter dem Gesichtspunkt der Ewigkeit ist. »Auch ein schlechter Walser ist ein Ereignis«, sagte einmal ein bekannter Redakteur.

Ihr Roman ist eine Exekution. Eine Abrechnung – lassen wir das Versteckspiel mit den fiktiven Namen gleich von Anfang an beiseite! – mit Marcel Reich-Ranicki. Es geht um die Ermordung des Starkritikers. Ein Schriftsteller wird als Täter verdächtigt. Ein anderer, der Erzähler, recherchiert. Später erfährt man, daß beide ein und dieselbe Person sind. Am Ende die Aufklärung: Der Kritiker ist nicht tot, er hat nur tot gespielt, um sich mit seiner Geliebten zu vergnügen. Dazwischen eine Art Gesamtanalyse des Starkritikers, des literarischen

Lebens unter Aufbietung halbverschlüsselter Figuren wie Joachim Kaiser und Siegfried Unseld. In Wahrheit aber: die Beschreibung eines Verhängnisses, das sich in André Ehrl-König alias Marcel Reich-Ranicki über die Literatur in Deutschland legt.

Ehe Sie, lieber Herr Walser, mit den Begriffen Fiktion, Rollenprosa, Perspektivwechsel antworten – ich bin durchaus im Bilde. Ich bin imstande, das literarische Reden vom nichtliterarischen zu unterscheiden. Man hat mich unterrichtet, wie oft und wo überall in der modernen Literatur Kritiker gemordet werden.

Doch die Burgtore des Normativen, der literarischen Tradition und Technik stehen Ihnen als Zuflucht nicht offen. Denn das alles wären ja nur Kategorien für ein »schlechtes« oder »gutes« Buch. Ich aber halte Ihr Buch für ein Dokument des Hasses. Und ich weiß nicht, was ich befremdlicher finden soll: die Zwanghaftigkeit, mit der Sie Ihr Thema durchführen, oder den Versuch, den sogenannten Tabubruch als Travestie und Komödie zu tarnen. Nicht wahr, Sie haben das »Schlagt ihn tot, den Hund, er ist ein Rezensent« nur wörtlich genommen?

Werden Sie mir glauben, daß ich umgekehrt nun beginne, Sie wörtlich zu nehmen? Ihr Buch ist nichts anderes als eine Mordphantasie. Daß der Mord keiner ist, macht die wonnevolle Spekulation unangreifbar. »Habe allerdings keinen, der für mich tötet«, sagt der Erzähler beispielsweise einmal. Und mehr als einmal fällt der Satz: »Eine Figur, deren Tod man für vollkommen gerechtfertigt hält, das wäre Realismus.« Sie haben sich eine Art mechanisches Theater aufgebaut, in dem es möglich ist, den Mord auszukosten, ohne ihn zu begehen. Doch es geht hier nicht um die Ermordung des Kritikers als Kritiker, wie es etwa bei Tom Stoppard geschieht. Es geht um den Mord an einem Juden.

Die Signale sind unübersehbar, und sie sind unheimlich. »Das Thema war jetzt«, heißt es, »daß Hans Lach einen Juden getötet hatte.« Das kommt so nebenbei, aber es ist Ihr Thema, es ist das Thema dieses Buches. Sie denken sich die Sache so richtig durch. Was würde das große

Nachrichtenmagazin schreiben? »Wolfgang Leder erklärte scharf und genau, daß es von nichts als Antisemitismus zeuge, wenn die Ermordung eines Juden, wenn er denn einer gewesen sei, moralisch schlimmer geahndet werde als die Ermordung eines Nichtjuden. Philosemiten seien eben, wie bekannt, Antisemiten, die die Juden liebten.« Wie kamen Sie auf die Idee, Ihren Verdächtigen dadurch besonders verdächtig zu machen, daß der in höchster Wut dem Starkritiker in Hitler-Sprache droht, »ab 0.00 Uhr wird zurückgeschlagen«, worauf der Kritiker tatsächlich wie vom Erdboden verschwindet. Welch ein Spaß, wenn man erfährt, daß diese Kriegserklärung an den Kritiker von einem Unschuldigen stammt! Natürlich kann Ihr Kritikerpapst nicht richtig Deutsch. Ihr Reich-Ranicki sagt nicht »deutsch« sondern »doitsch«, nicht Literatur, sondern »Literatür«, und er hat einen kapitalen Messiaskomplex: »Aber in einer Hinsicht sei jeder, der sich im keritischen Dienst verzehre, in der Nachfolge des Nazareners: der habe gelitten für die Sünden der Menschheit, der Keritiker leidet unter den Sünden der Schschscheriftstellerr.« Sie, lieber Martin Walser, wissen, was Sie hier tun. Und wer es literarhistorisch nicht weiß, lese die Parodien des Juden Karl Kraus auf den Juden Alfred Kerr.

Die »Herabsetzungslust«, die »Verneinungskraft«, das Repertoire antisemitischer Klischees ist leider unübersehbar, und wenn »André Ehrl-König zu seinen Vorfahren auch Juden zähle, darunter auch Opfer des Holocaust«, dann ist Ihr »darunter« besonders hervorhebenswert, als wäre die große Mehrheit der europäischen Juden eben nicht Opfer gewesen. Das sind so Kleinigkeiten, die mich stutzig machen und hinter denen ich schließlich zu meiner eigenen Überraschung Methode vermute. Gut, Ihr Kritiker hat einen Sprachfehler, und er trainiert sogar seine sprachliche Eigenheit. Und dann, weil Sie glauben, Sie seien nun salviert, schreiben Sie diesen Satz, den man im Schriftbild vor sich sehen muß, um die Verballhornung des Jiddischen heraushören zu können: »Denken Sie nur an den Ehrl-König-Sound, wenn er über doitsche Scheriftsteller spericht und über die Sperache, die sie schereiben und wie scherecklich es ist, sein Leben geweiht zu haben einer Literatür, die zu mehr als noinzig Perozent langeweilig ist« und so weiter und so weiter.

Aber das alles ist nichts gegen den Clou dieses Buches. Mord, Mordkommission, das alles spielt hier immer mit der Erinnerung an den Massenmord der Nazis. Doch der Kritiker ist nicht tot. Seine Frau, die kettenrauchend, kaum deutsch, sondern französisch sprechend, unter ihm leidet, weiß es die ganze Zeit. Warum? Sie sagt es, ein Champagnerglas in der Hand: »Umgebracht zu werden paßt doch nicht zu André Ehrl-König.«

Es ist dieser Satz, der mich vollends sprachlos macht. Er ist Ihnen so wichtig, daß er zweimal in dem Roman vorkommt. Auf dem Hintergrund der Tatsache, daß Marcel Reich-Ranicki der einzige Überlebende seiner Familie ist, halte ich den Satz, der das Getötetwerden oder Überleben zu einer Charaktereigenschaft macht, für ungeheuerlich.

Ich habe, lieber Herr Walser, in meiner Laudatio in der Paulskirche eine Summe Ihres Werkes und Wirkens gezogen. Ebenso klar sage ich, daß ich fatal finde, was Sie jetzt zu tun im Begriff sind. Als Adolf Hitler seine Kriegserklärung gegen Polen formulierte, die Sie in Ihrem Roman so irrwitzig parodieren, war dies auch eine Kriegserklärung an den damals in Polen lebenden Marcel Reich und seine Familie. Nicht viele europäische Juden haben diesen Satz von Adolf Hitler überlebt. »Darunter«, um Sie zu zitieren, noch weniger das Warschauer Ghetto. Und noch mal viel, viel weniger haben den Aufstand im Warschauer Ghetto überlebt. Und noch viel weniger konnten dann in einem Kellerloch in Polen überdauern. Und von all denen, die das überlebt haben, gibt es nur noch einen Bruchteil eines Bruchteils, der heute noch lebt. Zwei davon, lebend also wider jede Wahrscheinlichkeit, sind der heute zweiundachtzigjährige Marcel Reich-Ranicki und seine Frau Teofila. Verstehen Sie, daß wir keinen Roman drucken werden, der damit spielt, daß dieser Mord fiktiv nachgeholt wird? Verstehen Sie, daß wir der hier verbrämt wiederkehrenden These, der ewige Jude sei unverletzlich, kein Forum bieten werden?

Ich muß diese Absage öffentlich machen. Sie haben bereits voraus-
eilend die Vermutung geäußert, eine Absage wäre nur auf den undurch-
schaubaren Einfluß Marcel Reich-Ranickis zurückzuführen. Doch die
reale Hauptfigur Ihres Romans weiß nichts von diesen Vorgängen. Es
gibt keine Verschwörung.

Sie, lieber Herr Walser, haben oft genug gesagt, Sie wollten sich befreit fühlen. Ich glaube heute: Ihre Freiheit ist unsere Niederlage. Mit
bestem Gruß.

Warum ich nach sechzig Jahren mein Schweigen breche

Eine deutsche Jugend: Günter Grass spricht zum ersten Mal über sein Erinnerungsbuch und seine Mitgliedschaft in der Waffen-SS

Zum ersten Mal nach mehr als sechzig Jahren spricht Günter Grass über seine Mitgliedschaft in der Waffen-SS. Als Fünfzehnjähriger hatte er sich noch als Hitlerjunge freiwillig zu den U-Booten gemeldet, mit siebzehn wurde Grass einberufen und kam vom Arbeitsdienst zur Division »Frundsberg«, die zur Waffen-SS gehörte. In seinem Erinnerungsbuch »Beim Häuten der Zwiebel«, das im September erscheinen wird, beschreibt Grass seine Kindheit in Danzig, die letzten Kriegswochen als Soldat, in denen er nur mit knapper Not dem Tod entkam, die Kriegsgefangenschaft und die Wirren der ersten Nachkriegszeit. Der Wunsch, Künstler zu werden, wurde über diesen Erlebnissen noch stärker. Dem Weg vom Flüchtlingskind zum Autor der »Blechtrommel« ist der zweite Teil des Buches gewidmet. Er endet mit dem Aufenthalt von Günter Grass und seiner ersten Frau Anna in Paris Ende der fünfziger Jahre. Am 19. August, heute in einer Woche, werden wir in einer achtseitigen Sonderbeilage ausführliche Exklusivauszüge aus dem neuen Buch vorstellen. Die Beilage enthält außerdem zahlreiche Rötelzeichnungen von Grass sowie zum Teil bislang unbekannte Fotodokumente aus der Jugend des Schriftstellers. Günter Grass hat an der Gestaltung der Beilage mitgewirkt.

Ihre Erinnerungen tragen den Titel »Beim Häuten der Zwiebel«. Was hat es mit der Zwiebel auf sich?

Ich mußte eine Form für dieses Buch finden, das war das Schwierigste daran. Es ist ja eine Binsenwahrheit, daß unsere Erinnerungen, unsere Selbstbilder trügerisch sein können und es oft auch sind. Wir beschönigen, dramatisieren, lassen Erlebnisse zur Anekdote zusammenschnurren. Und all das, also auch das Fragwürdige, das alle literarischen Erinnerungen aufweisen, wollte ich schon in der Form durchscheinen und anklingen lassen. Deshalb die Zwiebel. Beim Enthäuten der Zwiebel, also beim Schreiben, wird Haut für Haut, Satz um Satz etwas deutlich und ablesbar, da wird Verschollenes wieder lebendig.

Was hat Sie dazu bewogen, Ihre Erinnerungen aufzuschreiben?

Ich will nicht sagen, daß es eine schwere Geburt war, aber es brauchte doch eine gewisse Überwindung, bevor ich damit beginnen konnte, weil ich einige grundsätzliche Einwände gegen Autobiographien habe. Viele Autobiographien versuchen dem Leser weiszumachen, eine Sache sei so und nicht anders gewesen. Das wollte ich offener gestalten, deswegen war die Form für mich so wichtig.

Ihr Buch geht zurück bis in die Kindheitsjahre. Aber es fängt nicht mit Ihrer frühesten Erinnerung an, sondern es beginnt, da sind Sie fast zwölf Jahre alt, mit dem Ausbruch des Krieges. Warum haben Sie genau diese Zäsur gewählt?

Der Krieg, das ist der Dreh- und Angelpunkt. Er datiert den Anfang vom Ende meiner Kindheit, weil mit Kriegsbeginn zum ersten Mal Dinge von außen bis in die Familien hinein wirksam wurden. Mein Onkel, der bei der polnischen Post war, fehlte auf einmal, er besuchte uns nicht mehr, wir spielten nicht mehr mit seinen Kindern. Dann hieß es, man habe ihn standrechtlich erschossen. Die kaschubische Verwandtschaft meiner Mutter, die vorher bei uns ein und aus ging, war plötzlich nicht mehr gern gesehen. Erst in den späteren Kriegsjahren kam die Großtante wieder und brachte irgend etwas vom Bauernhof mit und holte bei uns Petroleum. Das bekam sie auf dem Land nicht, wegen der Knappheit. So ergab sich wieder familiärer

Zusammenhalt. Aber zunächst einmal paßten sich meine Eltern opportunistisch den Gegebenheiten an. Über all das, was damals gewesen ist, wollte ich mir noch einmal Klarheit verschaffen, vor allem über bestimmte Dinge bei mir selbst. Was hat dich, was hat den Jungen, der du einmal warst, gehindert, die richtigen Fragen zu stellen? Du bist ja ein wacher Bursche gewesen, sogar aufsässig. Aber du hast keine Fragen gestellt, nicht die entscheidenden Fragen. Darum ging es mir. Und ich wollte meine Vergangenheit nicht einfach schildern und sagen, so war es, sondern ich wollte davon erzählen. Denn das ist meine Sache: erzählen.

Sie suchen für Ihre Erinnerung und Ihr erzählerisches Temperament immer wieder den Stimulus von außen. Die Zwiebel oder Bernstein von Ihrer geliebten Ostseeküste helfen Ihnen auf die Sprünge. Gibt es kein Familienarchiv, aus dem Sie schöpfen konnten?

Als Flüchtlingskind – ich bin mittlerweile fast achtzig und nenne mich immer noch Flüchtlingskind – hatte ich nichts. Ich weise im Buch darauf hin, daß Kollegen von mir, die am Bodensee oder in Nürnberg aufgewachsen sind, immer noch ihre Schulzeugnisse und alles mögliche aus ihrer Kindheit greifbar haben. Ich habe nichts mehr. Es ist alles weg. Einige wenige Fotos, die meine Mutter aufbewahren konnte, das war's. Ich bin also in einer benachteiligten Situation gewesen, die sich dann aber doch beim Erzählen als vorteilhaft erwies.

Zu den verlorenen Schätzen Ihrer Kindheit gehört auch das Manuskript Ihres ersten Romans.

Ja, das war ein historischer Roman, der im dreizehnten Jahrhundert spielte, in der Zeit des Interregnums, der kaiserlosen, der schrecklichen Zeit. Da gab es Femegerichte, das Stauferreich ging unter, Tod und Teufel waren los. Aber ich konnte mit meinen fiktiven Figuren nicht haushalten, am Ende des ersten Kapitels waren sie alle tot. Da gab's kein Weiterschreiben. Aber daraus habe ich immerhin gelernt, später mit meinen Figuren ökonomischer umzugehen. Tulla Pokriefke und Oskar Matzerath haben ihre ersten Auftritte überlebt und konnten so in späteren Büchern wieder auftauchen.

Sie haben wiederholt berichtet, daß erst Baldur von Schirachs Schuldbe-
kenntnis in Nürnberg Sie davon überzeugen konnte, daß die Deutschen
den Völkermord begangen haben. Aber jetzt sprechen Sie zum ersten Mal
und völlig überraschend darüber, daß Sie Mitglied der Waffen-SS waren.
Warum erst jetzt?

Das hat mich bedrückt. Mein Schweigen über all die Jahre zählt zu
den Gründen, warum ich dieses Buch geschrieben habe. Das mußte
raus, endlich. Die Sache verlief damals so: Ich hatte mich freiwillig gemeldet, aber nicht zur Waffen-SS, sondern zu den U-Booten, was genauso verrückt war. Aber die nahmen niemanden mehr. Die Waffen-
SS hingegen hat in diesen letzten Kriegsmonaten 1944/45 genommen,
was sie kriegen konnte. Das galt für Rekruten, aber auch für Ältere,
die oft von der Luftwaffe kamen, »Hermann-Göring-Spende« nannte
man das. Je weniger Flugplätze noch intakt waren, desto mehr Boden-
personal wurde in Heereseinheiten oder in Einheiten der Waffen-SS
gesteckt. Bei der Marine war's genauso. Und für mich, da bin ich meiner Erinnerung sicher, war die Waffen-SS zuerst einmal nichts Ab-
schreckendes, sondern eine Eliteeinheit, die immer dort eingesetzt
wurde, wo es brenzlig war, und die, wie sich herumsprach, auch die
meisten Verluste hatte.

Was mit Ihnen geschah, haben Sie ja sicher erst festgestellt, als Sie bei
Ihrer Einheit waren. Oder konnten Sie das schon am Einberufungsbefehl
erkennen?

An der Stelle wird's undeutlich, weil ich nicht sicher bin, wie es
war: War es schon am Einberufungsbefehl zu erkennen, am Briefkopf,
am Dienstgrad des Unterzeichners? Oder habe ich das erst gemerkt,
als ich in Dresden ankam? Das weiß ich nicht mehr.

Haben Sie damals mit Ihren Kameraden darüber gesprochen, was es
bedeutet, in der Waffen-SS zu sein? War das ein Thema unter den jungen
Männern, die sich da zusammengewürfelt fanden?

In der Einheit war es so, wie ich es im Buch beschrieben habe:
Schliff. Es gab nichts anderes. Da hieß es nur: Wie komme ich drum
herum? Ich habe mir selbst die Gelbsucht beigebracht, das reichte aber

nur für ein paar Wochen. Danach begann wieder die Hundsschleiferei und eine unzureichende Ausbildung mit veraltetem Gerät. – Jedenfalls mußte es geschrieben werden.

Sie hätten es nicht schreiben müssen. Niemand konnte Sie dazu zwingen.

Es war mein eigener Zwang, der mich dazu gebracht hat.

Warum haben Sie sich freiwillig zur Wehrmacht gemeldet?

Mir ging es zunächst vor allem darum rauszukommen. Aus der Enge, aus der Familie. Das wollte ich beenden, und deshalb habe ich mich freiwillig gemeldet. Auch das ist ja eine merkwürdige Sache: Ich habe mich gemeldet, mit fünfzehn wohl, und danach den Vorgang als Tatsache vergessen. So ging es vielen meines Jahrgangs: Wir waren im Arbeitsdienst, und auf einmal, ein Jahr später, lag der Einberufungsbefehl auf dem Tisch. Und dann stellte ich vielleicht erst in Dresden fest, es ist die Waffen-SS.

Hatten Sie ein Schuldgefühl deswegen?

Währenddessen? Nein. Später hat mich dieses Schuldgefühl als Schande belastet. Es war für mich immer mit der Frage verbunden: Hättest du zu dem Zeitpunkt erkennen können, was da mit dir vor sich geht? Ich schildere ja zum Beispiel zu Anfang des Buches einen Mitschüler, der mehr wußte als wir anderen in der Klasse. Der hatte einen Vater, der sozialdemokratischer Abgeordneter im Senat war und später ins KZ kam. Ich kenne auch Fälle, wo sich dann die Kinder gegen ihre Eltern gestellt haben. Wenn die von ihrem bürgerlich-konservativen Standpunkt aus die Nazis kritisiert haben, konnte das gefährlich werden. Es war nicht leicht, einem jungen Menschen das damals klarzumachen. Man vergißt ja leicht, wie geschickt und modern die Hitlerjugend und das Jungvolk als Vorstufe aufgezogen waren. Hitlers Satz »Jugend muß von Jugend geführt werden« war ungeheuer wirkungsvoll. Mein Fähnleinführer war ein prima Kerl, und wir kamen uns viel besser vor als diese Parteiburschen. So fühlten und dachten damals viele.

Sie haben sich als einer der ersten Ihrer Generation über die eigene

Verführbarkeit geäußert und waren immer sehr offen im Umgang mit der deutschen Geschichte. Dafür sind Sie oft gescholten worden.

Ja, wir haben bis heute so viele Widerstandskämpfer, daß man sich wundert, wie Hitler an die Macht hat kommen können. Aber ich will noch einmal zurückkehren in die fünfziger Jahre, um Ihnen meinen Ansatz beim Schreiben der »Blechtrommel« zu erklären. Was zuvor, 1945, geschehen war, galt als Zusammenbruch, war nicht die bedingungslose Kapitulation. Verharmlosend hieß es: Es wurde dunkel in Deutschland. Es wurde so getan, als wäre das arme deutsche Volk von einer Horde schwarzer Gesellen verführt worden. Und das stimmte nicht. Ich habe als Kind miterlebt, wie alles am hellen Tag passierte. Und zwar mit Begeisterung und mit Zuspruch. Natürlich auch durch Verführung, auch das, ganz gewiß. Was die Jugend betrifft: Viele, viele waren begeistert dabei. Und dieser Begeisterung und ihren Ursachen wollte ich nachgehen, schon beim Schreiben der »Blechtrommel« und auch jetzt wieder, ein halbes Jahrhundert später, bei meinem neuen Buch.

Haben Sie Widerstand beobachtet?

Wirklichen Widerstand habe ich nur in einem Fall erlebt, das war beim Arbeitsdienst und wird im Buch ausführlich beschrieben. Seinen Namen weiß ich nicht mehr, und so nenne ich ihn heute »Wirtunsowasnicht«, denn das war seine stehende Redewendung. Er gehörte keiner der herrschenden Ideologien an, war weder Nazi noch Kommunist oder Sozialist. Er gehörte zu den Zeugen Jehovas. Man konnte gar nicht genau sagen, wogegen er war. Jedenfalls faßte er kein Gewehr an. Er ließ es einfach fallen, immer wieder, gleich, welche Strafe ihm angedroht und vollzogen wurde. Und auch dieser ungewöhnliche Mensch hat mich nicht zum Umdenken bewegen können. Ich habe ihn gehaßt und bewundert. Gehaßt, weil wir seinetwegen noch mehr geschliffen wurden. Und bewundert habe ich seine unglaubliche Willensstärke und mich gefragt: Wie hält er das aus? Wie schafft er das bloß?

Kann es sein, daß Sie in der Nachkriegszeit einfach den richtigen Zeitpunkt verpaßt haben, um Ihre SS-Zugehörigkeit zu thematisieren?

Das weiß ich nicht. Es ist sicher so, daß ich glaubte, mit dem, was ich schreibend tat, genug getan zu haben. Ich habe ja meinen Lernprozeß durchgemacht und daraus meine Konsequenzen gezogen. Aber es blieb dieser restliche Makel. Es war deshalb immer klar für mich, daß dieser Rest seinen Platz finden müßte, wenn ich mich jemals dazu entschließen sollte, etwas Autobiographisches zu schreiben. Aber das ist nicht das dominierende Thema meines Buches.

Konnten Sie diesen nachträglichen Schock, Teil einer verbrecherischen Organisation gewesen zu sein, in der »Blechtrommel« und in »Katz und Maus« verarbeiten?

Das meinte ich, als ich einmal sagte, dieses Thema war mir ohnehin gestellt. Es fing mit der »Blechtrommel« an. So etwas kann man nicht wollen, das war keine freie Entscheidung, das war unumgänglich. Ich habe anfangs mit meinen verschiedenen Begabungen und Möglichkeiten zwar immer wieder versucht, drum herumzutanzen, aber die Stoffmasse des Themas war immer da, wartete sozusagen auf mich, und ich mußte mich dem stellen. Als ich meinen ehemaligen Mitschüler Wolfgang Heinrichs 1990 als gebrochenen Menschen wiedertraf, ich beschreibe diese Begegnung im Buch, wurde mir klar, wie sehr vom Zufall abhing, wo man bei Kriegsende landete. Ich wurde aus der Gefangenschaft in den Westen entlassen und befand mich auf freier Wildbahn. Ich mußte mir selbst etwas zusammenschustern mit all den Irrtümern und mit all den Umwegen, während Gleichaltrige meiner Generation, Christa Wolf etwa oder Erich Loest, im Osten des Landes sofort mit einer neuen und glaubhaften Ideologie versorgt waren. Da kamen auf einmal Widerstandskämpfer, die im spanischen Bürgerkrieg gewesen waren, die unter Hitler gelitten hatten, und boten sich als Beispiele an. Daran konnte man sich orientieren.

Da ging es zu wie in einer anständigen Familie.

Das gab's im Westen nicht. Wir hatten Adenauer, grauenhaft, mit all den Lügen, mit dem ganzen katholischen Mief. Die damals propagierte Gesellschaft war durch eine Art von Spießigkeit geprägt, die es nicht einmal bei den Nazis gegeben hatte. Die Nazis hatten auf ober-

flächliche Weise eine Art Volksgemeinschaft etabliert. Klassenunter-
schiede oder religiöser Dünkel durften da keine vorherrschende Rolle
spielen. Anders als in der DDR haben wir in der Bundesrepublik unter dem Schlagwort »Bewältigung der Vergangenheit« jahrzehntelang
Diskussionen geführt. Aber das Wort »Bewältigung« taugte nicht.

Und es gab die Gegenkräfte, Franz Josef Strauß etwa, der sagte:
»Genug Asche aufs Haupt!« und »Jetzt ist Schluß!«, und immer wieder
erscholl der Ruf nach Normalisierung – als wenn Normalität etwas
besonders Erstrebenswertes wäre. Im Gegenteil: Vor Leuten, die sich
»normal« nennen, habe ich Angst. Und sogar wenn ich im stillen
dachte, jetzt ist das alles so lange her, hat uns unsere Vergangenheit
doch immer wieder eingeholt. Wir haben gelernt, damit zu leben und
uns dem zu stellen. Das sehe ich als eine Leistung an, auch im Vergleich zu anderen europäischen Ländern. Schauen wir nur nach England oder Frankreich, von Holland und Belgien gar nicht zu reden:
Die Zeit der Kolonialherrschaft und die damit verbundenen Verbrechen sind dort wie ausgespart. Wahrscheinlich ist – auch das wieder
eine Ironie der Geschichte – so etwas wie eine totale Niederlage Voraussetzung für eine solche Leistung. Ich habe das einmal an anderer
Stelle gesagt: Siegen macht dumm. Die Sieger denken, sie müßten sich
nicht um die Sünden der Vergangenheit kümmern, aber auch die Sieger werden davon eingeholt. Die junge Generation stellt immer irgendwann Fragen.

Und Sie haben die Fragen erst 1946 gestellt?

Das war der Schock, der aber nicht sofort einsetzte. Es mußte erst
Baldur von Schirach im Nürnberger Prozeß aussagen, bevor ich glaubte,
daß die Verbrechen tatsächlich stattgefunden hatten. Deutsche tun so
was nicht, habe ich gedacht und alles für Propaganda gehalten, dumm,
wie ich war. Dann aber war es unabweisbar, und das Ausmaß dieses
Verbrechens scheint noch zu wachsen, je größer die zeitliche Distanz
dazu ist. Es wird sogar immer unfaßlicher. Ebenso wie »Bewältigung
der Vergangenheit« ein untaugliches Wort ist, kann auch jedes »Begreifen« nur eine Annäherung sein. Pogrome gab es immer, in Polen,

Rußland, überall. Aber das von Deutschen organisierte Verbrechen, das planmäßige, ist einzigartig, ist einmalig.

Wann haben Sie begonnen, sich für Politik zu interessieren?

Es hat lange Zeit gedauert, bis ich zu einer politischen Einstellung gefunden habe, bis ich politische Machtverhältnisse und dergleichen auch nur halbwegs einzuschätzen verstand. Wie viele andere meiner Generation ging ich ja fast in einer Art von Verblödung aus der Nazizeit hervor. Wie ist es denn eigentlich zu erklären, daß wir bis zum Schluß noch an Endsieg und Wunderwaffen glaubten? Das ist doch aus heutiger Sicht nicht zu verstehen. Meine ersten politischen Erfahrungen habe ich ein Jahr nach Kriegsende als Arbeiter im Kalibergwerk gemacht. Im Buch beschreibe ich, wie unversöhnlich sich dort drei verschiedene Gruppierungen von Arbeitern gegenüberstanden: alte Nazis, Kommunisten und Sozialdemokraten. Unter Tage wurde heftig diskutiert und gestritten. Und am Ende standen oft Kommunisten und Nazis zusammen gegen Sozialdemokraten. So habe ich erlebt und später dann verstehen können, woran die Weimarer Republik zugrunde gegangen war: natürlich vor allem an den Nazis, aber auch daran, daß die Nazis und die Kommunisten gemeinsame Sache gemacht haben. Das war die Folge eines Komintern-Beschlusses aus Moskau, der nicht die Nazis, sondern die sogenannten »Sozialfaschisten«, die Sozialdemokraten also, zum größten Feind erklärt hatte.

Sind Sie damals im Kalibergwerk bereits zum Sozialdemokraten geworden?

Ich habe mich zunächst viel mehr für Kunst interessiert. Politisiert worden bin ich wohl mehr während meiner Reisen durch Frankreich. Aus Frankreich schwappte ja auch der Streit zwischen Camus und Sartre zu uns herüber. Man kann sich heute kaum noch vorstellen, was diese Auseinandersetzung für meine Generation bedeutet hat. Man war plötzlich zu einer Entscheidung gezwungen, wenn man neugierig war und für sich selbst entscheiden wollte: Wie lebe ich weiter? Welche Position nehme ich ein? Und da war die Entscheidung für Camus, was mich betrifft, doch eine sehr grundlegende Entscheidung.

Ähnlich ging es mir später im sogenannten »Berliner Kunststreit« zwischen Karl Hofer und Will Grohmann, in dem Hofer die gegenständliche, vom Bild des Menschen bestimmte Malerei gegen die gegenstandslose, die »informelle Malerei« verteidigte. Das war, ich beschreibe es im Buch, weniger eine politische und mehr eine ästhetische Entscheidung. Aber natürlich hatte auch diese Debatte einen politischen Hintergrund.

Wie weit ist das alles weg, wenn man fast achtzig ist?

Das ist alles sehr nah. Wenn ich genau sagen sollte, welche Reise ich 1996 unternommen habe, müßte ich in irgendwelchen Notizbüchern nachsehen. Mit dem Alter jedoch wird die Kindheitsphase deutlicher. Der richtige Zeitpunkt, etwas Autobiographisches zu schreiben, hängt offenbar auch mit dem Alter zusammen.

Haben Sie das Buch für Ihre Enkel geschrieben?

Bewußt wie unterbewußt haben beim Schreiben sicher auch meine Kinder und Enkelkinder eine Rolle gespielt. Wie man etwas einer anderen Generation erzählt, diese Frage hat mich oft beschäftigt. Im »Tagebuch einer Schnecke« mußte ich ihnen erklären, warum ich in den Wahlkampf gehe, warum ich daran Anstoß nehme, daß ein ehemaliger Großnazi wie Kiesinger Kanzler ist. Damals stand ich vor der Schwierigkeit, wie erkläre ich meinen Kindern Auschwitz? Vor dieser Schwierigkeit stehen wir bis heute.

In vielen Familien war das Schweigen über die Vergangenheit bedrückend. Hat man sich denn zumindest innerhalb Ihrer Generation über Kriegserlebnisse ausgetauscht?

Doch, das schon. Kriegserlebnisse, das waren bei den meisten gleichwertige Erfahrungen: Es ging eigentlich nur ums Überleben. Die ersten Toten, die ich gesehen habe, waren keine Russen, sondern Deutsche. Sie hingen an den Bäumen, viele unter ihnen waren in meinem Alter. Das hatten sie dem »Mittelabschnitts-Schörner« zu verdanken. Als dieser berüchtigte und verhaßte General aus der russischen Kriegsgefangenschaft entlassen wurde, kam er mit der Bahn an und ist dann ein paar Stationen vorher ausgestiegen, denn dort, wo er ankommen sollte, warteten haufenweise ehemalige Soldaten, die ihn gelyncht hätten.

Spielte das Alter der Jugendlichen eigentlich eine Rolle? War ein Vierzehnjähriger den Nazis nicht schutzloser ausgeliefert als ein Achtzehn- oder Zwanzigjähriger?

Gewiß, da konnte schon ein Altersunterschied von zwei Jahren große Bedeutung haben. Das habe ich oft von anderen gehört, die erst im Jungvolk, dann in der Hitlerjugend waren: Die schönste Zeit, so haben sie es in Erinnerung, das war beim Jungvolk. Mit der Hitlerjugend kam die Pubertät, und die ewigen Liederabende und all das wurde langweilig. Die Nazis haben viel abgekupfert von den Pfadfindern und von anderen Jugendverbänden. Die Zeltlager, die Kameradschaft und so weiter, das war für die Jugend ein attraktives Angebot. Im Vergleich zu den Zwängen, die in der Schule und im Elternhaus herrschten, schien es Jugendlichen beim Jungvolk freier zuzugehen.

Und es ging gegen die Autorität der Eltern.

Ja, es war antibürgerlich! Aber auch hier ist die Zufälligkeit des Geburtsjahrganges wichtig. Wer weiß, in was ich hineingeraten wäre, wenn ich drei oder vier Jahre älter gewesen wäre. Ich kam mir übrigens bei Kriegsende keineswegs befreit vor, ich war geschlagen. Vom Tag der Befreiung können nur jene sprechen, die wirklich unter dem System gelitten haben.

Hatten Sie eine Vorstellung davon, welche Angst die Uniform der SS auslöst?

Darauf hat mich erst der Obergefreite aufmerksam gemacht, mit dem ich unterwegs gewesen bin, nachdem unsere Einheit aufgerieben war. Unsere Division gab es nicht mehr, es war ein einziges Chaos und Durcheinander und ein Versuch aller, zu überleben. Mir half dabei dieser Mann vom wunderbaren Typ des deutschen Obergefreiten – der nicht Unteroffizier werden wollte, auf den man sich verlassen konnte, der alle Tricks kannte, dem Kameradschaft wichtig war. Er bestand darauf, daß ich die Uniform wechselte. Mir war nicht bewußt, in welcher Gefahr ich steckte. Daher auch später mein Unglaube angesichts der Bilder aus dem KZ: Das können Deutsche nicht gemacht haben, unmöglich! In der Gefangenschaft wurden wir zum ersten Mal mit diesen Verbrechen konfrontiert und sahen gleichzeitig, wie in den amerikanischen Kasernen die Weißen die in getrennten Baracken untergebrachten Schwarzen als »Nigger« beschimpften. Ich erwähne im Buch einen Burschen aus Virginia, ein netter Kerl, bißchen dumm, der sprach mit dem Truck-Fahrer, der Schwarzer war, kein Wort. Der Weiße benutzte mich mit meinem schütteren Englisch als Vermittler: »Tell this guy we are leaving now.« Ich hatte ihm zu sagen, daß wir jetzt abfahren, der Weiße hat nie direkt mit dem Schwarzen gesprochen. Ich will nicht sagen, daß das ein Schock war, aber auf einmal war ich mit direktem Rassismus konfrontiert. Und dann dieser Wahnsinn in der Gefangenschaft, die Wahnsinnsgerüchte: Das dauert nicht mehr lange, dann werden wir wiederbewaffnet, es geht gegen die Russen, mit den Amis gemeinsam und jetzt besser ausgerüstet. Das ging auf den amerikanischen General Patton zurück.

Das war auch noch bei den Nürnberger Prozessen so. Die Angeklagten haben immer gesagt, es wird schon nicht so schlimm werden, die brauchen uns ja noch.

Das war ja nicht so ganz falsch, wenn man sich überlegt, daß fünf Jahre später die Vorbereitungen für die Wiederbewaffnung der Deutschen anfingen. Das Feindbild mußte nicht korrigiert werden, bis hin zu den schrecklichen Adenauer-Plakaten mit diesem Rotgardisten, der wie ein asiatisches Untier die Leute anstarrte. Damit konnte man Wahlkampf machen.

Gehen wir noch einmal zurück ins Jahr 1945. Alles ist zerstört, ein Leben in Ungewißheit und Ruinen. Und da ist dieser junge Mann, der Sie einmal waren und der genau weiß, daß er Künstler werden will. Wie hat man sich das vorzustellen? Es gab nichts, keine Verlage, keine Galerien, keine Bühne, kein Publikum.

Aber ich hatte das doch alles im Kopf. Es war ein Andrang von Figuren, von ungeformten Dingen. Gleichzeitig herrschte dieses Vakuum, das Nichtwissen. Man kann sich, glaube ich, heute den Hunger nach unbekannter Kunst nicht vorstellen, den ich spürte, als ich die ersten Ausstellungen von Nolde oder von Klee in Düsseldorf gesehen habe. Wie das auf mich gewirkt hat! Im Buch beschreibe ich den Schock, den ich noch während des Krieges erlebte, als ich zum ersten Mal Kunstwerke sah, die als entartet galten, die ich nie hätte sehen dürfen, wenn es nach den Nazis gegangen wäre, und die ich ohne meine Kunstlehrerin auch nicht gesehen hätte. Das war ein Schock und gleichzeitig eine große Faszination. Ein erster Hinweis darauf, daß es noch etwas anderes gibt, etwas jenseits dessen, was ich tagtäglich sah und hörte. Aber der Wunsch, Künstler zu werden, blieb lange ungenau, die Richtung fehlte. Unter einem Schriftsteller konnte ich mir damals wenig vorstellen, ich dachte mehr an bildende Kunst. Aber der Wunsch, der Drang war da.

Aber konnten Sie sich angesichts der Ruinen ein normales Leben vorstellen? Alles wird wieder aufgebaut, und dann geht es schon weiter?

Ob das wieder aufgebaut werden würde, wußte ich nicht. Wo ich hinkam, sah ich zerstörte Städte. Können Sie sich vorstellen, wie Hildesheim aussah? Oder Hannover? Was mich und andere in meiner Lage damals vor allem beschäftigt hat, das war die Frage, wo ich etwas für meine Essensmarken bekomme. Ich war begünstigt: Bevor ich mit neunzehn Jahren anfing zu rauchen, hatte ich meine Rauchermarken, für die man einiges eintauschen konnte. Dennoch: Es war ein Leben von einem Tag auf den anderen. Wenn ich heute sehe, wie schon ganz junge Leute mit der Sorge um ihre spätere Rente konfrontiert werden – ich wußte gar nicht, was Rente war.

Aber dafür hatten Sie die Freiheit.

Absolut und unbekümmert. Steuern habe ich erst gezahlt, als ich Schriftsteller war. Ich erinnere mich noch an meine erste Abrechnung und wie ich mich bei meinem Verleger Reifferscheid beklagte: »Das ist ja ganz schön, aber soviel Steuern muß ich zahlen?« Da hat er zu mir gesagt: »So, wie ich Sie einschätze, werden Sie zeit Ihres Lebens sehr viel verdienen, gewöhnen Sie sich an die Steuern. Und wenn ich

Ihnen raten darf, nehmen Sie keinen Steuerberater, nehmen Sie einen Wirtschaftsprüfer, dann sparen Sie sich diese ekelhaften Steuerprüfungen.«

Karl Schiller, der Wirtschaftsminister, hat Sie bei den »Hundejahren« beraten und Paul Celan bei der Arbeit an der »Blechtrommel«.

Beraten wäre bei Celan zuviel gesagt. Aber er hat mir Mut gemacht. Ich habe ihm vorgelesen, und er fand das toll. Ein bißchen spielte wohl auch Eifersucht hinein, die hat er durchaus zugegeben, denn er hätte gerne selbst Prosa geschrieben. Nach ein, zwei Schnäpsen, wir tranken damals vor allem Bauerncalvados, konnte er sehr fröhlich sein und sang dann russische Revolutionslieder. Aber meistens war er ganz in die eigene Arbeit vertieft und im übrigen von seinen realen und auch übersteigerten Ängsten gefangen. Er hatte eine Vorstellung vom Dichter, die mir völlig fremd war, das ging bei ihm eher in Richtung Stefan George: feierlich, sehr feierlich. Wenn er seine Gedichte vortrug, hätte man Kerzen anzünden mögen.

In Ihren Erinnerungen wird deutlich, wie viele Realitätspartikel aus Ihrem Leben den Weg in Ihre Bücher gefunden haben, bis hin zu Oskars Kokosfaserteppich, der eine Ihrer ersten Behausungen schmückte.

Was sich da alles literarisch niedergeschlagen hat, ist mir erst wieder beim Schreibprozeß deutlich geworden. Man kann ein solches Erinnerungsbuch gar nicht schreiben, wenn man nicht die Neugier auf sich hat, wenn man nicht über sich und das Entstehen der eigenen Arbeiten mehr erfahren möchte. Nehmen wir nur die Situation, als ich den Einberufungsbefehl in der Tasche habe und nach Berlin komme. Da ist Fliegeralarm, und alle müssen in den Keller des Bahnhofs hinein. Und dort taucht zwischen all den Uniformierten und Verwundeten und Heimaturlaubsreisenden und allen anderen, die sich in den Keller geflüchtet hatten, auf einmal eine Gruppe von Liliputanern auf, in Kostümen, und weil sie mitten in der Vorstellung gewesen waren, haben sie ihr Programm gleich im Keller fortgesetzt. Das ist in die »Blechtrommel« eingegangen: Bebra und seine Liliputanergruppe.

Mit einem anderen berühmten Künstler sind Sie in den Nachkriegs-
jahren auf der Bühne eines Düsseldorfer Jazzkellers zusammengetroffen:
Louis Armstrong. Hat die Jam Session, die Sie im Buch beschreiben, Arm-
strong an der Trompete, Sie am Waschbrett, wirklich stattgefunden?

Es gibt kein Foto davon, nichts, ich habe keine Beweise. Aber in
meiner Erinnerung ist diese Episode bis ins Detail vorstellbar.

Und wie steht es mit jenem jungen Freund und Knobelkumpan Joseph,
mit dem Sie zusammen im Kriegsgefangenenlager waren? Man weiß ja,
daß Ratzinger ebenso wie Sie im Lager Bad Aibling war. Aber war Ihr
Freund Joseph, wie im Buch angedeutet wird, wirklich der heutige Papst
Benedikt XVI.?

Ich saß im Lager in Bad Aibling immer mit Gleichaltrigen zusammen. Da hockten wir Siebzehnjährigen, wenn es regnete, in einem
Loch, das wir uns in den Boden gebuddelt hatten. Darüber hatten wir
eine Regenplane gespannt. Es waren dort 100 000 Kriegsgefangene
unter freiem Himmel versammelt. Und einer von denen hieß Joseph,
war äußerst katholisch und gab auch gelegentlich lateinische Zitate von
sich. Der wurde mein Freund und Knobelkumpan, denn ich hatte
einen Würfelbecher ins Lager retten können. Wir haben uns die Zeit
vertrieben, gewürfelt, geredet und Zukunftsspekulationen angestellt,
wie Jugendliche das gerne tun. Ich wollte Künstler werden, und er
wollte in die Kirche, dort Karriere machen. Ein bißchen verklemmt
kam er mir vor, aber er war ein netter Kerl. Das ist doch eine hübsche
Geschichte, oder?

Sehr hübsch. Glauben Sie, daß Sie eine Reaktion aus dem Vatikan
erhalten werden?

Das weiß ich nicht. Falls ja, werde ich es Sie wissen lassen.

Sie haben nie zuvor so ausführlich über Ihre Mutter gesprochen wie in
Ihren Erinnerungen. Ist da eine Art Wiedergutmachung im Spiel?

Es gibt einen ersten Anlauf in »Mein Jahrhundert«, die letzte Geschichte des Bandes, in der meine Mutter nach meinem Willen ihren
hundertunddritten Geburtstag feiert. Im neuen Buch spielt mein sehr
enges Verhältnis zu ihr eine große Rolle. Ich hatte nie die Möglichkeit,

ihr zu beweisen, daß es sich gelohnt hat, zu mir zu halten und an mich zu glauben, was sie immer getan hat. Außer einer Broschüre, die die Kunstakademie Ende der vierziger Jahre in Düsseldorf herausgegeben hat, diesem Jahrbuch, in dem eine Skulptur von mir abgebildet ist, hatte ich nichts vorzuweisen bis zu ihrem Tod. Und so etwas hängt nach.

Sie sprechen – nicht nur mit Blick auf Ihre Mutter – sehr offen über Ihren Egoismus, den Egoismus des Künstlers.

Ja, das Egozentrische. Ich weiß nicht, ob es Egoismus ist, es ist doch ein Unterschied zwischen Egoismus und diesem Zwang, von sich nicht absehen zu können. Diese Egozentrik ist in jungen Jahren besonders ausgeprägt.

Bereuen Sie die Konsequenz, mit der Sie Ihrer Egozentrik gefolgt sind?

Nein, das kann man nicht bereuen, das gehört dazu, war unvermeidbar, sonst hätte ich nicht Buch nach Buch so rücksichtslos – auch gegen mich selbst rücksichtslos – gestalten können.

Was Grass uns sagen will

Das Gedicht » Was gesagt werden muss« von Günter Grass ist ein Dokument der Rache. Eine Interpretation

Es empfiehlt sich, Gedichte von Günter Grass erst mit den Augen und dann mit dem Schraubenzieher zu lesen. Sie ähneln Ikea-Regalen. Auf dem Papier sieht alles ganz einfach aus, aber wenn man das fertige Werk erst einmal auseinandergenommen hat, kriegt man es einfach nicht mehr zusammen.

Ein Gedicht ist natürlich kein Regal. Man sieht von außen nicht, was in ihm steckt. Ein Gedicht ist ein Gedicht, weil es niemals sagt, was Sache ist. Seit Generationen müssen Schüler im Deutschunterricht deshalb die Frage beantworten, was der Dichter uns verheimlicht.

Ganz anders der Leitartikel. Ein Leitartikel ist ein Artikel, der immer sagt, was Sache ist. Generationen von Zeitungslesern streiten sich deshalb jeden Morgen, ob sie richtig finden, was er sagt, oder falsch.

Schraubt ein Autor Gedicht und Leitartikel zusammen, muss der Leser folgerichtig herausfinden, ob er richtig oder falsch findet, was der Dichter verheimlicht.

Damit sind wir bei Günter Grass und seinem Gedicht »Was gesagt werden muss«. Neun Strophen, die der Nobelpreisträger heute auf der ganzen Erde verbreiten lässt (die »New York Times« aber hat es dann doch nicht gedruckt). Auf den ersten Blick scheint es einfach zu verstehen und harmlos konstruiert. »Was gesagt werden muss«, das steht in Strophe sieben: Die »Atommacht Israel« gefährde den Weltfrieden. Es geht um Iran und Israel, um »Planspiele«, »nukleares Potential«, »Antisemitismus«, »U-Boot-Lieferung«, die »Heuchelei des Westens«, den »Weltfrieden«, »iranische Atomanlagen«, »permanente Kontrolle«, »eine internationale Instanz« – das alles sind die Bauteile des politischen Leitartikels.

Man kann das diskutieren wie jeden Leitartikel. Man wird dann feststellen, dass – abgesehen von der These, der Staat Israel gefährde den Weltfrieden – Grass keine Einzelmeinung vorträgt. David Grossman hat sich in dieser Zeitung ganz ähnlich geäußert. Die israelische Zeitung »Haaretz« zitierte vor wenigen Tagen ausführlich die Warnungen Hilary Clintons vor einem Präventivschlag Israels. Auf den ersten Blick ist Grass' Gedicht auch nur das: ein Nobelpreisträger-Kommuniqué für den Weltfrieden, sprachlich Lichtjahre von irgendeiner Art heutzutage praktizierter Literatur entfernt.

Wer jetzt mit dem Schraubenzieher nachschaut, findet aber ein zweites Gedicht, und zwar eine ziemlich bestürzende Umkehrung westdeutscher Nachkriegsdiskurse. Grass schreibt einen Leitartikel, der das lyrische Verfahren benutzt, um über Israel als Israels Opfer sprechen zu können. Die deutsche Geschichte habe ihn bisher gehindert, offen zu sprechen. Jetzt aber muss er reden.

> Warum schweige ich, verschweige zu lange,
> was offensichtlich ist und in Planspielen
> geübt wurde, an deren Ende als Überlebende
> wir allenfalls Fußnoten sind.

Man muss sich klarmachen, was dieser Meister der Sprache assoziativ aufruft. Es spricht ein potentiell »Überlebender«, der »allenfalls Fußnote der Geschichte« sein wird, wenn man Israel nicht Einhalt gebiet. Im semantischen Kontext dieses Gedichts raubt er sich das Wort »Überlebende« und damit die moralische Autorität der überlebenden Verfolgten des Dritten Reichs. Mehr noch, er spielt fast wörtlich auf die Gedenkveranstaltung zur Pogromnacht vom 9. November 2008 an, auf der Charlotte Knobloch davor warnte, dass die Opfer des Holocaust zu »Fußnoten der Geschichte« werden könnten. Auf diese Befürchtung antwortete Angela Merkel in der gleichen Veranstaltung mit einem berühmten Satz, der auch staatsrechtlich relevant ist und den dieses Gedicht widerlegen will: »Die Sicherheit Israels zu schützen ist Teil der Staatsräson Deutschlands.«

Aber das ist es nicht allein. Das ganze Gedicht durchzieht ein Subtext, ein lyrischer Etikettenschwindel, der, wenn man ein paar Begriffe verändert, wie die Schwundform eines Textes eines hellsichtigen Widerstandskämpfers des Jahres 1934 wirkt (der bekanntlich mit einer Ausnahme nie geschrieben wurde). Grass sagt:

1. Ich habe zu lange geschwiegen, aber jetzt schweige ich nicht mehr.
2. Ich habe geschwiegen aus »Zwang« und Angst vor Bestrafung (»Zwang, der Bestrafung in Aussicht stellt«).
3. Ich wäre angeklagt worden des »Antisemitismus« (ersetzt semantisch das Wort: Hochverrat).
4. Aber jetzt rede ich, weil geplant ist, ein ganzes Volk auszulöschen.

Hier geht es nicht mehr um Israel und Iran, hier geht es darum, endlich die Chance zu ergreifen, einen Rollentausch vorzunehmen. Natürlich nennt er die deutschen Verbrechen »ureigen« und »ohne Vergleich«. Aber was er auf der Aussagebene verneint, suggeriert er auf der Assoziationsebene. Die Wortfelder, die Grass aufruft, vom Überlebenden bis zur Auslöschung eines Volkes, was nichts anderes als Holocaust heißt, sind eindeutig. Doch Grass hat noch mehr zu bieten, um sich die Zunge zu lösen, und das ist vielleicht sein stärkstes Stück. Er spricht nicht nur als künftiger Überlebender eines geplanten Völkermords, er sagt auch, was ihn davon abhielt, die »Wahrheit« auszusprechen:

Weil ich meinte, meine Herkunft,
die von nie zu tilgendem Makel behaftet ist,
verbiete, diese Tatsache als ausgesprochene Wahrheit
dem Land Israel, dem ich verbunden bin
und bleiben will, zuzumuten.

Es sind nicht die Handlungen und Gedanken, die ihn zur Verstellung zwangen, sondern die genetische Herkunft. »Herkunft als Makel« – er sagt nicht: »meine Generation«, »mein Land«, »unsere Geschichte«, »meine Geschichte«, er benutzt den genealogischen Begriff »Herkunft«. Und zwar aus schlichtem Grund. Denn jetzt teilt er auch diese Stigmatisierung mit den wahren Opfern des Rassismus. Gewiss, er sagt nicht, dass er deswegen gejagt und verfolgt wird. Aber den Preis, den er glaubt gezahlt zu haben, ist im dichterischen Kosmos wie ein Todesurteil: Die Herkunft zwang ihn zur Lüge.

Hat man das Gedicht so weit auseinandergeschraubt, bekommt man es nie wieder zusammen. Nein, das ist kein Gedicht über Israel, Iran und den Frieden. Wie könnte es das sein, wo es den iranischen Holocaust-Leugner als »Maulhelden« in einer Zeile abtut und gleichzeitig doch ausdrücklich nur geschrieben ist, um Israel zur Bedrohung des Weltfriedens zu erklären? Es ist ein Machwerk des Ressentiments, es ist, wie Nietzsche über das Ressentiment sagte, ein Dokument der »imaginären Rache« einer sich moralisch lebenslang gekränkt fühlenden Generation. Gern hätte er, dass jetzt die Debatte entsteht, ob man als Deutscher Israel denn kritisieren dürfe. Die Debatte aber müsste darüber geführt werden, ob es gerechtfertigt ist, die ganze Welt zum Opfer Israels zu machen, nur damit ein fünfundachtzigjähriger Mann seinen Frieden mit der eigenen Biographie machen kann.

Ein Gespräch

S ie haben sich nicht umarmt. Und eine sentimentale Versöhnung ist es auch nicht. Aber die Angriffe sind zurückgezogen, die persönliche Integrität ist wiederhergestellt. Mehr noch: Es ist ein Gespräch über Deutschland zustande gekommen, wie es wohl selten eines gegeben hat. Die Debatte, die Martin Walser mit seiner Friedenspreisrede auslöste, hat nun eine neue Textgrundlage. Viele Thesen, Affekte, auch zunehmend Gefühle des Überdrusses haben diese Auseinandersetzung in den letzten Wochen begleitet. Die öffentliche Erörterung des Gedenkens ist gegen alle Harmonisierungssehnsüchte gerade der politischen Klasse erzwungen worden – von Walser und von Bubis. Wenn es wirklich Walsers Ziel gewesen wäre, durch seine Friedenspreisrede das Vergessen zu empfehlen und das Wegschauen zu predigen, dann hätte er sich törichter nicht anstellen können. Seine Rede hat eine öffentliche Diskussion von großer Ernsthaftigkeit hervorgerufen. Daß sich erstaunlich wenige Prominente an ihr beteiligten und die Politik aus Angst vor Mißverständnissen fast völlig stumm blieb, kann nicht verdecken, mit welcher Intensität sich die Öffentlichkeit zu Wort meldete. Die Walser-Bubis-Kontroverse hatte einen Automatismus, der, wie Richard von Weizsäcker mit Recht schrieb, sich von niemandem mehr kontrollieren ließ.

Ignatz Bubis hat immer wieder darauf hingewiesen, daß man Walsers Rede hat hören müssen, um den von ihm behaupteten Skandal zu erkennen. Dies und die Tatsache, daß Bubis sitzen blieb, während der Saal sich zur Ehrung des Redners erhob, gab dem Streit von Anfang

an seinen explosiven Gehalt. Nichts anderes war nämlich damit gesagt, als daß sich die Spitzen des Staates und der Gesellschaft anläßlich
einer rhetorischen »Brandstiftung« begeistert von ihren Sitzen erho-
ben. War der Applaus eine entlarvende Gesinnungskundgebung? Ent-
tarnte sich hier ein Ressentiment, das tief in den Seelen schlummert?
Oder hörte man nicht, was Bubis und andere hörten? Deshalb war
Aufklärung über das, was sich in der Paulskirche abgespielt hatte, so
wichtig. Manche hofften, Bubis und Walser würden sie stellvertretend
für das Land vornehmen, ein Streit der Repräsentanten, der das Establishment und dessen eingeübte Routinen verschont. Das wird, so viel
läßt sich jetzt schon sagen, nicht geschehen.

Walser hat erkannt, wie schwer es ist, im politischen Raum poe-
tisch zu reden. Und vielleicht hat er auch verstanden, daß ein rheto-
risches Skandalon seiner Rede der Eindruck war, er spreche über die
Last der Erinnerung, als sei er das Opfer dieser Erinnerung. Dieser gar
nicht im Text der Rede belegbare, möglicherweise aber aus der Art des
Vortrags herleitbare Verdacht wurde noch verstärkt von Klaus von
Dohnanyis riskanter Reflexion darüber, wie sich die Juden verhalten
hätten, wenn sie nicht Opfer des Nationalsozialismus gewesen wären.

Die Tragik, wenn das starke Wort hier gestattet ist, liegt darin, daß
Walsers Antrieb gerade die Bewahrung der Erinnerung war. Daß er es
jetzt im Gespräch mit Bubis ablehnt, die Mißverständnisse zu kon-
zedieren, die seine Rede hervorrufen könnte, zeigt die tiefe Verwun-
dung, die der Schriftsteller in diesem Streit davongetragen hat. Denn
ohne Zweifel steckt in Walsers Projekt jene romantische Hoffnung auf
eine Universalsprache, die der stummen oder auch nur abgestumpften
Erinnerung die Zunge löst, auf einen gleichsam nationalen Diskurs,
der die prekäre Erbschaft des zwanzigsten Jahrhunderts in das nächste
rettet. Walser ist im Begriff, diese Sprache zu buchstabieren; niemand
kann sagen, was sich am Ende aus all diesen Bemühungen als Text zu-
sammensetzt und ob es uns gefällt oder auch nur angemessen ist. Aber
Walser geht diesen Weg, und ehe sich eine repräsentative Öffentlichkeit wegduckt vor den Zumutungen dieser Sprachbemühung, sollte

sie sich fragen, ob man dem Schriftsteller nicht dankbar sein muß und ob die Angst, mißverstanden zu werden, nicht das besorgniserregendste Symptom der deutschen Verhältnisse ist. Offensichtlich schwebt Walser ein kollektiver Verständigungsprozeß vor, der unterirdisch die Routinen durchbricht und Auschwitz wieder zu einer Angelegenheit, und das kann nur heißen: zu einer Verstörung, des eigenen Gewissens macht.

Walsers literarischer Anarchismus ist so weit nicht von Ignatz Bubis entfernt. Bubis' ironische Skepsis angesichts der Rolle, die ihm eine um den nationalen Seelenfrieden bemühte Politik immer wieder gerne zuweist, ist von großer Klugheit. Und er ist der erste, wie er in dem Gespräch mit Walser sagt, der mit ihm zusammen nach Wegen für ein gemeinsames Erinnern suchen wird.

Der Text liegt vor; der Kommentar zu ihm, das ist sicher, wird ein kollektives Werk sein. In dem Augenblick, da das Land die Hauptstadt wechselt und das Jahrhundert hinter sich läßt, haben zwei Gleichaltrige, aufgewachsen auf den zwei Seiten der Jahrhunderterfahrung, das Gespräch darüber begonnen, wie das, was war, im Gedächtnis überdauern kann, ohne entwürdigt zu werden.

Die politische Klasse, die sich das Deutschland des neuen Jahrhunderts ausmalt, hat zu der Auseinandersetzung, sieht man von Roman Herzogs Rede zum 9. November ab, keinen nennenswerten Beitrag geleistet. Doch die deutsche Politik wird sich nicht mehr, wie Ignatz Bubis dies nüchtern formuliert, bei ihm das gute Gewissen besorgen können. Auch Walser steht nicht zur Verfügung. Fragen wie etwa die des Holocaust-Mahnmals in Berlin lassen sich nicht mit Lizenzen lösen. Keine Regierung stand vor einer vergleichbaren vergangenheitspolitischen Herausforderung wie die gegenwärtige Regierung der Nachgeborenen. Sie wird zu begreifen haben, daß sie wissen muß, was sie will. Nicht nur für die Zukunft, sondern auch für die Vergangenheit.

Wir brauchen eine neue Sprache für die Erinnerung

Das Treffen von Ignatz Bubis und Martin Walser: Vom Wegschauen als lebensrettender Maßnahme, von der Befreiung des Gewissens und den Rechten der Literatur

Viele hatten gehofft, Martin Walser und Ignatz Bubis zu einem Gespräch zusammenzubringen, und viel stand im Raum: vor allem der Vorwurf an Walser, er habe in seiner Rede zur Verleihung des Friedenspreises »geistige Brandstiftung« betrieben, als er davon sprach, er könne die Bilder des Holocaust nicht immer wieder sehen. Am Ende kamen die Kontrahenten doch zusammen. Ignatz Bubis hat seinen Vorwurf zurückgenommen. Zwar will man nicht von Versöhnung sprechen, denn nach wie vor beharren beide Seiten auf ihren Vorstellungen vom rechten Verständnis jener Rede. Aber geeint waren sie durch das Gespräch – und durch die Feststellung, eine angemessene Sprache für die Erinnerung an den Holocaust sei noch nicht gefunden.

BUBIS: Ich möchte gleich etwas sagen. Ich habe immer gesagt, wenn Deckert, Frey, Schönhuber oder wie immer sie heißen mögen so etwas sagen, dann interessiert das keinen Menschen, dann hat das keine Wirkung. Wenn Martin Walser so was sagt, dann hat das eine ganz andere Wirkung. Ich habe aber zu keinem Zeitpunkt sagen wollen – und das habe ich nie gesagt, das steht auch nirgends –, daß Walser, Deckert und Frey einerlei sind.

Aber daraus habe ich die geistige Brandstiftung abgeleitet, indem ich gesagt habe, hier wird eine Wirkung auf Menschen erzielt, die sonst auf solche Äußerungen der anderen gar nicht hinhören. Da ist eben ein Unterschied, wer das sagt. Nur darum ging es mir, und daher dieser Begriff.

Ich komme auch gleich zu den einzelnen Dingen. Sie sprachen von der Instrumentalisierung von Auschwitz. Wir führen in den letzten Monaten eine Debatte um Entschädigungsfragen. Ich habe die »gegenwärtigen Zwecke« in diesem Sinn verstanden. Instrumentalisierung von Auschwitz für »gegenwärtige Zwecke«, das heißt, im Hinblick darauf, was im Augenblick mit Entschädigungsfragen, Zwangsarbeitern, Arisierung läuft; das haben Sie gemeint. Ich möchte auch gleich dazu sagen: Den Begriff Keule im Zusammenhang mit Auschwitz zu gebrauchen ist für mich erschreckend. Moralkeule – jemand hat mal Auschwitzkeule gesagt. Sie haben gesagt: Auschwitz als Moralkeule. Für mich ist Moral niemals mit dem Wort Keule verbunden.

Was für mich das Allerwichtigste ist, was vielleicht gar nicht so sehr in der Öffentlichkeit Wirkung gezeigt hat oder diskutiert worden ist, das ist: Wenn Filme über diese Zeit gezeigt werden, empfinden Sie das als eine Beschuldigung, eine Beschuldigung aller Deutschen. Hier geht es mir gerade um die junge Generation. Ich habe in den letzten Jahren mit mehr als einer halben Million junger Menschen an Schulen, an Universitäten gesprochen und diskutiert. Da taucht dann auch schon mal diese Frage auf, und ich versuche darauf, den jungen Menschen zu erklären: Wenn man sich darüber unterhält, hat das nichts mit einer Beschuldigung der heutigen Generation, und ich sage sogar: noch nicht einmal mit einer Beschuldigung der Generation, die damals gelebt hat, aber nicht schuldig geworden ist, zu tun.

Was Sie da gesagt haben, Sie fühlen sich jedesmal als Beschuldigter, wenn so etwas kommt, und Sie können deshalb gar nicht mehr hinschauen; und Sie sprachen auch vom Wehtun, von der Beschuldigung aller Deutschen in einem anderen Zusammenhang, und zwar, als es um Würstchenbuden vor brennenden Asylantenheimen ging. Das hat mich erschreckt, denn darin habe ich eigentlich das Gefährliche gesehen. Hier heißt es also, an junge Menschen gerichtet, daß einer eben nicht hinschauen will und grundsätzlich ausschaltet, wenn so etwas im Fernsehen kommt, weil er das nicht ertragen, nicht sehen kann, weil er sich dadurch als Beschuldigter fühlt.

Ich habe lediglich drei Filme über die Zeit des Nationalsozialismus gesehen, drei Filme in fünfzig Jahren. Der erste Film war »Holocaust«, der zweite Film war »Shoa«. Ich habe mit meiner Tochter nie darüber gesprochen, aber als der Film »Holocaust« lief, habe ich mir mit ihr zwei Folgen angeschaut. Den Film »Shoa« habe ich allein angesehen, und ich habe »Schindlers Liste« gesehen. Das waren die drei einzigen Filme, die ich mir anschaute. Ich habe ein einziges Buch über diese Zeit gelesen, und zwar »Die Falle mit dem grünen Zaun« über Treblinka. Ich habe das Buch über Treblinka gelesen, weil mein Vater in Treblinka umgebracht wurde. Ich hatte zumindest alle Hinweise seinerzeit darauf, daß mein Vater nach Treblinka gekommen war, und ich habe das Buch lesen wollen, und wenn ich bis dahin noch Zweifel hatte, das Buch hat diese Zweifel durch Banalitäten ausgeräumt. Denn der Autor – das Buch hat ein Tscheche geschrieben – erwähnt, daß jemand aus der Slowakei, aus Preschau, in einem Transport nach Treblinka war, und der Zug war aus Deblin gekommen. Wie kam ein Slowake aus Preschau in einen Zug aus Deblin nach Treblinka? Ich konnte ihm die Antwort geben, ich habe mit ihm gesprochen. Denn ich war in Deblin. Nach Deblin kamen zweihundertfünfzig Juden aus Preschau. Im Herbst 1942, ich weiß nicht mal das Datum, Ende September oder Anfang Oktober, ging ein Transport von Deblin, ohne daß wir wußten, wohin dieser Transport ging. Zum erstenmal habe ich über Treblinka 1943 gehört. Einer, der in diesem Transport aus Deblin mit dabei war, erzählte, er sei aus Treblinka geflüchtet, er habe sich zwischen den Kleidungsstücken versteckt, und die Kleidungsstücke wurden sortiert und hinausgefahren. Der Autor beschreibt, wie zwei Leute, nachdem sie an der Rampe gearbeitet haben, die SS-Wachen ablenkten und sich darauf in den Kleidungsstücken verstecken konnten. Das war der einzige Fall, daß eine Flucht aus Treblinka gelang. Ich hatte zum erstenmal von einem dieser beiden über Treblinka gehört. Und in diesem Buch dann von jenem Mann gelesen und von einem Transport nach Treblinka. Das bedeutete für mich die Gewißheit, daß mein Vater nach Treblinka deportiert und dort ermordet wurde.

Ich wußte also von Treblinka. Ich war seit 1983 regelmäßig in Polen. Ich war mehrmals in Auschwitz, ich war mehrmals in Maidanek. Nach Treblinka habe ich, jedesmal, vorgehabt zu gehen, und es gab immer einen objektiven Grund, warum ich nicht hinging. 1989 bin ich zum erstenmal hingegangen und danach nie wieder. Ich war zum erstenmal in Deutschland in einem früheren Konzentrationslager 1985, in Bergen-Belsen, und zwar als der vierzig Jahre Befreiung aus Bergen-Belsen gedacht wurde. Ich habe in Berlin gelebt, aber ich bin nie nach Sachsenhausen gegangen. Ich war früher jedes Wochenende in München, aber ich bin nie nach Dachau gegangen. Meine Frau ist in Dachau befreit worden.

Wir waren, als ich noch in Pforzheim lebte, jedes Wochenende in München. Meine Frau ist nie dorthin gegangen. Erst 1995, als der fünfzig Jahre Befreiung von Dachau gedacht wurde, ging sie zum erstenmal hin. Bevor sie nach Dachau kam, war meine Frau in Bergen-Belsen, aber meine Frau war bis heute nie mehr in Bergen-Belsen. Ich kann nicht da hinschauen, ich würde zerbrechen, wenn ich wieder nach Treblinka gehen würde. Es würde mich zerbrechen.

Nur, das ist etwas anderes, wenn ich sage: Ich schalte ab. Wenn ein Film darüber läuft, schalte ich ab oder schalte um. Aber ich stelle mich nicht vor ein Millionenpublikum hin und sage: Ich kann da nicht mehr hinschauen, weil ich mich als Beschuldigter fühle, und ich brauche mich so nicht zu fühlen. Ich habe ja noch eine andere Erfahrung gemacht: Ich kann Vorträge halten, worüber ich will, für die FDP-Wahlveranstaltungen, zur Steuergesetzgebung, zur Steuerreform, zur Rentenreform, doch spätestens bei der dritten Frage – spätestens bei der dritten – heißt es: Wie können Sie in Deutschland leben, nach dem, was Ihnen widerfahren ist? Und ich habe darüber ja überhaupt nicht gesprochen. Ich antworte heute. Ich habe, bis ich zum erstenmal in Treblinka war, wenn mich jemand auf diese Zeit ansprach, abgewunken. Ich habe gesagt, es ist eine Zeit, über die ich nicht rede.

Ich habe in Yad Vashem, wo Leute die Namen ihrer Angehörigen angeben, den Namen meines Vaters, meines Bruders, meiner Schwester, meiner Nichte erst vor zwei Jahren angegeben. Ich hatte mal Fragebogen von dort mitgenommen, die ich aber nicht ausfüllte. Als ich vor zwei Jahren dort war, wußte ich nicht, ob ich sie ausgefüllt habe oder nicht, und ich habe mich informiert, ob die Namen da sind. Auf diese Weise erfuhr ich von anderen Verwandten, die ermordet wurden. Aber ich lief nicht rum und sagte: Wegschauen.

Aber was mich, wie gesagt, am härtesten traf, daß man jungen Menschen das Gefühl gibt, ihr werdet beschuldigt, ihr werdet instrumentalisiert, wenn ihr hinschaut.

WALSER: Herr Bubis, was den Sprachgebrauch von Frey, Deckert, Schönhuber und meinen Sprachgebrauch angeht, darüber müssen wir vielleicht noch später reden. Aber jetzt dazu: Wegschauen und Beschuldigtsein. Sie bringen jetzt zwei Sätze und Themengebiete zusammen, die bei mir so nicht zusammenstehen. Es gibt bei mir den Satz: Es war mir nie möglich, die Seite der Beschuldigten zu verlassen. So, das ist eins.

Das Wegschauen hatte einen vollkommen anderen Sinnzusammenhang. Das Wegschauen hieß: Ich habe mindestens zwanzigmal weggeschaut, wenn das Fernsehen Konzentrationslagerszenen zeigte. Warum? Weil ich sie nicht ertrage. Es ist mir physisch, psychisch unmöglich, in diesem Falle hinzusehen. Daraus habe ich geschlossen, daß diese Szenen vielleicht – was mich angeht – zu oft vorkommen. Ich habe aber keinem Menschen empfohlen, das so zu empfinden wie ich. Nur, da ich solche Erfahrungen in dieser Rede ausgearbeitet habe, mußte ich auch sagen, daß ich weggeschaut habe.

Klaus von Dohnanyi hat, ohne eine Absprache mit mir, von sich

237

aus gesagt: Ich muß das Zimmer verlassen. Daraus, dachte ich, könnte sich ein diskutables Problem ergeben. Sie haben gesagt, der Walser muß wegschauen, er will einen Schlußstrich unter die Beschäftigung mit der deutschen Vergangenheit ziehen. Das fand ich – Entschuldigung, Herr Bubis –, das fand ich empörend. Ich habe mich vielleicht mehr als jeder andere Autor meiner Generation ununterbrochen damit auseinandergesetzt. Sie sagen: Der will einen Schlußstrich ziehen. Wenn ich so eine Rede halten muß, dann fange ich an mit einer Selbstprüfung, die geht wochenlang, bis ich merke, was für mich jetzt das Wichtigste ist. Und das Wichtigste ist das geworden, was ich da gesagt habe. Ich habe nur diese Selbsterkundung öffentlich vorgeführt. Allerdings: mit einem persönlichen Sprachgebrauch, nicht mit dem Sprachgebrauch eines Politikers, nicht mit dem Sprachgebrauch eines Wissenschaftlers, sondern mit dem Selbsterkundungssprachgebrauch eines Schriftstellers. Daß daraus eine solche Diskussion entstand, die nicht aufhört, das heißt – ganz egal, wie man nun zu dieser Rede stehen mag –, es muß etwas gegeben haben, was ausdrucksbedürftig geworden ist.

BUBIS: Ich war ja nicht der einzige, der Sie so verstanden hat.

WALSER: Ich sage mal, egal ob man dafür oder dagegen war, das spielt dabei gar keine Rolle, sondern nur die Heftigkeit der Diskussion von allen Seiten. Es muß einen Ausdrucksbedarf gegeben haben. Das habe ich nicht willkürlich gemacht. Ich wollte nur persönlich zu Protokoll geben: Mir geht es in dieser Hinsicht so und so. Dann habe ich natürlich zum Beispiel von Herrn Korn und von Rafael Seligman gehört, in einer anderen Ausdrucksweise, daß es so was gibt wie eine Routine, wie einen Mechanismus, wie eine banale Häufung.

BUBIS: Damit habe ich gar keine Probleme gehabt; ich halte Routine für notwendig, andere vielleicht nicht.

WALSER: Lassen Sie mich das noch dazu sagen, weil Sie ja die Instrumentalisierung erwähnten. Das eine war, daß Sie vom Wegschauen darauf geschlossen haben: Der will einen Schlußstrich ziehen. Das fand ich empörend angesichts meiner Arbeit in diesem Feld. Und,

Herr Bubis, da muß ich Ihnen sagen, ich war in diesem Feld beschäftigt, da waren Sie noch mit ganz anderen Dingen beschäftigt. Sie haben sich diesen Problemen später zugewendet; Sie haben sich diesen Problemen später zugewendet als ich.

BUBIS: Ich hätte nicht leben können. Ich hätte nicht weiterleben können, wenn ich mich damit früher beschäftigt hätte.

WALSER: Und ich mußte, um weiterleben zu können, mich damit beschäftigen. Jetzt kommt die Instrumentalisierung.

BUBIS: Wenn Sie erlauben, will ich einfügen: Ich habe einen Aufsatz von Ihnen aus dem Jahr 1978, da haben Sie gesagt, wir werden uns nicht den nationalen Fragen zuwenden können, wenn wir Auschwitz nicht verdrängen.

WALSER: Herr Bubis, ich wollte Sie vor diesem Zitat verschonen. Wissen Sie, Sie haben gesagt: Er hat schon vor zwanzig Jahren gesagt, man muß Auschwitz verdrängen, sonst wird man sich nicht nationalen Fragen zuwenden können. Und geschrieben stand da: Wenn wir Auschwitz bewältigen könnten – Konjunktiv –, könnten wir uns wieder nationalen Aufgaben zuwenden. Und jetzt: Aber ich muß zugeben, eine rein weltliche, eine liberale, eine vom religiösen, eine überhaupt vor allem Ich-Überschreitenden fliehende Gesellschaft kann Auschwitz nur verdrängen. Wo das Ich das Höchste ist, kann man Schuld nur verdrängen. Aufnehmen, behalten und tragen kann man nur miteinander. Um Auschwitz tragen zu können –

KORN: … das muß die Gesamtheit, die Nation tragen.

WALSER: Ja, sehen Sie, und Sie haben gesagt, daß man Auschwitz nur verdrängen kann, das ist ein Mißbrauch.

BUBIS: Also ich verstehe das ganz anders. Ich verstehe es auch jetzt noch anders.

SCHIRRMACHER: Der einzelne kann vielleicht diese Bilder nicht ertragen, er ist überfordert, dieses im Gedächtnis zu behalten als eine lebendige Erinnerung. Aber die Nation als Ganzes muß es ständig tun. Das ist natürlich formuliert in literarischer Sprache, aber im Grunde steht darin: Diese Nation, diese Gemeinschaft findet zu sich selber, wenn sie begreift, daß Auschwitz ihr konstitutives Element ist, das sie in ihrem Kopf behalten muß.

WALSER: Wissen Sie, jetzt muß ich Ihnen dazu sagen, der Kontext damals war dieses geteilte Land, meine linken Freunde wollten die Nation abmelden. Und ich habe darauf gesagt, was wir in Auschwitz begangen haben, haben wir als Nation begangen, und schon deswegen muß diese Nation weiterbestehen als Nation. Diese Teilung der Vergangenheit durch DDR und BRD war doch immer lächerlich.

SCHIRRMACHER: Man muß Walsers Text »Unser Auschwitz« lesen, geschrieben anläßlich der Auschwitz-Prozesse. Er beschreibt, wie die Öffentlichkeit auf diesen Prozeß reagierte und bei jedem einzelnen Angeklagten eine gleichsam sozialpsychologische Individualisierung stattfand, man also sagte, der habe perverse Anlagen, das sei ein Verbrecher –

WALSER: ... das seien Bestien.

SCHIRRMACHER: Bestien, so daß die Gesellschaft das Phänomen, das Verbrechen Auschwitz zu einer Angelegenheit von Asozialen macht. Aber nicht zu einer Angelegenheit dieser Gesellschaft, daß sie es abschiebt auf die.

WALSER: Mein Aufsatz heißt ja auch: Unser Auschwitz.

SCHIRRMACHER: Walser macht das Erinnern zu einem Gegenstand dieser Nation, dieser Gesellschaft. Er sagte: Die Nation ist verantwortlich, wir alle sind verantwortlich. Und er sagte nicht das, was Sie glauben, falsch glauben: Nun weg damit, verdrängen. Ich habe ihn genau im Gegenteil verstanden, ich weiß aber, daß Sie ihn ganz anders verstanden haben.

BUBIS: So haben es viele verstanden.

WALSER: Aber lassen Sie mich etwas zu dem äußern, was Sie immer wieder gesagt haben: zur »Instrumentalisierung« und zu dem Vorwurf, ich nennte nicht Roß und Reiter. Dann haben Sie mir auch noch vorgerechnet, ich meine die Ansprüche von Zwangsarbeitern aus Osteuropa. Also: Nun stellen Sie sich vor, in einer Rede in der Paulskirche, die ausschließlich an ein deutsches Publikum und nicht an den

Staat gerichtet ist, die sich hauptsächlich in ihrem Kritikbestand an die Medien wendet, da werde ich über die Ansprüche von Zwangsarbeitern oder überhaupt für irgendein ausländisches Problem sprechen – das liegt mir so fern. Und Roß und Reiter: Ich habe drei Beispiele genannt. Ich habe sie nicht mit Namen genannt, weil mir nicht daran liegt, Menschen zu kritisieren, sondern typische Vorgänge. Das erste Beispiel, auf das ich anspielte, war, daß zu Zeiten der Teilung gesagt wurde, diese Teilung ist vernünftig, denn sie ist verdient wegen Auschwitz. Das nenne ich »Instrumentalisierung von Auschwitz«. Das zweite Beispiel war, wenn jemand Kritik übte an der Praxis der Wiedervereinigung und er dann sagte, damit steuern wir zwangsläufig auf ein neues Auschwitz zu. Drittens: Wenn man in der Literaturkritik einen Roman verdammt, weil Auschwitz darin nicht vorkommt, und dann noch weitergeht und sagt, schon in – Entschuldigung, wenn ich da von mir rede – schon in »Ehen in Philippsburg« war niemand in der HJ und niemand im BdM. Und schon in »Flugzeug über dem Haus«, 1955, kommt keiner vor, der in der HJ war. Und das sagt ein Literaturkritiker, der wissen müßte, daß diese Geschichten von 1955 aus dem Geist Kafkas geschrieben sind, das sind kafkaisch entwickelte Parabeln, da kann beim besten Willen nicht die HJ und der BdM vorkommen. In Kafkas Romanen, im »Prozeß« und im »Schloß«, kommen zwei irdische Städtenamen vor. Im »Prozeß« kommt Mailand vor und im »Schloß« einmal Südfrankreich. Und sonst kommt nichts vor, das ist so bei Parabeln. Die sind so stilisiert, da kann die HJ nicht vorkommen. Und ich nenne dieses Beharren darauf, daß in solchen Büchern Auschwitz oder HJ oder BdM vorkommen soll, das nenne ich – sehen Sie, das ist außerhalb Ihres Arbeitsbereiches …

KORN: Aber das hat Herr Bubis auch nicht kritisiert.

WALSER: Nein, nein, um Gottes willen, aber er sagt, ich solle Roß und Reiter nennen. Also ich finde, so macht man Auschwitz zur Pflichtübung, das ist Auschwitz zur Einschüchterung. Da wird meinem Roman »Ein springender Brunnen« vorgeworfen, darin komme

Auschwitz nicht vor. Wenn das festgestellt wird, dann empfinde ich das als eine Instrumentalisierung von Auschwitz.

KORN: Herr Walser, Ihre Bemerkungen sind ja nicht im luftleeren Raum, sondern in einer bestimmten Atmosphäre, in einer bestimmten politischen Situation erfolgt, zu einer Zeit, in der gegenüber Banken, Versicherungen, dem Staat und Konzernen Ansprüche gestellt werden. Zu einem solchen Zeitpunkt wird eine solche Bemerkung nicht nur auf den literarischen Zusammenhang beschränkt bleiben können.

WALSER: Aber Herr Korn, dann hätte ich diese Zusammenhänge doch genannt. Ich habe doch klipp und klar genannt: das und das und das und das. Und habe nichts darüber hinaus gemeint. Warum hätte ich dann nicht von Banken und Versicherungen sprechen können. Sagen Sie mir mal bitte, warum ich das dann nicht hätte nennen können. Ich muß sagen, ich könnte davon nicht sprechen, weil ich diese Zusammenhänge nicht konkret kenne, verstehen Sie. Ich kenne nicht die Berechtigungen, ich kenne nicht die Widersprüche. Das ist einfach nicht mein Thema. Und auch in den tausend Briefen, die ich bekommen habe, hat sich kein einziger zu diesem Thema geäußert.

BUBIS: Aber bei mir.

KORN: Ich habe die fünf Ordner mit diesen Briefen an Bubis gesehen.

BUBIS: Es sind keine tausend, aber es sind fünf Ordner, dicke.

WALSER: Also die Leute, die mir geschrieben haben, haben wirklich gesagt, wenn ich das zusammenfassen darf: Was wir – und jetzt hören Sie, diese Formulierung ist mir am meisten im Gedächtnis geblieben – was wir bis jetzt hinter vorgehaltener Hand sagten oder unter Freunden sagten, das haben Sie öffentlich ausgesprochen, und dafür sind wir Ihnen dankbar. So, und ich denke: Das müssen wir jetzt ernst nehmen.

BUBIS: Öffentlich ausgesprochen, genau das ist der Punkt.

SCHIRRMACHER: Ja, Herr Walser. Hinter vorgehaltener Hand – was ist die Assoziation? Was sagt man hinter vorgehaltener Hand? Daß man sagt, Schluß damit, oder –

WALSER: Entschuldigung, es ging den Leuten um das Gewissen. Das muß ich leider sagen, das haben die Leute gesagt, nicht wahr, daß man sich einfach als Deutscher in einem Beschuldigtenzustand fühlte und durch seine Repräsentanten daraus nicht erlöst wurde, weder von den Medien noch von denen, die gelegentlich das Wort ergriffen haben, da ist ein Sprachgebrauch entstanden, den niemand besser charakterisiert hat als Herr Korn und Herr Rafael Seligman. Ich finde, das ist die beste Charakteristik, die ich bis jetzt dafür bekommen habe, wenn Sie das mit opferzentriert, täterzentriert, Floskeln, kanalisierter Jargon der Betroffenheit bezeichnen. Genau das ist unser Thema. Herr Bubis, jetzt sage ich mal, was ich gedacht habe, warum Sie so reagiert haben, wenn ich darf.

BUBIS: Bitte.

WALSER: Ich dachte, es gibt einen eingeschlafenen Routinesprachgebrauch für dieses schwierigste Problem unserer Geschichte. Dieser Sprachgebrauch ist übergegangen ganz von selber an, sagen wir mal, Politiker. Und egal, ob Sie nun von der einen Seite sind oder von der anderen Seite, es ist dabei etwas Routinemäßiges entstanden, von dem sich die Leute nicht mehr repräsentiert fühlten. Das war zu einfach. Das war auch in der Häufigkeit der Beschuldigung, es war einfach zu routinehaft, zu lippengebethaft. Ich habe das Lippengebet genannt. Und ich habe gesagt, wie man an Auschwitz denkt, ist eine Sache des persönlichen Gewissens.

Und jetzt kommt das, was ich als den einzigen Sinn in unserer Unterhaltung sehe, daß wir eine Sprache finden, in der viele Leute sich ausgedrückt sehen können, weil es ihnen letztlich immer selbst überlassen bleibt, wie sie daran denken. Es ist ein Sprachgebrauch entstanden, in dem dem Gewissen Vorschriften gemacht werden, wie es an Auschwitz denken soll. Und das ist eine unerträgliche Vorschrift. Ich will mir nicht vorschreiben lassen, wie ich mich zu erinnern habe. Ich habe vielleicht zuwenig deutlich gemacht, daß es öffentliche Erinnerungspflege geben soll. Aber wie sich jeder einzelne in seinem Empfinden und in seinem Gewissen, in seiner Familie oder seinen Kindern gegenüber fühlt, das muß ihm überlassen bleiben. Und ich glaube, Herr Korn, daß das Ergebnis einfach viel humaner wäre als diese vorgeschriebenen Bedauerlichkeits-Sprachgebräuche, das was Sie kanalisierten Jargon nennen.

BUBIS: Ich bin da ganz anderer Meinung. Wie soll man es denn sonst zum Ausdruck bringen? Und die Öffentlichkeit, die Mehrheit in der Gesellschaft, hat das, was Sie gesagt haben, so verstanden, wie ich es verstanden habe.

WALSER: Woher wissen Sie das?

BUBIS: Ich merke es doch an den Zuschriften. Endlich Befreiung, bis jetzt durfte ich nichts sagen.

WALSER: Ja.

BUBIS: Ich will daran gar nicht denken. Jetzt hat's mir Walser vorgesagt, ich muß nicht daran denken.

WALSER: Moment, jetzt zwei Sachen. Ich darf, ich muß nicht daran denken, und …

BUBIS: … Befreiung, ich habe damit nichts mehr zu tun.

WALSER: Ich darf so daran denken, wie ich daran denke.

BUBIS: Ich habe mich nicht getraut, so zu denken.

WALSER: Ich habe mich nicht getraut.

BUBIS: Ich habe mich nicht getraut zu sagen, daß ich damit nichts zu tun haben will.

WALSER: Und Entschuldigung, ist Ihnen an einem Zeitgenossen mehr gelegen, der durch Ihren moralischen Druck oder Ihre moralische Instanzhaftigkeit dazu gebracht wird, so daran zu denken, wie Sie daran denken.

BUBIS: Nein.

WALSER: Also.

BUBIS: Nein, ich zwinge keinen, daran zu denken. Aber ich halte die Aufklärung für wichtig und notwendig. Und das hat mit Druck nichts zu tun.

WALSER: Aber doch.

BUBIS: Ich zwinge keinen, so zu denken. Aber ich muß die Möglichkeit haben, am 9. November oder am Holocaust-Gedenktag meine Empfindungen kundzutun.

WALSER: Die haben Sie.

BUBIS: Und ich habe keinen Grund zu zweifeln, wenn bei der Veranstaltung zum 9. November die Oberbürgermeisterin oder der Ministerpräsident oder der Bundespräsident spricht, zu zweifeln, zu zweifeln, daß er so denkt und daß das nicht nur Routine ist. Denn wir haben diese Routine beim Volkstrauertag, diese Routine haben wir, wenn Sie nachschauen, in den Routineveranstaltungen haben wir die jeden Tag. Schauen Sie sich mal an, wie läuft der Volkstrauertag seit 1922 ab. Immer dasselbe. Es ist noch nie jemand auf die Idee gekommen zu sagen: Schafft das endlich ab, es ist Routine, es ist zuviel.

WALSER: Weil niemand sich daran gebunden fühlt.

KORN: Wollen Sie den 9. November abschaffen?

WALSER: Nein, nein.

KORN: Sie sagen, jedem soll es überlassen sein zu gedenken. Folgt daraus – so habe ich Sie jedenfalls verstanden –, daß eine nächste Generation auch wirklich daran denkt? Ist das das Motiv, daß gerade durch diese von Ihnen gewünschte Freiheit des Gedenkens etwas erhalten bleibt, das über Generationen hinweg in den Gedächtnissen des einzelnen, im Gedächtnis dieser Nation erhalten bleiben muß.

WALSER: Paul Ricoeur hat in der F.A.Z. gesagt: Jetzt ist über diese Zeit alles, was man wissen kann, bekannt. Jetzt kommt es darauf an, daß jeder sich selber damit beschäftigt. Ich glaube nicht, daß das Gewissen von jungen Menschen öffentlich, durch öffentliche Akte geschult oder entwickelt werden kann. Ich glaube, Gewissen wird in der Familie entwickelt, es wird von mir aus im Religionsunterricht, im Ethikunterricht, überhaupt in der Schule entwickelt und durch Erfahrungen der jungen Menschen. Aber ich glaube nicht, und seien sie noch so toll formuliert, daß die repräsentativen Formulierungen an Gedenktagen dazu geeignet sind, das Gewissen von jungen Menschen zu entwickeln. Und deswegen sage ich: Auf jeden Fall gehört für mich zur Gewissensentwicklung, daß jeder frei bleibt jedem Thema gegenüber. Verstehen Sie, man kann nicht das Gewissen binden, das ist kontraproduktiv, das produziert Lippengebet. Wenn man mit der katholischen Kirche aufgewachsen ist, dann weiß man, wovon man spricht.

KORN: Bei allem Respekt vor Paul Ricoeur ist noch lange nicht alles bekannt, was geschehen ist. Es gibt neueste Studien über Konzentrationslager, die besagen, daß in Deutschland viel mehr Menschen ermordet wurden, als bisher bekannt war, nämlich eine Million oder mehr, weil man bisher immer alles in die Vernichtungslager außerhalb Deutschlands geschoben hat. Zum zweiten ist die Frage, ob das Gewissen und das Gedenken alleine im Vordergrund stehen, ob wir nicht auch und vor allem von der Schärfe der Erinnerung sprechen müssen und von dem, was man wirklich weiß und wissen kann und was man lernen kann und ob es nicht zu differenzieren gilt zwischen dem, was authentisch und was angeeignet ist. Oder zwischen dem, was unmittelbar Betroffene wie Ignatz Bubis erlebt haben, und anderen, die es nur aus Büchern und vom politischen Tagesgeschehen her kennen.

WALSER: Als ich in Duisburg da noch einmal das Wort ergriffen habe, hat es eine Diskussion gegeben, da hat ein Mann, zirka vierzig Jahre alt, wahrscheinlich Dozent, gesagt: Herr Walser, warum sind Sie nicht mißtrauisch gegenüber diesen tausend Briefen, von denen Sie sprechen. Das könnten doch Antisemiten sein, nicht? Dann habe ich gesagt: Entschuldigen Sie, Sie haben keinen dieser Briefe gelesen. Das erste, was Ihnen einfällt, das sind Antisemiten. Damit schafft man sich die Sache wieder vom Hals, dann sind die natürlich illegitim, und ich brauche diese tausend Briefe nicht ernst zu nehmen. Und das ist der herrschende Unsinn, das ist herrschende Denkroutine. Und ich lasse mir diese tausend Briefe, die erschütternd sind – verstehen Sie: Die sind aus allen Biographien, die sind aus Verfolgten des Naziregimes, das sind jüdische Briefe, das sind ganz junge Leute –, ich lasse mir diese tausend Briefe nicht schlechtmachen. Und die haben nicht gesagt, wir wollen nichts mehr davon wissen. Herr Bubis, das ist ein Schluß, den Sie ziehen. Diese Leute haben gesagt, wir wollen auf unsere Art damit umgehen.

BUBIS: Befreiende Wirkung sehe ich ganz anders, ganz anders.

WALSER: Nein, diese befreiende Wirkung heißt: Unser Gewissen ist unser Gewissen, und das lassen wir uns nicht von anderen vorschreiben.

BUBIS: Und ich will kein schlechtes Gewissen haben, darauf läuft es hinaus.

WALSER: Moment, muß ich ein schlechtes Gewissen haben?

BUBIS: Nein. Aber ich muß die Geschichte kennen.

WALSER: Ja, gut.

BUBIS: Das ist der springende Punkt.

WALSER: Ja, aber Sie haben doch gerade gesagt: Und ich will kein schlechtes Gewissen haben. Wissen Sie, was Sie einmal gesagt haben, Sie haben gesagt: Der Walser will seinen Seelenfrieden. Hätten seine Vorfahren dafür gesorgt, daß die Juden nicht umgebracht wurden, hätte er seinen.

BUBIS: Hätte er seinen.

WALSER: Herr Bubis, das sage ich Ihnen: Ich will meinen Seelenfrieden, verstehen Sie? Und wie ich ihn kriege, das ist in mir, das ist mein Gewissenshaushalt. Und da lasse ich mir von niemandem, auch nicht von Ihnen, dreinreden. Mein Gewissen bleibt mein Gewissen. Oder ich pfeife drauf, dann schenke ich es Ihnen.

BUBIS: Aber die meisten wollen von mir ihren Seelenfrieden geliefert bekommen.

WALSER: Gut.

BUBIS: Die wollen von mir den Seelenfrieden.

SCHIRRMACHER: Das ist genau der Punkt. Ein wichtiger Punkt. Sie sagen doch jetzt ganz deutlich – und ich habe Sie nie anders verstanden –: Wer nach Ihrer Rede glaubt, diesen Schlußstrich ziehen zu

247

können, ist im Irrtum. Ganz abgesehen davon, daß dies auch kein willentlicher Akt sein kann.

WALSER: Aber Entschuldigung, dann hat der Herr Bubis mich falsch verstanden.

KORN: Nein, nicht nur er.

WALSER: Herr Bubis hat gesagt: Der will einen Schlußstrich ziehen.

KORN: Herr Walser, könnte es nicht sein, daß die befreiende Wirkung jeweils einen anderen Sinn bei verschiedenen Menschen hat? Wir sollten einmal bei der befreienden Wirkung bleiben. Für den einen ist befreiende Wirkung etwas anderes als für den anderen. Sie haben die befreiende Wirkung sicherlich vorgegeben, indem Sie dazu aufforderten, offen oder anders über die besagten Dinge zu sprechen, als man es bisher getan hat. Aber war das nicht gewissermaßen eine Aufforderung auch für jene, die Sie gar nicht gemeint haben, jene nämlich, die Ihre Rede dazu benutzt haben, tatsächlich den Schlußstrich zu ziehen?

BUBIS: Genau das ist der Punkt.

KORN: Sehen Sie nicht die Gefahr, daß sozusagen aus Ihrer individuellen, ehrlichen, aufrichtigen Haltung jetzt tatsächlich andere das zum Anlaß genommen haben, es für ihre Zwecke zu instrumentalisieren, indem sie sagen: Aha, Walser, der anerkannte Intellektuelle –

BUBIS: Genau das ist der Punkt.

KORN: – gibt uns jetzt sozusagen die Absolution, den Schlußstrich zu ziehen. Steckt das nicht darin?

WALSER: Jetzt müssen Sie mir, also wenn Sie mich noch für zurechnungsfähig halten, dann müssen Sie mir auch zutrauen, daß ich das unterscheiden kann.

KORN: Sie schon.

WALSER: Nein, einen Moment. Ich kann die Briefe unterscheiden. Ich kann Briefe unterscheiden, die von mir aus aus dem Lager –

BUBIS: Die anderen haben doch mir geschrieben.

WALSER: Nein, Moment, nein. Ich kann unterscheiden, ob ein Brief-schreiber sozusagen zu diesem Bodensatz von Ewiggestrigen gehört, die jede europäische Gesellschaft nun einmal hat. Von denen spreche ich nicht. Von denen spreche ich wirklich nicht, sondern die Majori-tät meiner Briefe ist zu Herzen gehend und von mir geprüft. Nur, na-türlich wenn schon Ignatz Bubis meinen Sprachgebrauch – und jetzt sind wir bei Sprachgebrauch – für illegitim hält, weil er ihn für rechts-extremistisch hält –

BUBIS: Nein.

WALSER: Doch, Sie haben ja schon am Anfang gesagt –

BUBIS: Nein, ich habe gesagt, man beruft sich darauf. Ich habe nicht gesagt, daß ich Sie für einen Rechtsextremisten halte. Das habe ich doch gleich eingangs klargestellt. Aber, aber, es sind nicht nur die Rechtsextremisten, die sich jetzt auf Sie berufen. Sie brauchen nur die rechtsextreme Presse zu lesen oder die rechts-halbextreme, nehmen wir mal die »Junge Freiheit«, die hat jetzt ein Thema: Walser hat es auch schon gesagt. Und vor allem, es war Zeit, daß die tausend Leute, die Ihnen geschrieben haben, Sie so verstanden haben in der Mehr-heit, wie Sie es sagen. Ich behaupte, und ich habe allen Grund, das zu behaupten, daß Zehntausende es anders verstanden haben und für sich die befreiende Wirkung in Anspruch nehmen unter Berufung auf Herrn Walser, weil sie ihn möglicherweise mißverstanden haben, aber Walser hat ihnen dieses Tor geöffnet.

WALSER: Woher nehmen Sie denn das, daß Zehntausende – schauen Sie, darin sehe ich wieder jene Routine-Denkart, die dazu geführt hat, daß die Leute das nicht mehr hören können. Das können die Leute nicht mehr hören, diesen Generalverdacht. Mir kommt es vor, als sei das, was ich zusammenfassend als befreiende Wirkung bezeichne, als sei das dadurch entstanden, daß man die Bundesrepublik, die alte und jetzt die neue dazu, daß man sie behandelt hat wie einen Straftäter auf Bewährung, der andauernd seine Resozialisierung unter Beweis stellen muß, weil man sie ihm sonst nicht glaubt. Ich weiß, das ist ein biß-chen riskant, was ich jetzt sage, aber ich muß es riskieren: Schauen Sie, wenn in der Bundesrepublik Brutalitäten gegen Ausländer vorkommen, gegen Asylanten, dann sind unsere Medien sofort bereit, das zurückzubinden an diese deutsche Vergangenheit. Da wird die Resozialisierung –

BUBIS: Dagegen habe ich mich immer öffentlich gewandt.

WALSER: Ich glaube, ich habe Sie im Fernsehen gesehen in Lichtenhagen bei Rostock. Jetzt frage ich Sie, als was waren Sie dort?

BUBIS: Das will ich Ihnen sagen.

WALSER: Denn ich sah Ihr empörtes, ergriffenes Gesicht im Fernsehen, begleitet vom Schein der brennenden Häuser, das war sehr heroisch.

BUBIS: Ja, ich will Ihnen sagen, ich bin dort hingegangen, und jetzt werden Sie es nicht glauben, einmal um zu sehen, gleichzeitig aber auch, und darüber gibt es ein Protokoll, habe ich in der Sitzung mit dem Oberbürgermeister und den ganzen Honoratioren –

KORN: Bei der berühmten Pressekonferenz.

BUBIS: Ja, das war anschließend die Pressekonferenz. Zu den ganzen Honoratioren habe ich gesagt, es darf nicht dazu kommen, daß wegen Lichtenhagen Rostock als Stadt verdammt wird. Ich habe mich darüber unterhalten, in Oranienburg, in Sachsenhausen – die Stadt Oranienburg hat Probleme mit ausländischen Investoren, weil Ausländer eine Hemmschwelle haben, in Oranienburg zu investieren, weil dort in Sachsenhausen das KZ war. Ich habe dieses gesagt. Ich bin bereit, meinen Beitrag dazu zu leisten, den Makel von dem Namen wegzunehmen, nicht von dem, was dort geschehen ist. Da kann man nichts wegnehmen. In Rostock habe ich ähnliches gesagt. In Lichtenhagen habe ich einen Satz gesagt. Ich stand vor dem Haus mit den verrußten Fenstern und habe mir vorgestellt, es waren Menschen drin und es wurden Molotowcocktails dort reingeschmissen. Das hat bei mir schlimmste Erinnerungen wachgerufen. Nur, das habe ich auch gesagt, mit dem Unterschied, das war in Lichtenhagen der Mob. Und das, woran ich mich erinnert habe, war der Staat, der das organisiert und durchgeführt hat. Das habe ich immer wieder gesagt.

WALSER: Ja, aber verstehen Sie, wenn Sie auftauchen, dann ist das sofort zurückgebunden an 1933. Darf ich Ihnen mal einen ganz riskanten Satz von Jakob Taubes vorlesen, diesem jüdischen Religionsphilosophen, das hat mich sehr bewegt: Es ist kein Geheimnis, daß ich Jude bin, und zwar bewußt und Erzjude als solcher, und das bringt für mich einige Probleme mit sich, überhaupt in deutschen Landen. Konträr zu dem, was viele tun, bringt mich das in die Lage, mich des Urteils zu enthalten. Über viele Dinge zögere ich, den Stab zu brechen, weil wir als Juden in all dem unaussprechlichen Grauen, das geschehen ist, vor einem bewahrt geblieben sind, nämlich mitzumachen. Wir hatten keine Wahl. Und wer keine Wahl hat, das heißt, ich war gar nicht gegen Hitler, sondern Hitler war gegen mich. Wer keine Wahl hat, ist auch im Urteil eingeschränkt. Das heißt, er kann nicht beurteilen, was die Faszination anderer ist, die stolpern, die rutschen, die wollen, die fasziniert sind. Jedenfalls wird es für ihn ein Problem der Faszination.

Ich will nur sagen: Wenn Sie irgendwo auftauchen – das meine ich –, dann kommen die, das ist Neonazitum –

KORN: Aber nicht auf Initiative von Herrn Bubis.

WALSER: Nein, nicht auf seine Initiative, sondern auf sein Erscheinen. In Solingen, hat sich herausgestellt, hat ein asozialer Jugendlicher aus ...

BUBIS: Er war auch schon rechtsextrem.

WALSER: Nein, das Aufwachsen war doch ein –

BUBIS: Ja, das kann sein. Ich sage ja immer – ob Solingen, ob Mölln, ob Rostock, ob Hünxe – das ist der Mob, das sind Verbrecher. Und ich habe nie versucht, nie versucht, das in Zusammenhang mit Auschwitz zu bringen, nie. Weil ich gesagt habe, Auschwitz, das war der Staat, der organisiert und durchgeführt hat.

WALSER: Aber Sie sagen jetzt doch selber, daß Sie hinschauen müssen, daß es nicht passiert wie nach 1933.

BUBIS: Soll ich etwa nicht hinschauen? Nein, ich melde mich. Ich habe schon manchmal gesagt, die Presse wendet sich immer an mich, weil ich dazu auch Stellung nehme, es kann schon sein, daß die Presse, die Medien mich instrumentalisieren, kann schon sein. Aber ich lasse mich auch deshalb instrumentalisieren, weil ich dazu nicht schweigen will. Ich sage, mir wäre es lieber, wenn andere reden würden, dann müßte ich nicht so oft reden.

WALSER: Die reden doch, es ist doch kein Mangel an Berichterstattung über Solingen, Mölln und Lichtenhagen. Das ist doch ständig im Fernsehen. Es bedarf keiner Rückbindung an die Jahre 1933 bis 1945. Die Brutalitäten, die da stattfinden, sind wie Sie sagen, man kann es Mob nennen, ich sage, es sind Asoziale, die in besonderer Hoffnungslosigkeit und familiärer –

BUBIS: Das hat mit Hoffnungslosigkeit wenig zu tun.

WALSER: Sondern?

BUBIS: Wenn jeder Hoffnungslose zum Verbrecher würde –

WALSER: Nicht jeder, aber es sind doch diese paar Beispiele.

KORN: Von der DVU und NPD werden diese Leute doch in Anspruch genommen.

WALSER: Die sind verführbar. Aber wozu führt es in den deutschen Ländern? Wo ist der rechtsradikale Parlamentarier, auf den wir aufmerksam machen müssen, weil er gefährlich wäre?

BUBIS: Noch hat sich kein solcher gemeldet.

WALSER: Also.

BUBIS: Aber – und jetzt sage ich aber: Wenn es zum Beispiel der DVU in Sachsen-Anhalt gelungen ist, in einem Land, in einem Bundesland mit 1,5 Prozent Ausländern und 22 Prozent Arbeitslosen, den Leuten weiszumachen, sie müßten DVU wählen, weil diese 1,5 Prozent Ausländer – sie haben natürlich nicht gesagt, diese 1,5 –, weil diese Ausländer ihnen die Arbeitsplätze und die Wohnungen wegnehmen, wenn das tatsächlich dazu führt, daß 12,9 Prozent insgesamt und bei männlichen Jugendlichen zwischen 18 und 25 Jahren 32 Prozent DVU wählen, dann kann ich nicht den Mund halten.

WALSER: Und Sie halten das nicht für Protestwähler?

BUBIS: Zu billig. Zu einfach.

WALSER: Und diese Arbeitslosigkeit ist nicht die Hauptursache für dieses Wählen?

BUBIS: Aber doch nicht die DVU. Die DVU wird doch nicht das Arbeitslosenproblem lösen.

WALSER: Entschuldigen Sie, wenn die klassischen Parteien gegen diese Arbeitslosigkeit nichts tun, dann wählen –

BUBIS: Wenn da anderthalb Prozent Ausländer als die Schuldigen für die 22 Prozent Arbeitslosigkeit hingestellt werden, und die Menschen glauben das –

KORN: Die Arbeitslosigkeit wurde doch schon einmal von braunen Rattenfängern ausgenutzt. Hier ist doch ein Muster vorgegeben, auf das Ignatz Bubis sensibel reagiert, auch wenn Sie vielleicht darin recht haben, daß das nicht die alleinige Ursache ist.

WALSER: Aber entschuldigen Sie, es gibt in Frankreich und Italien, in den Vereinigten Staaten und in anderen Ländern andauernd soziale Konflikte, die aus solchen Ursachen entstehen. Und die sind so kraß wie hier. Und nur hier werden sie zurückgebunden ans Nazitum. Und das können die Leute nicht mehr ertragen, und das wollen sie nicht andauernd hören, und darauf haben sie ein Recht, denn sie haben mit diesem Spuk nichts mehr zu tun. Wir haben heutige Probleme und die müssen eine heutige Sprache finden. Und das ist unsere Verantwortung, Herr Bubis.

BUBIS: Das, was Sie jetzt vorgehalten haben, lasse ich mir nicht ans Bein binden, weil ich nie in diese Reihe gehört habe. Im Gegenteil. Ich sage immer wieder, daß es falsch sei zu sagen, 1933 lag es an der hohen Arbeitslosigkeit, die zum Nationalsozialismus geführt hat, und heute könnte es deshalb wieder dazu kommen.

WALSER: Entschuldigung, auch Leute, die sich nicht an Sie wenden, haben ein Gewissen und wollen mit ihrem Gewissen ins reine kommen und wollen nicht sich vorschreiben lassen, in welchem Sprachgebrauch sie mit der deutschen Vergangenheit umgehen. Darum geht es. Herr Korn, und woher kommen denn Ihre Formulierungen vom kanalisierten Jargon der Betroffenheit, wenn nicht daher, daß da ein Übelstand im Lande war oder ist?

KORN: Ich weiß nicht, ob Sie das nicht eher als literarisches, sprachliches Problem sehen. Ich sehe es mehr als ein politisches Problem von bestimmten Leuten, die das tatsächlich zur Routine gemacht haben auf politischer Ebene. Aber ich denke, man darf jetzt ein privates Problem nicht mit politischen Notwendigkeiten vermischen. Wir müssen das Private und das allgemein Politische auseinanderhalten.

WALSER: Was ist das Private?

KORN: Das Private ist zum Beispiel das Gewissen.

BUBIS: Ihr persönliches Gewissen.

WALSER: Ich kann immerhin noch sagen, daß nicht mein ganzer Text mißbraucht und mißverstanden wurde, wenn man daraus den Schluß zieht, daß man sich nicht vorschreiben lassen will, wie man zur deutschen Vergangenheit steht. Und Herr Korn, das ist doch das Gewissensrisiko: Mir ist ein freies Gewissen, das zu inakzeptablen Ergebnissen kommt, lieber als ein gebundenes Gewissen, das letzten Endes im Nachbeten von Wohlempfohlenem sein Auskommen findet.

Wenn Herr Bubis mir vorschreibt, ich darf nicht Schande sagen, sondern ich soll Verbrechen sagen, dann bemerke ich darin eine Vorschrift, Herr Bubis. Dann wollen Sie mir sagen, wie ich mit meinem Gewissen umgehen soll. Und dann wehre ich mich dagegen. Ich lasse mir das nicht nehmen, daß ich Schande sage. Sie können von Verbrechen reden und dabei bedenken Sie noch nicht einmal, daß Schande wirklich von nichts zeugt als von Verbrechen, verstehen Sie? Aber Sie merken doch, Herr Bubis, daß Sie da in einem, ja in einem eingeschlafenen Sprachgebrauch sind.

BUBIS: Aber Sie wollen nicht einsehen, daß Sie mit Ihren Äußerungen den anderen diese Einladung gegeben haben. Sie haben das nicht beabsichtigt, möglicherweise.

WALSER: Meine Briefschreiber sind in der Mehrzahl ehrenwerte Leute. Also bleibt es dabei.

Sind hier zwei Sprachen im Schwange, und dürfen beide Sprachen sein, Herr Bubis? Sie müssen mir nicht anbieten, daß ich mißverstanden worden bin, denn das kann ich als Schriftsteller nicht ertragen. Ich habe in all diesen Jahren noch nie so etwas Volksabstimmungshaftes erlebt. Vielleicht erleben Sie das öfter – ich nicht, und ich würde meiner beruflichen Existenz einen schlechten Dienst tun, wenn ich das nicht ernst nehme, was daraus entstanden ist und was jetzt andauernd die Zeitungem füllt. Das kann nicht nur ein Mißverständnis meiner Rede sein.

BUBIS: Elie Wiesel schrieb an Sie: »Sie klagen auch jene an, die Auschwitz als Einschüchterungsmittel nutzen. Wen meinen Sie? Politiker in Deutschland, Überlebende anderswo? Verstehen Sie nicht, daß Sie eine Tür geöffnet haben, durch die andere eindringen können, die völlig andere politische Absichten verfolgen, die auf ganz andere Weise gefährlich sind?« Das ist doch der Punkt.

WALSER: Jetzt muß ich noch etwas sagen: Wenn wir bei unseren Äußerungen, Herr Bubis, nur das sagen können, was nicht mißbraucht werden kann, dann überlassen wir gewisse Themen denen, die sie nur mißbrauchen wollen. Ich habe dafür ein Beispiel: Wenn ich, und das ist Jahre her, nur zu Protokoll gegeben habe, daß ich mich nicht an die Teilung gewöhnen konnte, dann war ich schon ein Nationalist.

Wir haben das Thema der deutschen Teilung anderen überlassen, verstehen Sie. Wir haben es den Rechtsextremisten überlassen, und die Nation war für die Intellektuellen in den Feuilletons kein Thema mehr. Nicht einmal das Wort Heimat durfte man mehr verwenden. Und jetzt sagen Sie mir, ich darf das nicht sagen, weil es sonst in der Nationalzeitung mißbraucht wird.

Sie denken nicht an die vielen, die eine Sprache brauchen, die nicht vorgeschrieben ist. Das ist zum Beispiel meine Sprache. Die Sprache der Literatur ist, das habe ich gesagt, die einzige, die einem nichts verkaufen will. Ich habe nur gesagt, wie es mir geht. Und darin haben andere gesehen, wie es Ihnen geht. Und wenn Sie mir das madig machen wollen, weil die Nationalzeitung damit Mißbrauch macht, dann schränken Sie einfach das Gewissen wieder ein auf das, was die Nationalzeitung nicht mißbrauchen kann. Entschuldigen Sie, das ist mir für mein Gewissen zu wenig.

BUBIS: Es ist nicht nur die Nationalzeitung.

WALSER: Ja, dann ist es halt noch eine mehr. Lesen Sie die?

BUBIS: Nein, nein.

WALSER: Also.

BUBIS: Ich bekomme sie zugeschickt. Die »Junge Freiheit« wollte mich einmal zu einer Antwort provozieren. Dreimal hintereinander hat sie mir ihre Kommentare zugeschickt. Nur, ich habe darauf nicht reagiert. Aber ich komme zurück auf das, was wir vorhin gesagt haben, auf die »befreiende Wirkung«. Diese »befreiende Wirkung« wurde in der Öffentlichkeit ganz anders empfunden, als wie Sie sie gemeint haben mögen.

WALSER: Schauen Sie, der Unterschied zwischen Historikerstreit und unserer Debatte ist der: Der Historikerstreit wurde unter Experten, unter Historikern geführt. Und jetzt, bei diesem Thema, Herr Bubis, da muß ein Bedarf, da muß ein Bedürfnis gewesen sein. Und mit dem sind wir beide jetzt konfrontiert. Und wir können nicht zurück.

SCHIRRMACHER: Und darum mußten Sie hierherkommen, Herr Walser!

BUBIS: Vergessen Sie eines nicht, vor dem Fernsehschirm saß ein Millionen-Publikum. Und es waren viele Leute darunter, die Ihre Werke nicht kennen, auch wenn sie von vielen gelesen werden.

WALSER: Sicherlich. Es ist nicht leicht, in einem politischen Raum mit einer persönlichen Schriftsteller-Sprache zu sprechen. Ich will mir aber keine Sekunde lang meinen Sprachgebrauch durch den Raum vorschreiben lassen, in den ich spreche. Und jetzt nenne ich Ihnen meine erste Reaktion auf Ihre Reaktion, Herr Bubis. Ich dachte immer, mein Gott, wieso nennt der mich das und das und das. Der Skandal muß doch für Sie sein, daß nach der Rede so viele Leute aufgestanden sind und geklatscht haben.

BUBIS: Natürlich, habe ich auch gesagt.

WALSER: Mit denen müssen Sie sich doch beschäftigen, nicht mit mir.

BUBIS: Ich habe gesagt, daß ich erschüttert war, als ich gesehen habe, wer alles da an manchen Stellen applaudiert hat.

WALSER: Ja, aber das ist doch das Problem, und das sollte Ihnen zu denken geben.

BUBIS: Natürlich, das gibt mir schwer zu denken.

WALSER: Ich frage Sie: Sind die Reaktionen, die Sie im Saal erlebt haben, und die jetzt so breit wie noch nie bei einem anderen Thema diskutiert werden, mit einem Mißverständnis erklärbar? Es muß Ihnen doch deutlich sein, daß diese Reaktion nicht nur auf Mißverständnis von Walser-Sätzen zurückzuführen ist. Sie müssen sich doch auch fragen, ob der herrschende Sprachgebrauch für alle ausreichend ist.

BUBIS: Ich wußte schon immer, daß es diese Gruppe, die nicht sehr klein ist, in der Gesellschaft gibt.

SCHIRRMACHER: Welche Gruppe meinen Sie?

BUBIS: Diejenigen, die endlich diese Befreiung haben wollten.

SCHIRRMACHER: Die Befreiung wovon?

BUBIS: Die Befreiung vom eigenen Gewissen. Man erlebt jetzt eine Entlastung, man kann jetzt sagen, man habe jemanden, auf den man sich berufen kann, auf Martin Walser, einen unverdächtigen Mann.

WALSER: Und das darf nicht sein.

KORN: Ignatz Bubis fürchtete doch, daß die Verantwortung, die eigentlich, wie Sie ja auch sagen, das Kollektiv trägt … Es geht darum, daß sich viele Menschen aus dieser Verantwortung nun verabschieden, weil sie sagen können, daß Martin Walser es ihnen vorgemacht hat. Das ist doch die Sorge von Ignatz Bubis.

BUBIS: Herr Walser, wenn alle Sie so verstanden hätten, wie Sie …

WALSER: Dann wäre ich heute tot.

BUBIS: Nein, nein, wenn alle Ihren Standpunkt so verstanden hätten, wie Sie ihn heute hier erklärt haben, dann hätte ich überhaupt keine Probleme, dann hätte ich keinen Mucks von mir gegeben.

WALSER: Das verstehe ich nicht.

BUBIS: Aber die Mehrheit hat Sie anders verstanden, ich auch.

WALSER: Die Mehrheit hat mich richtig verstanden. Entschuldigung. Ich laß' mir das nicht nehmen.

SCHIRRMACHER: Das ist jetzt eine Vermutung, die wir alle nicht beantworten können.

WALSER: Doch, entschuldigen Sie, das sehen Sie an der sich fortsetzenden Artikelfolge in allen möglichen Zeitungen. Ich sage ja nicht, daß sie recht haben. Ob diese Autoren mir jetzt zustimmen oder gegen mich sind, ob sie mich verhöhnen oder mich feiern, das meine ich nicht. Ich meine, daß sie es für wert halten, sich mit meinem Thema zu beschäftigen.

KORN: Und die Reaktion des Publikums.

WALSER: Und ich muß Ihnen sagen, daß ich Ihre Vermutung, das sei alles Mißverständnis, so sehr zurückweise, wie ich irgend kann. Ich bin nicht mißverstanden worden.

KORN: Herr Walser, wäre die befreiende Wirkung dieser Debatte entstanden, wenn Ignatz Bubis nicht nach Ihrer Rede eingegriffen hätte?

WALSER: Es ist doch um so interessanter, daß sich die Leute meinen Text nicht von Ignatz Bubis haben schmähen lassen, und zwar die Majorität.

BUBIS: Auch solche, die Ihren Text anders verstehen, als Sie meinen. Diese Leute lassen sich auch von mir nicht schmähen.

WALSER: Ich fühlte mich nicht mißverstanden von der Mehrheit derer, die mir geschrieben haben. Und ich fühle mich nicht mißverstanden von der Mehrheit derer, die in den Zeitungen darüber schreiben. Ich bin ein paarmal geschmäht worden, gut, das ist halt so. Die bis heute andauernden Reaktionen zeigen mir, daß genug Erfahrungsenergie in der Rede war, die die Leute nicht zur Ruhe kommen läßt.

BUBIS: Richtig, und die Rede läßt sie deshalb nicht zur Ruhe kommen, weil jeder etwas anderes daraus ableitet.

WALSER: Das ist immer so bei literarischen Texten.

KORN: Es ist fast ein psychoanalytischer Effekt, den Sie ausgelöst haben, indem Sie mit der Unschärfe Ihrer Rede einen riesigen Assoziationshintergrund geschaffen haben. Und Sie nehmen das in Kauf, habe ich jetzt verstanden. Sie sagen, daß es Ihnen lieber ist, daß möglichst viel an die Oberfläche kommt, und seien es auch die Ansichten der Nationalzeitung. Lieber öffnen Sie diese Flasche, als daß diese Flasche verschlossen bleibt. Ist das richtig?

WALSER: Moment, ich lasse das Bild nicht zu, daß die psychische und mentale Befindlichkeit der Majorität der hiesigen Bevölkerung so dargestellt wird, als sei sie in eine Flasche gesperrt. Denn der Stöpsel ...

BUBIS: Doch, die Befreiung war ja da, heraus aus der Flasche.

WALSER: Aber nicht aus der Flasche. Verstehen Sie, die Flasche ist mir als Bild einfach zu billig. Ich habe vom Gewissen gesprochen, das man nur für sich hat, und mit dem man allein ist, und das sich keine Vorschriften machen lassen darf, und das ist nicht etwas in eine Flasche Gesperrtes. Entschuldigen Sie, ich wage nicht Ihr Bild fortzusetzen, dann haben Sie das deutsche Gewissen in eine Flasche gesperrt, zu der Sie den Stöpsel haben.

BUBIS: Nein, nein, die Leute haben geglaubt, sie müßten in der Flasche stecken, und haben erwartet, daß ich ihnen den Stöpsel öffne. Und nun haben Sie es eben gemacht.

WALSER: Für wieviel Prozent der Bevölkerung steht die Nationalzeitung?

KORN: Für fünfzehn Prozent.

WALSER: Wieviel?

KORN: Für fünfzehn Prozent.

WALSER: Woher wissen Sie das?

KORN: Aus statistischen Umfragen.

WALSER: Entschuldigung, aber wir kennen doch nur die Demokratie in den Parlamenten. Rechtsextremisten sitzen doch nicht im Parlament. Ihr macht da aus einem ….

BUBIS: Sie wären längst in den Parlamenten, wenn sie nicht auch noch untereinander konkurrieren würden.

WALSER: Das ist eine Unterstellung.

SCHIRRMACHER: Wenn Sie mißverstanden werden, oder auch instrumentalisiert, oder gefälscht, was werden Sie tun?

WALSER: Ich werde meine Rede nicht ändern, wenn ich sehe, daß sie mißbraucht werden kann. Das habe ich noch nie getan.

SCHIRRMACHER: Nein, nicht die Rede. Aber sagen, ich bin nicht das und das, meine Herren, mit mir nicht.

KORN: Herr Walser, Sie sind einer der wenigen, die sich seit Ihrer Rede so gut wie nicht geäußert haben. Es haben sich viele geäußert. Sie haben sich nicht geäußert, mit einer Ausnahme, der Rede in Duisburg. Ist das richtig?

WALSER: Doch, ein bißchen einmal im Fernsehen.

KORN: Es wäre für Sie ein leichtes gewesen zu sagen, Ihre Rede sei nicht das gewesen, was aus ihr im rechten Spektrum gemacht worden ist. Diese Feststellung haben Sie nicht getroffen.

Geschah das aus Gründen der »seelischen Volkshygiene«, weil Sie sich gesagt haben, es sei besser, daß es rauskommt, und dazu meinten Sie besser zu schweigen. Warum haben Sie sich seither nicht geäußert?

WALSER: Ich habe keine Rede gehalten, von der ich glaube, daß sie kommentiert werden muß. Ich habe in Duisburg nur deswegen das Wort ergriffen, weil ich dort schon lange einen Vortrag halten sollte und zu dem Tag dann nicht sprechen konnte, als wäre nichts gewesen.

KORN: Aber ein klärendes Wort, wäre das so schwierig gewesen, ein klärendes Wort?

WALSER: Entschuldigung, nein, ich nehme das nicht zur Kenntnis. Ich spreche nicht für die Nationalzeitung. Für mich existiert die Nationalzeitung nicht.

SCHIRRMACHER: Nein, es geht um folgendes. Thomas Mann, zum Beispiel, das ist für Sie kein gutes Beispiel –

WALSER: Doch.

SCHIRRMACHER: – in den zwanziger Jahren, fand er sich plötzlich zitiert. Er fand sich plötzlich zitiert in extremistischem Umfeld, und zwar mit den »Betrachtungen eines Unpolitischen«. Und dann sagte er: mit mir nicht, Freunde.

BUBIS: Ohne Freunde.

WALSER: Verstehen Sie, ich sehe, daß Sie mich sozusagen freundlich nötigen wollen, mich zu etwas zu verhalten, was ich nicht kenne. Und ich bitte Sie, sich das doch auch selbst zu fragen, ob man da nicht im Sprachgebrauch etwas hat einschlafen oder verkommen lassen, was das Gewissen der Menschen betrifft, so daß sich nachher aus meiner Rede so eine Sache entwickeln mußte.

SCHIRRMACHER: Aber das wäre vielleicht nie passiert ohne die Intervention von Bubis.

WALSER: Gut, das kann man sagen. Aber dann ist es ja gut. Ich habe ja nichts dagegen. Ich habe mich ja auch von Herrn Bubis beschimpfen lassen.

Der israelische Botschafter hat etwas geschrieben, das für mich etwas von der Atmosphäre wiedergibt. Ich darf Ihnen den Anfang vorlesen. Da heißt es: Eine alte talmudische Lehre laute: Ein geistig Hochstehender, der auf seinem Rock einen Fleck duldet, hat die Todesstrafe verdient. Das sei natürlich eine Metapher, sagt der Botschafter, er benutze den Talmud, um zu betonen, wie verhängnisvoll eine Nachlässigkeit eines Menschen, der als Vorbild gilt, sein kann.

BUBIS: Damit hat er Sie gemeint.

WALSER: Das weiß ich auch. Herr Bubis, aber was der Botschafter hier sagt, halte ich für eine Unverschämtheit.

Verstehen Sie, das Bild mit der Todesstrafe, das war nur eine Metapher. Aber warum fängt er mit einer Metapher mit der Todesstrafe an? Er sagt natürlich, es gehe hier um eine Metapher. Und trotzdem ist das erste Bild, das er einführt, daß der eine Todesstrafe verdient hat, der einen Fleck auf seinem Rock duldet.

Wo ist der Fleck auf meinem Rock? Wo ist die Nachlässigkeit? Ich sage Ihnen, diesen Umgang mit Menschen ertrage ich nicht. Und wenn das einer bisher eingeführten Umgangsart entspricht, dann müssen Sie sich nicht wundern, wenn die Leute sich wehren.

Und das sage ich Ihnen ganz im Ernst: Wir müssen eine neue Sprachstufe entwickeln. Als Bundespräsident Herzog in Berlin auftrat und sagte, die Art und Weise, wie wir uns gemeinsam erinnern, sei noch nicht gefunden, fand ich das ganz wunderbar. Sie haben das auch gesagt. Es gibt opferzentrierte und täterzentrierte Feiern, und miteinander hat man den kleinsten gemeinsamen Nenner. Herr Bubis, das ist unser Thema. Wir haben die Weise des Erinnerns noch nicht gefunden.

Ich darf das jetzt einmal ein wenig pauschal sagen: Die Mehrheit der Deutschen – natürlich würde man kritisch sagen, das sei die schweigende Mehrheit – hat die gemeinsame Sprache noch nicht gefunden.

BUBIS: Warum haben Sie das nicht gesagt?

WALSER: Ich habe den Übelstand festgestellt, indem ich gesagt habe: Einschüchterungsroutine. Ich habe gesagt: Instrumentalisierung, Einschüchterung, Moralkeule, Lippengebet.

BUBIS: Wenn noch ein Satz dabei gewesen wäre.

WALSER: Wie wäre der?

BUBIS: Wir müssen einen Weg finden für ein gemeinsames Erinnern. Wenn noch dieser Satz im Text gestanden hätte, dann wäre alles ganz anders. Eine ganz andere Wirkung.

WALSER: Diesen Satz hat Bundespräsident Herzog beigesteuert. Und zwar, Herr Bubis, weil ich meine Rede gehalten habe. Sie glauben nicht, daß Roman Herzog diese Rede am 9. November unter anderen Umständen so hätte halten können, wie er sie gehalten hat.

BUBIS: Das glaube ich tatsächlich nicht. Ich hätte auch eine ganz andere Rede gehalten.

WALSER: Also bitte schön. Dann gestehen Sie mir doch bitte zu, daß ich etwas ausgelöst habe, ohne es zu wollen. Aber es ist etwas in Gang gekommen, was wir ernst nehmen müssen, etwas, mit dem wir nicht umgehen können wie mit dem Geist in der Flasche, und dann kommt ein Stöpsel drauf.

BUBIS: Nein, ich will den Geist in die Flasche nicht.

SCHIRRMACHER: Sie beschreiben hier ja sehr genau die Schwierigkeiten dieser Sprache. Und wir finden sie immer wieder. Die Rede hat natürlich etwas initiiert, konnte aber die Klärung selbst nicht leisten.

BUBIS: Deshalb habe ich gesagt, Sie haben die besten Absichten gehabt.

WALSER: Nein, das haben Sie nicht immer gesagt.

BUBIS: Nein, nein, ich unterstelle. Sie haben versucht, mich heute aufzuklären. Ich nehme es Ihnen ab, daß Sie die besten Absichten hatten. Aber die Wirkung bleibt die gleiche.

WALSER: Herr Bubis, ich muß Ihnen etwas sagen.

BUBIS: Ich bin mir nicht sicher, aber ich nehme es Ihnen ab, weil ich Ihnen nicht das Gegenteil beweisen kann.

WALSER: Herr Bubis, ich will Ihnen jetzt etwas sagen. Man hat mir gelegentlich öffentlich wie privat gesagt, daß ich mich doch endlich mit Herrn Bubis treffen müsse. Das hat man Ihnen umgekehrt auch gesagt.

Und dann hat man Ihnen wahrscheinlich gesagt, solange Sie den Vorwurf des Brandstifters erheben, könne es kein Treffen geben. Und dann haben Sie gesagt, daß sich erst in einem Gespräch klären kann, ob man den Vorwurf zurücknehmen könne. Und da, das sage ich Ihnen, daraufhin hätte ich eigentlich nie mit Ihnen ein Gespräch führen dürfen.

Wissen Sie warum? Sie hätten mich schon wieder auf Bewährung empfangen. Deutsche müssen beweisen, daß sie human sind, eo ipso sind sie es nicht. Ich soll mich im Gespräch mit Ignatz Bubis bewähren.

BUBIS: Nein, nicht bewähren. Sie müssen erklären, daß Sie etwas anderes gemeint haben, als das, was ich verstanden habe und viele andere mit mir.

KORN: Herr Walser, nehmen Sie doch vielleicht hin, daß man als normaler Zuhörer, der nicht gewohnt ist, die Sprache des Politikers wie ein Kreml-Astrologe auszulegen …

BUBIS: Die Politiker reden auch verklausuliert.

KORN: Sie benutzen eine andere Sprache. Es ist ja vielleicht auch gut, daß dieses Problem aufgebrochen ist. Aber es ist auch gut, die Mißverständnisse zu beseitigen.

WALSER: Aber ich kann nur zum hunderttausendsten Mal sagen, daß die Wirkung, die wir alle jetzt erleben, nicht auf Mißverständnissen beruht. Das bitte ich zur Kenntnis zu nehmen. Wenn Sie glauben, es gehe um ein Mißverständnis, dann haben wir uns hier wieder nicht verstanden. Wir müssen eine neue Sprache finden.

KORN: Ich muß Sie mit einer eigenen Aussage konfrontieren. Sie sprachen in den Medien von der Häufigkeit der Beschuldigungen. Warum haben Sie von einer Häufigkeit der Beschuldigung gesprochen. Warum haben Sie nicht gesagt: Häufigkeit der Information? Klären Sie das bitte auf. Ich verstehe es nicht.

WALSER: Nicht? Wenn es sich um eine Information handeln würde, müßte man sie nicht so häufig wiederholen, dann wäre sie gegeben. Wenn man sie aber als Beschuldigung behandelt, dann ist das eine moralische Tätigkeit, weil der auf Bewährung entlassene Straftäter Deutschland nicht oft genug an seine Schuld erinnert werden kann.

KORN: Aber ist es nicht so, daß Generationen nachkommen, die immer wieder neu informiert werden müssen?

WALSER: Aber natürlich.

KORN: Und die das als Beschuldigung empfinden?

WALSER: Sie wissen, daß es im Fernsehen einen Satz von Experten gibt, der lautet: Hitler bringt Quote. Das Interesse an der Quote wird doch nicht als Information gerechtfertigt. Das ist einfach keine Information. Sie kennen diese Bilder von Auschwitz, ich kenne sie. Ich mag sie gar nicht beschreiben. Immer wieder diese Bilder zu senden ist skandalös. Henryk M. Broder hat einmal gesagt, diese Wiederholungen seien obszön. Und das ist und bleibt obszön. Das ist nicht Information, sondern das ist Gewissensdomestizierung und Gewissensmanipulation. Basta.

BUBIS: Heute war eine Meldung im Radio, die auf das gleiche hinausläuft. Michael Naumann, der zukünftige Kulturminister, will vorschlagen, das Holocaust-Mahnmal durch Wechselausstellungen zu ersetzen, die aber inmitten eines Gartens mit Spielplatz eingerichtet werden sollen. Ich will mich jetzt nicht zum Entwurf von Eisenmann äußern. Ich habe mich zu keinem der Modelle geäußert. Aber die Begründung, ein solches Mahnmal solle nicht errichtet werden, weil es beschmiert werden kann, das kann's nicht sein.

WALSER: Wenn ein Denkmal so beschaffen ist, daß es Leute zur Schändung provoziert ...

BUBIS: Jedes Mahnmal.

WALSER: Das ist doch nicht wahr.

KORN: Sie können überall ein Hakenkreuz aufpinseln.

BUBIS: Die Hakenkreuze werden an Friedhöfen auf Grabsteine geschmiert. Und manches Mahnmal ist bis heute nicht angetastet worden.

BUBIS: Das kann kein Argument sein. Als Rudolf Augstein sagte, Antisemiten, die sonst keine wären, würden nun zu Antisemiten, fand ich das sehr schlimm. Aber ich möchte jetzt versuchen, zu einer Klärung zu kommen: Wie verbleiben wir?

SCHIRRMACHER: Also, was ist jetzt der Stand der Dinge?

WALSER: Also ich finde, wir haben ein zumindest sehr lebendiges Gespräch gehabt. Und wir sind dabei nicht ...

BUBIS: Und ein wichtiges.

WALSER: ... ein wichtiges, und wir müssen nicht davon ausgehen, wie sehr der eine den anderen überzeugt hat. Das, was wir miteinander gesprochen haben, das darf auch einmal in deutscher Öffentlichkeit friedlich gesagt werden. Und wenn es gesagt werden kann, dann ist das schon etwas.

BUBIS: Ich darf Ihnen mein Fazit sagen. Ich kann so viel sagen: Nachdem Sie in diesem Gespräch Ihren Standpunkt erläutert haben, nehme ich den Ausdruck geistiger Brandstifter zurück.

WALSER: Das brauchen Sie nicht. Ich bin keine Instanz, vor der man was zurücknimmt. Ich bin kein Offizier aus dem Casino. Ich brauche das nicht.

BUBIS: Nehme ich den Ausdruck eines geistigen Brandstifters zurück. Ich muß aber dabei bleiben, daß durch die Wirkung Ihrer Rede …

WALSER: Ja, das ist wichtig.

BUBIS: … in der Öffentlichkeit, Sie anderen ein Tor geöffnet haben. Das war nicht Ihre Absicht, aber Sie haben das Tor geöffnet.

WALSER: Da muß ich natürlich hinzufügen, daß es dann höchste Zeit war, daß dieses Tor einmal geöffnet wurde.

BUBIS: Der Meinung bin ich nicht.

SCHIRRMACHER: Dann lassen wir es so stehen.

KORN: Ich glaube, daß wir von zwei verschiedenen Toren sprechen.

BUBIS: Der Begriff der »befreienden Wirkung« ist für mich nach wie vor ein Problem. All diejenigen, die sich bislang nicht getraut haben – die zwar so gedacht haben, aber keinen hatten, auf den sie sich berufen können – haben jetzt einen geistigen Vater, weil Sie sie nicht so verstanden haben, wie Sie es gesagt haben.

SCHIRRMACHER: Aber wer sollte sich denn auch gerade nach dem Gespräch auf den geistigen Vater berufen können?

BUBIS: Doch, ich will Ihnen sagen warum. Es ist ein Unterschied, ob man ein geistiger Vater oder ein geistiger Brandstifter ist. Das ist ein großer Unterschied. Ich kann ja sogar verstehen, daß der eine oder andere diese Befreiung haben wollte. Er hat schon immer so gedacht. Er hat sich nicht getraut.

Ich habe schon früh eine These vertreten: Wenn es Antisemiten gibt, dann ist es mir lieber, sie bekennen sich dazu, als daß sie mit diesem

Haß im Bauch rumlaufen. Das ist ein Stück Normalität. Das ist die Normalität.

WALSER: Das ist eine Anwendung, die mir nicht schmeckt. Aber.

BUBIS: Das ist die Normalität. Obwohl wir über Normalität überhaupt nicht geredet haben.

WALSER: Jetzt gehen wir hinaus, finde ich, weil wir jetzt noch lebendig sind.

Kritik und Literatur

Abschied von der Literatur der Bundesrepublik

*Neue Pässe, neue Identitäten, neue Lebensläufe: Über die Kündigung
einiger Mythen des westdeutschen Bewußtseins*

Die Literatur der Bundesrepublik Deutschland wurde dreiundvierzig Jahre alt. Wie jener in der DDR steht auch ihr das Ende
bevor. Nicht heute vielleicht, aber morgen. Dann wird ein großer Teil
dieser Literatur Erinnerung an ein Land sein, das es nicht mehr gibt,
und die Stimme einer Gesellschaft, deren Geräusche anders geworden
sind. Da es wie ein Abschied zu Lebzeiten ist, vermeiden es die Betroffenen, von der Sache zu reden. Aber man sieht den Bruch. Was eben
noch Gegenwart war, treibt davon.

Über kurz oder lang verliert die Literatur die Garantie der Mitwelt, den Schutz, der darin bestand, daß die Wirklichkeit, über die
sie schrieb, fortdauerte. Nun überleben die Bücher eine Wirklichkeit, deren Bewußtsein sie mit sich schleppen und das sie nicht los-
werden können. Wie wird man den frühen Böll, wie Grass, wie
Günter Eich, wie Peter Weiss oder Arno Schmidt nach dem Ende
der bundesdeutschen Literatur lesen? Werden es Dokumente sein,
archäologische Fundstücke, Denkmale? Werden sie Stücke eines imaginären Museums werden? Oder wird diese Literatur einem gesamt-
deutschen Kulturbesitz zugeschlagen, der die ost- wie die westdeutschen Schriftsteller zusammenführt, gerade so, als handelte es sich
hier nur um Provinzen, um Literaturen jener »Stämme und Land-

schaften«, von denen einst reaktionäre Literaturwissenschaftler redeten?

Bis zuletzt hieß in der Bundesrepublik eine immerhin vierzig Jahre zurückliegende Vergangenheit »jüngste Vergangenheit«. Der Umkehrschluß müßte lauten: es gab keine eigene Vergangenheit dieser Republik. Das öffentliche Bild der Literatur war denn auch noch im Jahre 1990 das Bild des Jahres 1960: Grass oder Böll, Johnson oder Peter Weiss, Walser oder Lenz, Rühmkorf oder Erich Fried. Das waren, auch noch dreißig Jahre nach ihrem spektakulären Auftritt, die Protagonisten der Gegenwartsliteratur. Diese ständige Gegenwart schien kaum Vergangenheit zu besitzen: Benn oder Thomas Mann, Döblin oder Canetti, obgleich alle noch Zeitgenossen, blieben Figuren der Vorgeschichte, ältere, zuweilen enthusiastisch nachgeahmte oder zurückgewiesene Schriftsteller, die die Gegenwart nicht ins Vergangene verlängerten. Jüngste Vergangenheit und älteste Gegenwart vielleicht ist es dies merkwürdig Stillstehende, Erfrorene, zeitlos Alternde der Bundesrepublik, das in ihrer Literatur eines Tages gesucht wird.

Auf den alten Fotos, die den Nachgeborenen in die Hände fallen, sieht man immer wieder Gruppen aufgeräumter, lässiger Personen, die manchmal beieinanderstehen, manchmal wie Schüler im Klassenzimmer sitzen. Es sind Fotos der Gruppe 47, einer der Produktionszentralen des bundesrepublikanischen Bewußtseins. Sie zeigen die literarische Prominenz des Jahres 1959 oder 1965. Aber sofort merkt man, daß es für die alten Fotos keine neuen gibt: Fast kein neues Gesicht ist hinzugekommen. Fast alle sind sie noch da. Und die jüngeren Autoren sind nicht da wie sie. Es hat sich so gut wie nichts geändert. Die hier schon vor dreißig Jahren versammelt sind, bestimmen, und sei es als Namensreste der Bewußtseinsindustrie, das literarische Leben des Landes bis heute. Es fällt nicht leicht, eine andere Epoche zu finden, die so lange bei sich selber aushielt.

Woher dieser Bann? Wieso verharrte das öffentliche Bewußtsein bis zuletzt auf einer anachronistisch gewordenen Vergangenheit? Wieso der Stillstand? Die Antworten darauf finden sich in der Psyche des

Landes selber, das in der Literatur sich einen Gründungsmythos schuf. Erstmals wurden Schriftsteller von einer Gesellschaft wirklich benötigt. Auf dem Spiel stand die Legitimation dieser Gesellschaft. Da die Niederlage von 1945 absolut war, ließ sich auch aus dem Untergang keine nationale Mythologie mehr gewinnen. Aber auch eine biographische, gleichsam private Mythologie war schwer plausibel zu machen. Das Entstehen der verkehrten Bildungsromane, vom »Faustus«, dem Emigrationswerk, über Thelens »Insel des zweiten Gesichts« bis hin zu Benns »Doppelleben« und Grass' »Blechtrommel«, belegte, daß sich ein dringend ersehntes intaktes Ich weder aus der Weltgeschichte noch aus der eigenen Privatgeschichte ableiten ließ.

Das war die Stunde der neuen westdeutschen Literatur. Sie hat, wie Alexander Kluge es in einer seiner Prosaarbeiten formulierte, Lebensläufe geschaffen. Während in den Literaturen der Nachbarländer der Abschied vom einen, stabilen, selbstbewußten Ich längst vollzogen war, begann in Westdeutschland eine junge Literatur damit, es nicht für sich, sondern für eine ganze Nation wiederherzustellen. Dem Ich wurde zugemutet, die durch den einzigartigen historischen Bruch geschlagene Wunde zu heilen. Kein literarisches Werk durfte das katastrophale Erbe verleugnen: es wurde Prosa eines Verlierers, Lied eines Mörders, Gedicht eines von aller Welt Gehaßten und doch auch wieder Drama eines Gefangenen, Vertriebenen, Ermordeten – Täter und Opfer zugleich.

Das »bundesdeutsche Literaturwunder«, auf das sich die Gesellschaft künftig festgelegt hatte, ereignete sich fünfzehn Jahre nach Kriegsende. Damals erschienen Martin Walsers »Ehen in Philippsburg« und »Halbzeit«, Heinrich Bölls »Billard um halb zehn«, die »Blechtrommel« von Günter Grass, Ingeborg Bachmanns »Der gute Gott von Manhattan«, Enzensbergers »Landessprache«, Uwe Johnsons »Mutmassungen über Jakob«; kurz darauf Peter Weiss' »Marat« und der »Abschied von den Eltern«. Das ist fast schon der gesamte Kanon der Literatur der Bundesrepublik. Ihre Figuren sind nicht nur literarisches Personal. In ihnen entwickelte sich aus dem Schuldigen des Krieges der westdeutsche Zivilisationstyp, in ihnen spricht schon die Stimme, mit der die Öffentlichkeit künftig mit sich selber reden wird. Damals entstand das private und öffentliche Bewußtsein Westdeutschlands. Und weil sie diese mythischen Funktionen ausübte, gewann die Literatur der Republik eine religiöse Aura, die schon die behutsame Kritik an den Autoren zum antiintellektuellen Sakrileg machte.

Wo der Schriftsteller Westdeutschlands als öffentliche Instanz künftig seinen Platz einnehmen sollte und wie stark das neue Selbstbewußtsein schon war, das führte 1962 Walter Jens in einer Rede aus. In ihr ist bereits das neue Selbstverständnis in allen Details beschrieben. Der Schriftsteller sei »vielleicht der einzige, dem es noch gelingt, verschiedenartige Phänomene mit den eigenen, nur ihnen zukommenden Maßen zu messen und dem Stalinisten als Sozialist, dem Klerikalen als Christ und dem Fanatiker als Demokrat den Spiegel vorzuhalten. Einstmals rühmender Verherrlicher der Macht, ist der Schriftsteller heute zum Krausschen Nörgler geworden; einst legitimierter Sprecher einer Klasse und Repräsentant der Nation, ist der aus den vertrauten Bindungen Entlassene, wenn er die Stimme erhebt, allen in gleicher Weise verdächtig.«

Er machte sich überhaupt nicht verdächtig. Der Text widerlegt sich durch seinen eigenen Gestus: Sprecher und Repräsentant der Nation zu sein, das ist bis heute die Funktion eines beträchtlichen Teils der literarischen Protagonisten. Ein Großteil der von der Gruppe 47 repräsentierten Literatur hat, ohne es vielleicht zu wollen, die Nachkriegsgesellschaft mit neuen Pässen und neuen Biographien versehen. Vor Jahren schon hat Hans Magnus Enzensberger, eine der großen Ausnahmen, auf die Entlastungs- und Ersatzfunktion der Texte hingewiesen: »Eine führende Zeitschrift des Nachkriegs hieß ›Die Wandlung‹. Den Deutschen und mehr noch der Außenwelt eine solche Wandlung zu demonstrieren, das war das Mandat der deutschen Literatur nach 1945.« Es gehört zu den Legenden und Selbsttäuschungen, wenn Repräsentanten dieser Literatur, wie etwa Günter Grass, noch heute behaupten, daß sie sich gegen eine reaktionäre und nationalistische

Öffentlichkeit hätten durchsetzen müssen. Tatsächlich wartete die überwältigende Mehrheit der nachwachsenden Generationen nur darauf, die neue fortschrittliche Identität annehmen zu können. Sie protegierte diese jungen, moralisch aufgewühlten Autoren, weil sie eine einmalige Chance sah, ein neues Bewußtsein geliefert zu bekommen. Und sie gab den Schriftstellern die Möglichkeit, sich wirklich als Anfang zu sehen.

Als sich die Autoren spektakulär Ende der fünfziger Jahre zu Wort meldeten, erlebten sie jene Symmetrie von Lebenszeit und Welt, von privater Ambition und kollektivem Bedürfnis, von dem alle anderen literarischen Gruppen, Zirkel und Avantgarden nur träumen konnten. Die lebenden Väter hatten keine Autorität mehr, denn sie waren diskreditiert. Die ernstzunehmenden literarischen Väter wie Joyce, Proust, Döblin, Kafka oder Hemingway waren entweder tot oder mußten nachgeholt werden. Zu jung, um schuldig geworden zu sein, alt genug, um das Ausmaß der Katastrophe begriffen zu haben, konnten die westdeutschen Autoren ein Selbstbewußtsein artikulieren, ein aus den Katastrophen wieder hervorgegangenes geläutertes Ich, wie es etwa von dem konservativen Gottfried Benn längst zerstört worden war.

Die europäische Moderne war mit dem Anspruch aufgetreten, ihre Vorgänger zu bekämpfen, das vorhergehende Kunstwerk vergessen zu machen und auszulöschen. Hier jedoch war eine Literatur, die, anders als die Moderne vor und neben ihr, ihre Vergangenheit nicht auslöschen durfte. Sie sah sich mit guten Gründen veranlaßt, die Vergangenheit als Erinnerung wachzuhalten, von ihr zu erzählen. Die Fakten des Krieges und des Holocausts hatten diese Literatur immer schon überholt: Sie hatte ihre Vergangenheit vor sich, schrieb auf dieses Ziel zu, war Erklärungs- und Selbsterklärungsprozeß einer Generation.

Zugleich aber, und darin lag ihr Widerspruch, versuchte die neue westdeutsche Literatur, auf anderem Wege diese Vergangenheit auszulöschen und Kontinuitäten zu brechen. Das, was sie dem restaurativen Establishment später vorwarf, hat sie selber ausgeführt: Der Verlust der Bundesrepublik an Vorgeschichte, der Zusammenbruch der Kontinuität war der Preis für den Gründungsmythos der Nachkriegsliteratur. So wurde der Zusammenhang zwischen der NS-Literatur und der Literatur der fünfziger Jahre erst Jahrzehnte später diskutiert. Aber auch die Emigranten, Angehörige einer anderen Generation, waren bekanntlich nicht verteten. »Als sie den Mördern entkommen waren«, so schrieb Wolfgang Koeppen 1966 an Hans Werner Richter über die vergessenen Emigranten, »holte sie ein anderer Feind, dem nicht zu entfliehen war: die Zeit. Der Gedanke, daß die deutsche Literatur nach 1945 wohl der einzige, wirklich nazifreie Stand in unserer Bundesrepublik ist, tröstet nicht für ein gestohlenes Leben.«

Dem gestohlenen Leben der Gesellschaft liehen die Autoren ein neues: Es ist überaus bezeichnend, daß die wenigen sich mit dem Nationalsozialismus befassenden Werke, die zu dauerhaftem nationalen Ruhm gelangten, von der »Blechtrommel« bis zur »Deutschstunde«, das Dritte Reich aus der Kinderperspektive beschreiben. Mit ungläubigen Augen, begabt mit der klaren Moral der Naiven und Unschuldigen, zeigte man sich als Zeuge der monströsen Katastrophe. Und dankbar – keineswegs, wie es die Legende will, reaktionär erzürnt – machte die Gesellschaft diesen Blick auf die Vergangenheit zu ihrem eigenen. Nicht nur die Literatur der DDR sollte eine Gesellschaft legitimieren und ihr neue Traditionen zuweisen; auch die Literatur der Bundesrepublik empfand diesen Auftrag und führte ihn gewissenhaft aus.

Der Preis war die Vergangenheit. Es scheint, daß ein Großteil der westdeutschen Literatur den Raum der Geschichte nicht geöffnet, sondern ihn, ungewollt, versperrt hat. Den Zusammenhang mit der Vergangenheit, den sie subjektiv herstellen wollte, hat sie objektiv suspendiert. Das Dritte Reich erschien den Nachgeborenen denn auch wie eine böse, aber märchenhaft verzerrte Kindheitserinnerung, in mythischen Vorzeiten angesiedelt und aus aller Geschichte herausgefallen.

In den Raum der Kindheit versetzt, war die Vergangenheit im öffentlichen Bewußtsein denn auch vor allen Dingen Gegenstand einer kollektiven Psychoanalyse, die in die Vorgeschichte wie in Kindheitstraumata eindrang. Das Bewußtsein des Landes siedelte sich am imaginären Ende der Geschichte an. Adornos bis zum Überdruß zitierter Satz, wonach es barbarisch sei, nach Auschwitz Gedichte zu schreiben, provozierte nicht den geistigen Habitus der westdeutschen Kultur, sondern gab ihn genau wieder: Sie war in fast allen ihren Aspekten der Interpret und Analytiker ihrer Vorgeschichte, hat sich selber aber einen Standpunkt außerhalb aller Geschichte zugewiesen. Sie war nicht nur am »Ende der Geschichte«, das heißt auch der Literaturgeschichte, sondern schon jenseits dieses Endes. An dieser Stelle machte es sich das kulturpessimistische *juste-milieu* bequem und redete, in Ost wie West, so emphatisch wie kaum je eine Gesellschaft zuvor, von Apokalypse, von Weltuntergang, vom völligen Ende.

Aber wie die Vergangenheit sich entzog, so versperrte sich auch die Zukunft. Die »Wandlung«, die nach Enzensbergers Wort zu demonstrieren war, konnte von den Schriftstellern nie für vollzogen erklärt werden. Auch dann nicht, als klar wurde, daß die westdeutsche Öffentlichkeit sich mental und sozial von der Kriegs- und Nachkriegsgesellschaft fortentwickelt hatte. Die Entwicklung blieb stehen. Bis zuletzt wurzelte alle Identität in den Figuren des Jahres 1960. Es ist bezeichnend, daß der endgültige und bedeutendste Roman über die Bundesrepublik bereits 1953 erschien: Wolfgang Koeppens Prosawerk »Das Treibhaus« hat alles über das Land und seine intellektuelle Verfassung gesagt. Kein späteres Buch hat die Beschreibung dieser Anfangsjahre anachronistisch werden lassen. Nichts hat sich geändert.

Die Gesellschaft, die damals ihr Ich und ihre Stimme fand, ließ von dem Ursprung nie wieder ab. Oskar Matzerath, der Held der Blechtrommel, ist der Repräsentant dieses Bewußtseins. Keine Figur der Vorgeschichte, sondern die Gestalt, in der sich das westdeutsche Bewußtsein erkennt: Von einem bestimmten Zeitpunkt an hat es sich geweigert zu wachsen, es ist in die Jahre gekommen, spielt aber noch Kind.

Die Konventionalität der Literatur, die nicht nur in den Spätwerken von Günter Grass und Heinrich Böll, sondern auch in den Werken der sogenannten »jungen deutschen Literatur« zu beobachten ist, die Vorhersehbarkeit nicht nur der Romane und Erzählungen, sondern auch der Reden und Essays, hat darin ihren Grund. Die Literatur und mit ihr das kulturelle Milieu simulieren ein Ich, das es längst nicht mehr gibt und an dem sie doch verzweifelt festhalten. Dessen Verlust, von anderen Ländern als Irritation erfahren, empfand schon das Vorkriegsdeutschland als Niederlage, und der Faschismus war der Reflex auf den inneren Pluralismus. Daß nun in der Literatur die Simulation fortgesetzt wurde, um die Gesellschaft zu retten, war eine unfreiwillige Pointe. Es gibt keinen Grund, darüber zu höhnen, aber es gibt ebensowenig Grund für jene selbstverliebte Arroganz, mit der die Protagonisten und Anwälte dieser Literatur die »Traditionalisten«, seien es Gregor von Rezzori, Hans Scholz oder Albert Vigoleis Thelen, straften.

Am Ende der alten Bundesrepublik ist von ihrer Literatur festzustellen, daß sie seit drei Jahrzehnten über ein konstantes Bewußtsein verfügt. Zugegeben: es geht hier nur um eine Literatur, die Öffentlichkeit fand und sich Öffentlichkeit schuf. Nicht berücksichtigt sind jene Fälle, die wie etwa der späte Arno Schmidt bald schon in Privatsprachen sich bewegten, nicht berücksichtigt sind Fälle gelingender jüngster Prosa wie etwa die von Rainald Goetz oder Brigitte Kronauer. Es ist aber diese öffentliche Literatur, die das Bewußtsein des Landes ausdrückte, seine Obsessionen und seine Ängste.

Wenn hier von der westdeutschen Literatur wie von einem zusammenhängenden, durch die Gruppe 47 repräsentierten Text die Rede ist, dann sind zwar die Unvereinbarkeiten, die Auslassungen und Abgründe unübersehbar. Natürlich war die Gruppe 47 in dem, was sie wollte, und in dem, was tat, weitaus widersprüchlicher. Die westdeutsche Literatur ist durch weit mehr repräsentiert als nur durch die Gruppe 47. Hier jedoch interessiert sie als gleichsam sozialpsychologisches Organ, als Instrument und Spiegel des kollektiven Bewußtseins, als Produktionsstelle der westdeutschen Identität.

Diese Identität, das läßt sich nach dem Ende der Teilung feststellen, war die Identität einer einzigen Generation. Da sie noch keine Chance hatte, historisch zu werden, folgte sie nicht dem Gesetz der zunehmenden Reflexion, sondern des ideologischen Alterns. Wer ihm sich entzog, wie etwa Hans Magnus Enzensberger, der bereits mit dem »Museum der modernen Poesie« einen anderen Begriff der Literatur formulierte und mit seiner Rede »Staatsangehörigkeit: Deutsch« von der nachkriegsdeutschen Identität sich verabschiedete, wurde sogleich öffentlich von allen Seiten isoliert. Die Biographie war die Form, in der sich die Gesellschaft mit sich selber verständigte. Die Stunde Null war der unüberschreitbare Anfang der Geschichte, die Zäsur zur Vorwelt, der Abschied vom Holocaust und von allem, was zu ihm geführt hatte – von hier aus würde sich alles andere linear fortentwickeln. In dieser Zuversicht ist das literarische Nachkriegsbewußtsein entstanden.

Die westdeutsche Literatur wurde dreiundvierzig Jahre alt. Sie war das Werk einer Generation. Sie ist ein in der europäischen Literaturgeschichte einzigartiger Sonderfall. Genötigt von einer sich schuldig fühlenden Gesellschaft, zu bessern, zu belehren und zu erziehen, aufgefordert, ein demokratisches Bewußtsein zu beweisen, fanden sich die Schriftsteller in einer schier ausweglosen Situation.

Daher ist der jüngste Einbruch der Geschichte in die stillstehende Gegenwart so gewaltig, daß er noch das weltabgewandteste Bewußtsein in Erregung versetzt. Er kommt der Kündigung einer stillschweigenden Übereinkunft gleich und bedroht die Voraussetzungen der einmal gefundenen Identität. Plötzlich wird die Biographie, die identisch war mit der Biographie der Bundesrepublik, in einen größeren, älteren und jüngeren, Zusammenhang gebracht. In seinem soeben erschienenen »Versuch über die Jukebox« notiert der Österreicher Peter Handke: »Zu Ende ging gerade das Jahr 1989, da in Europa von Tag zu Tag und Land zu Land so vieles, und so wunderbar leicht, anders zu werden schien, daß er sich vorstellte, jemand, eine Zeitlang ohne die Weltnachrichten gewesen, zum Beispiel freiwillig eingeschlossen in ein Forschungswerk oder nach einem Unfall monatelang ohne Bewußtsein, würde dann beim Lesen der ersten Zeitung diese für eine Sonderausgabe halten, worin fingiert war, die Wunschträume der geknechteten und getrennten Völker des Kontinents seien über Nacht Tatsachen geworden. Dieses Jahr, sogar für ihn, mit einer Herkunft aus der Geschichtslosigkeit und einer Kindheit wie Jugend kaum belebt, höchstens behindert, von historischen Ereignissen ..., war das Jahr der Geschichte: Es war einmal, als könne diese, neben all ihren anderen Formen, auch ein sich selbst erzählendes Märchen, das wirklichste und wirksamste, das himmlischste so wie irdischste der Märchen sein.«

Handke hat, vielleicht ironisch gebrochen, erfaßt, daß die Veränderung Europas eine neue Zeitrechnung auch im Erzählen ist. Wer erzählt, zählt auf, was ihm in Erinnerung geblieben ist. Die Erinnerung des Jahres 1990 aber, dies wäre für eine gesamtdeutsche Literatur zu lernen, reicht weiter als das Gedächtnis einer Generation.

Es gibt Menschen unter uns, die lebten schon, als Theodor Fontanes »Stechlin« erschien. Scheute man den Manierismus nicht, dann könnte man sagen, daß Menschen, die heute über den Fall der Mauer sprechen, bereits im »Stechlin« mitreden – hier als Greis und dort als plapperndes Kind.

Der Zusammenhang ist noch so nah, wie er überhaupt nur sein kann. Als Erinnerung mitlebender Menschen kann er es noch ungefähr fünf weitere Jahre bleiben, dann erst wird Fontanes Roman aus einer Geister- und Gespensterwelt zu uns sprechen, dann erst wird er absolut Buch geworden sein. Wenig mehr als zehn Jahre trennen Fontanes Alterswerk von den Vorarbeiten zum »Prozeß«, keine neun Jahre von Ezra Pounds früher Lyrik. Und nur zwei Jahre trennen das Auftreten Dubslav von Stechlins von der ersten Veröffentlichung eines unbekannten irischen Schuljungen namens James Joyce. Wenige Jahre liegen zwischen dem letzten Buch Fontanes und Kafkas »Urteil«. In diesen Jahren schiebt sich ein Kontinent zwischen die beiden Werke. Sie sind so unterschiedlich in ihren Begriffen, Voraussetzungen und Erkenntnissen, daß die zeitliche Nähe phantastisch erscheint. Mehr als das Doppelte dieser Zeitspanne, einunddreißig Jahre, liegen zwischen Günter Grass' »Blechtrommel« und dem jüngsten Roman von

Bodo Kirchhoff. Sie sind jedoch in ihren Begriffen und Voraussetzungen so ähnlich, daß hier die zeitliche Ferne unwirklich und phantastisch erscheint. Und doch umfaßt die Linie von Fontane über Grass zu Bodo Kirchhoff noch immer keine hundert Jahre.

Hier zeigt sich der Raum, der sich, gleichsam im Rücken der Gegenwart, öffnen könnte, der Umfang eines produktiven Gedächtnisses. Damit wird nach dem Ende der west- und ostdeutschen keiner neuen, organischen Nationalliteratur das Wort geredet. Im Gegenteil: Wo Literatur, wie in West- und Ostdeutschland, ob sie will oder nicht, das Bewußtsein einer ganzen Gesellschaft aufbauen, stützen und ihre Identität verteidigen soll, verliert sie ihre Vergangenheit. Längst taugt sie dazu nicht mehr. Sie kann ein Ich, über das sie nicht mehr verfügt, auch niemand mehr zur Verfügung stellen. Mit der Literatur Thomas Bernhards oder Paul Celans – um die zwei bedeutendsten deutschsprachigen Autoren der Nachkriegszeit wenigstens zu erwähnen – lassen sich keine Gesellschaften aufbauen und kein Staat machen. Das Ich, das in ihnen spricht, kann man nicht annehmen. Sie sind nichts als sie selber.

Adorno im Ohr

Will man ihn dingfest machen, so sollte man, statt in leeren Hörsälen nach den verstaubten Relikten seiner Irrtümer zu wühlen, sich bei Toscanini, Furtwängler, Karajan anstellen. Mit überlanger, also ironischer Dehnung des Vokals hört man ihn auf alten Tonaufzeichnungen das Wort »Maestro« sagen. Ein solcher aber war er selber.

Der Philosoph, der aus der Musik stammte, Theodor W. Adorno, heute vor hundert Jahren geboren, interpretierte Gesellschaft und Kultur wie ein Dirigent die Partitur. Es sind, wenn man die Übersetzung aus der musikalischen Sphäre erlaubt, Einspielungen entstanden, die selber große Kunst geworden sind.

Der in den Köpfen mancher Konservativer oft als Verderber und in den Herzen vieler Linker gern als Verräter Geführte ist durch die Studentenrevolte von 1968 in ein Rezeptionsdilemma geraten, aus dem er bis heute nicht entkommen ist. Die kurze, verhängnisvolle Ehe, die sein politischer Dilettantismus mit dem der heute sechzigjährigen damaligen Studenten einging, hat den uninteressantesten Aspekt dieser Philosophie auf Jahrzehnte hin in den Vordergrund geschoben. Ihm widerfuhr, was auf politisch konträre Weise seinem Freund Thomas Mann mit den »Betrachtungen eines Unpolitischen« geschah; Thomas Mann blieben noch über drei Jahrzehnte, sich zu korrigieren; Adorno starb auf dem Höhepunkt eines ungeklärten und unausgedeuteten Konflikts.

Beschließen wir doch, an seinem hundertsten Geburtstag damit aufzuhören. Die ewig wiederkehrende Bewältigung von 1968 und der

Frankfurter Schule gehört in die Rentendebatte. Die Studenten von einst sind heute im Ruhestand und verzehren ihre Pensionen. Die meisten haben ohnehin Adorno mit Herbert Marcuse und sich selbst mit Bakunin verwechselt.

Adorno ist, was seine Adepten ungern hören, Kunst. Er ist Roman; er ist Musik. Gerade das schwindende deutsche Bildungsbürgertum hätte in ihm, dem immer noch Verpönten, den stärksten Bundesgenossen. Gerade die Linke hat sich ja seinerzeit von Adornos Bildungswelt in völligem Unverständnis, sogar in offener Feindschaft getrennt.

Nicht zufällig hat Adorno stilbildend auf die interessantesten Schriftsteller eingewirkt – von Enzensberger bis Grünbein –; und wer wissen will, was er heute abseits von den großen Heerstraßen der Überlieferung wissen muß, versehe sich mit Adornos »Noten zur Literatur«.

Dieser Erkenntnistheoretiker mit Kompositionsausbildung hat die Sphären von Wort und Musik gemischt. Sein Sprachvermögen, Adornos berühmter »Stil«, der manchmal die Leute so überfordert, wie es die Zwölftonmusik tat, markiert eine Zäsur sowohl innerhalb der Philosophie wie auch innerhalb der Literaturgeschichte. Das eigentümlich Verlockende, Bezirzende, ja Verzaubernde seines schriftlichen und mündlichen Vortrags ist vielfach bezeugt. Auch hierin mehr Maestro als Schulmeister, gelang es ihm, dem Denken eine Sinnlichkeit zurückzugeben, die es in der Schulphilosophie längst verloren hatte.

Man muß, um das würdigen zu können, seine klassischen, seine funkelndsten Einspielungen sich zu Gehör bringen. Auch auf die Gefahr hin, überlebende Getreue zu kränken, wären von den großen Arbeiten noch vor der »Dialektik der Aufklärung« die »Minima Moralia« in die Empfehlungsliste aufzunehmen. Dann lese man seine Aufsätze zu George und Hofmannsthal, sein Porträt Thomas Manns, die Studie über Wagner. Wer das liest, weiß, warum Adorno der »Gesang der Sirenen« aus der Odyssee so fesselte. Nichts anderes als die Fabrikation dieses Gesangs hatte er wohl selber im Sinn. Das tritt im Erzählerischen, im narrativen Handlungsfaden seiner Texte hervor; die Mischung aus Anekdotischem, Spannungsbogen, ja fast Thrillerhaftem (das Ende des

George-Essays!). Nicht seine Philosophie will etwas erzählen – so könnte man ihn in seinen eigenen Worten paraphrasieren –, aber der Philosoph will Philosophie machen, wie sonst einer erzählt.

»Episch ist Mahlers Gestus«, heißt es einmal über den Komponisten, »das naive, ›Paßt auf, jetzt will ich euch einmal etwas vorspielen, wie ihr es noch nie gehört habt‹. Gleich Romanen erweckt jede seiner Symphonien die Erwartung des Besonderen als Geschenk.«

Das ist eine Selbstbeschreibung. Anzutreten, als habe noch nie jemand zuvor die Dinge so gehört, wie er sie vortrug, das war sein Ehrgeiz. Verführerisch und gefährlich zu sein, wie die Sirenen des Odysseus, das war seine stilistische Vision. Geistig und habituell orientierte er sich bis zuletzt am Wien der Jahrhundertwende, gemischt mit den Erfahrungen des in den Vereinigten Staaten lebenden jüdischen Emigranten, ein geistiges Weltbürgertum, das der wahre Retter der Wurzeln deutscher Kultur war.

Der nur zwei Jahre jüngere Schriftsteller Elias Canetti, in vielerlei Hinsicht Seelenverwandter, beschreibt in seiner Autobiographie »Die Fackel im Ohr« die Erfahrung der Sirenen als Erfahrung seiner Generation. Zu ihr gehörten Adorno und Canetti, und es gehörten zu ihr die Sprach- und Bildverführer Goebbels und Leni Riefenstahl. Die Suggestivität von Adornos Denken, der Ton seines Vortrags, die Art seiner Interpretation – Günter Grass widmete dieser Schönheit der Sprache ein eigenes Gedicht – muß man als Gegenangebot zu den Verführungskünsten seiner Generationsgenossen lesen. Die Wirkung, die dieses Angebot auf die Deutschen hatte, übertrifft die Wirkung anderer Denker und Schriftsteller bei weitem.

Deshalb haben viele Menschen in Deutschland Adorno im Ohr. Deshalb murmelt er gleichsam im Unterbau unzähliger Bücher, Essays, Traktate, Interviews. Adorno ist eine Bewußtseinshintergrundmelodie für die Art, wie wir mit unserer Kultur kommunizieren. Was Canetti im furiosen, eisigen, theatralischen Sprachduktus von Karl Kraus fand und nie mehr vergessen konnte, hörten wir bei Adorno. Er dirigiert uns noch heute.

Der Gesang der Sirenen

Vor vierzig Jahren starben Gottfried Benn und Bertolt Brecht

Auf kurzes Leben angelegt« – so hat Gottfried Benn die Verfassung seiner Generation charakterisiert; einer Generation, die, ehe sie abtrat, alles umgeworfen, umgedacht und umgeschrieben hatte und uns noch heute rätseln läßt über die Gehirnströme, die diese Energie beförderten. Benn wurde siebzig, Brecht achtundfünfzig Jahre alt. Beide starben in einem Sommer vor vierzig Jahren, beide in Berlin, jeder von ihnen in einem anderen Land.

Auch 1956 trifft man überall in Europa, wie einst in den zwanziger Jahren, auf Könige ohne Land, auf Exilregierungen, erloschene, aber nie revidierte Herrschaftsansprüche, Emigranten und Exilierte. Der Verlust aller Legitimität ist die europäische Erfahrung des Jahrhunderts. Die Literatur hat sie vorhergesagt, beschleunigt und nach Kräften befördert. Doch jetzt starb innerhalb weniger Monate mit Benn und Brecht wieder eine Macht, und auch diesmal zerfiel ein Reich.

Nie wieder hat es eine Generation gegeben, die so wie diese an die Totalität der Kunst und die Veränderbarkeit der Wirklichkeit glaubte. Benn und Brecht waren schon unter dem Zeichen des kunstreligiösen Herrschaftsanspruchs geboren worden. In einer außerordentliche Inspirationsenergien freisetzenden Übertragung richteten sie ihn an die Politik. Und sie wurden die letzten, die die Relikte dieses Versuchs über den Krieg bis in die Nachkriegswelt hinüberretteten. Ihr Tod brachte ein Experiment zum Abschluß, das das europäische Bewußtsein seit 1900 mit sich selbst veranstaltete. Nicht nur in Wissenschaft und Technik begann dieses Jahrhundert als eine Epoche der Selbstversuche. Ideologien, Gedankensysteme, soziale Veränderungen wurden in der Literatur zu Versuchsanordnungen einer exakt protokollierten Selbsterfahrung. Ideologie als Mittel in der modernen Gesellschaft, sich selbst kennenzulernen: So hat Benn seine fatale Sympathie für den Nationalsozialismus, so hat Brecht seine Konversion zum Kommunismus begründet.

Man hat sich daran gewöhnt, die oft verwirrenden künstlerischen und literarischen Formen der ersten Jahrhunderthälfte als Experimente von Bild, Ausdruck und Inhalt zu lesen. Die Literatur, die Lyrik an erster Stelle, ist durch alle Formen geschritten und hat die weißen Flecken im Atlas der ästhetischen Imagination gefüllt. Aber das Experiment mit der Sprache war ein Experiment mit dem Bewußtsein, das durch die Sprache gebildet wird, und am Ende ein Versuch mit jenen Reizungen und Hirnströmen, die ein Wort oder ein Satz hervorzurufen vermögen. Auch die beiden gewalttätigen Ideologien des Jahrhunderts waren nichts anderes als eine buchstäblich, geradezu mathematisch genaue Umsetzung von Texten in die Wirklichkeit.

Daß, was geschrieben und gelesen wird, wirklich werden möge – das ist der innerste Motivationskern dieses Begehrens. Der Versuch mit der Wirklichkeit – bei Benn in der schlimmsten Phase biologistisch, von »Zucht und Zuchtwahl« redend, bei Brecht stalinistisch – fragt nach Verantwortung so wenig, wie es ein Gedicht über die Liebe tut. Anders als Brecht, der sich bis zu seinem Tod auf der siegreichen Seite der Geschichte wähnen konnte, war Benn gezwungen, diesen ethischen Zusammenhang in seiner Lebensbeschreibung zu bestimmen: »Ich habe es nicht weiter gebracht«, so vermerkt er, »etwas anderes zu sein als ein experimenteller Typ, der einzelne Inhalte und Komplexe zu geschlossenen Formgebilden führt, der unter Einheit von Leben und Geist nur das gemeinsame sekundäre Resultat verstehen kann: Statue, hinterlassungfähiges Gebilde – ich gehe das Leben an und vollende ein Gedicht.«

Beide wirken bis heute wie die Extremvarianten eines politisch fehlgeschlagenen und ästhetisch sehr erfolgreichen Experiments. Die fast aufdringliche Sinnbildlichkeit des Doppeltodes vor vierzig Jahren haben die Zeitgenossen sofort bemerkt. Hier waren die beiden außerordentlichen Möglichkeiten des Daseins, für die sich ein deutscher Intellektueller der ersten Jahrhunderthälfte entscheiden konnte, Geschichte geworden. Die beiden Dichter hatten die Selbstzerstörungsaffekte der bürgerlichen Gesellschaften bewirtschaftet und vermehrt; beide waren Propheten, die ihren Traum furchtbar in Erfüllung gehen sahen, beide litten zuletzt an verwickelten Selbstrechtfertigungskomplexen, und beide verwiesen sie auf das Gesetz der Geschichte, um sich von sich selbst zu erlösen. Trotz alledem hielten sie sich für grundverschieden und bestritten einander bis zuletzt den Rang und das Recht auf Dauer.

Als letzte ihrer Welt waren sie die einzigen, die den Preis kannten, den die auf Großes und Größtes zielende Kunstanstrengung gekostet hatte. Die gleichrangigen literarischen Väter und älteren Brüder waren fast alle tot oder konnten sich zumindest den Traditionszusammenhängen entziehen, mit denen sie einst, wie etwa der 1955 gestorbene Thomas Mann, experimentiert hatten. »Alles, was ich gespielt habe, wird wirklich geschehen« – so lautet ein berühmter Satz Franz Kafkas. Benn und Brecht erlebten, daß wirklich geworden war, was sie geschrieben, gespielt und geträumt hatten: nicht als tragische Helden einer dämmernden Apokalypse oder eines neuen Morgenrots, sondern als Protagonisten eines Satyrspiels.

Brecht hat über seine Irrtümer kaum gesprochen. Benn hat am Ende in einer pathetischen und auf Entlastung zielenden Geste die Schuld seiner Generation auf sich genommen. »Ich habe mich in den letzten Jahren oft gefragt«, schreibt er kurz vor seinem Tod, »welches das schwerere Verhängnis ist, ein Frühvollendeter oder ein Überlebender, ein Altgewordener zu sein. Ein Überlebender, der zusätzlich die Aufgabe übernehmen mußte, die Irrungen seiner Generation und seine eigenen Irrungen weiterzutragen, bemüht, sie zu einer Art Klärung, zu einer Art Abgesang zu bringen, sie bis in die Stunde der Dämmerung zu führen, in der der Vogel der Minerva seinen Flug beginnt.«

Für Brecht, den vermeintlichen Sieger der Geschichte, hat er nicht gesprochen. Aber heute, aus dem Abstand von vierzig Jahren – vier Jahrzehnte, das ist fast so lange, wie das schöpferische Leben dieser beiden Dichter dauerte –, verschwimmen die Konturen und wechselt das Bild. Benn und Brecht haben die Literatur zu einem neuen, bislang unüberschrittenen Höhepunkt geführt. Sie haben in ihren Gedichten das lyrische Subjekt Erfahrungen und Versuchen ausgesetzt, die als innere Stimme in den nachgeborenen Lesern ein nie wieder abreißendes Selbstgespräch angezettelt haben. Von einem erstaunlichen Ausbruch an Schönheit würde angesichts dieser Gedichte reden, wer noch die Naivität des optimistischen neunzehnten Jahrhunderts besäße. Aber nicht Schönheit war das Resultat dieses Experiments. Wer liest, was Benn, Brecht und ihre Generation taten, dachten, woran sie glaubten, was sie zuweilen schrieben, der beginnt, seiner eigenen inneren Stimme, die auch die Stimme der Gedichte ist, zu mißtrauen. Auf die innere Stimme zu vertrauen – diese Botschaft gab der Moderne einst allen Mut. Jetzt ist diese Stimme gebrochen. Man muß sie hören, ohne ihr zu verfallen. Eine Stimme, die lockt und zerstört – der Gesang der Sirenen verfolgt uns bis heute.

Der letzte Ritter

Dreierlei hat Ernst Jünger gegen alle Logik und Wahrscheinlichkeit überlebt: die Grabenkämpfe des Ersten Weltkriegs, das Dritte Reich, am Ende schließlich, über hundertjährig, all seine Generationsgenossen, Freunde und viele seiner erbittertsten Feinde. Schwer zu sagen, wieviel vom späten Ruhm nur noch mathematischer Respekt war angesichts der Höhe des erreichten Alters. Denn es bedurfte längst keiner literarischen Anstrengung mehr, um dieses Leben symbolisch zu machen. Das begriffen am Ende sogar seine Gegner.

Verdutzt und überfordert reagierte der literarische Betrieb auf die Erscheinung dieser Zeitgenossenschaft. Dieser Schriftsteller, der zeitlebens von der weltverschollenen, hieronymitischen Existenz im Gehäuse träumte, war auf eigentümliche Weise mit den Tätern und den Handelnden des Jahrhunderts verwoben. Der Kaiser verlieh ihm den höchsten Kriegsorden, der Generalfeldmarschall Hindenburg wollte die Auszeichnung hintertreiben, Hitler suchte seine Nähe und, wie manche meinen, zeitweilig sogar die Freundschaft, Joseph Goebbels verbot, den Namen Jüngers auch nur zu erwähnen, Theodor Heuss, Präsident des freiheitlichen Deutschland, korrespondierte und beriet sich mit ihm, Helmut Kohl lud sich mit europäischen Politikern zum Tee nach Wilflingen ein. Marschall Foch und der Schriftsteller Jorge Luis Borges gehörten zu den Bewunderern der »Stahlgewitter«, Picasso, den Jünger im besetzten Paris besuchte, meinte, sie beide könnten in einer Nacht den Krieg beenden.

Ernst Jünger fand im Weltbürgerkrieg der Epoche die erstaunlichsten Freunde und die ungewöhnlichsten Feinde. Oswald Spengler miß-traute ihm, Erich Mühsam glaubte in Jüngers Werk Ansätze eines sozialistischen Nihilismus zu finden, Johannes R. Becher ließ prüfen, ob man ihn für die DDR gewinnen könne, in Gottfried Benns und Carl Schmitts Nachlaß fand man Tagebücher und Briefe, in denen sie den nichtsahnenden Freund verhöhnen und verfluchen.

All das hat er überlebt. Und mit starkem Gespür für symbolische Lebensformen hat er dieses Überleben als ein Zurückbleiben empfunden. In den Tagebüchern der letzten Jahrzehnte beschreibt er, wie sich auf der Burg der Hohenzollern die Ordensträger des 1918 zum letzten Mal verliehenen »Pour le mérite« zur Ritterrunde treffen. Jahr für Jahr werden es weniger. Am Ende war nur noch er selbst da und dieses Bild: der letzte Ritter des letzten Kaisers eines längst versunkenen Reiches, uralt, einsilbig und von düsteren Gesichten heimgesucht.

Daß Jünger eine Botschaft habe, gehörte zur Überzeugung vieler seiner Leser. Daß es in all dem Lärm und Gedröhn wirklich eine Botschaft gebe, war die Überzeugung des Autors. Jüngers Überleben gegen alle statistische Wahrscheinlichkeit mag diesen zuweilen fast mystischen Impuls befördert haben; im Kern aber steckte in seinem Interesse an Vorahnungen, Träumen und Schicksalsmächten die eigene Revolte gegen die Vaterwelt. Er fühlte sich als Opfer der positivistischen Elterngeneration des neunzehnten Jahrhunderts, und noch als Hundertjähriger hat er über den Vernunftabsolutismus seines Vaters gerätselt. Der junge Mann, der abends gerne mit dem Spazierstock über die Schlachtfelder flanierte, übertrug den revoltierenden, stellenweise aggressiven Romantizismus in den zwanziger Jahren auf die Politik. Man hat ihm später Demokratiefeindlichkeit vorgeworfen. Durchaus zu Recht. Aber man hat gerne unterschlagen, daß Jünger die Verachtung demokratischer Verkehrsformen mit Bertolt Brecht und Thomas Mann teilte.

Dabei hat er, nach einem kurzen, bald schon widerrufenen Zwischenspiel in der politischen Publizistik, fast siebzig Jahre seines Lebens nur in der Rolle des Zuschauers verbracht. Daß er damals, am Ende der zwanziger Jahre, wie er später schrieb, »im Dotter des Leviathan« lebte, hätte ihn der bundesrepublikanischen Gesellschaft zum unentbehrlichen Zeugen machen müssen. Man kann bei ihm nachlesen, wie sich das sichere Fundament des Alltags öffnet und den Blick auf das Grauen freigibt. Einmal beschreibt er eines der großen Künstlerfeste im republikanischen Berlin, mit seiner Mischung von Genies, Trinkern, Bohemiens. Er beschreibt diese Gesellschaft wie ein beleuchtetes Aquarium, »mit Medusen, langhaarigen Seerosen, Embryonen von Haifischen mit ganz zarter Haut«. Man sah, »daß die meisten Teilnehmer bereits gezeichnet waren, daß hinter ihnen der Tod stand ... während das Grammophon lief – und ein wie grauenvoller Tod«. Dort streitet Ernst Jünger zu später Stunde mit Arnolt Bronnen und mit Joseph Goebbels.

Ernst Jüngers Überleben hat die unbegreifliche Nähe dieser verschollenen Welt markiert. Seine Literatur hat sie in der Form des autobiographischen Notats bewahrt. Täuschen die Zeichen nicht, dann wird sein Werk als ziemlich einzigartiges Dokument eines literarischen und soziologischen Bewußtseins gelesen werden. Es stimmt, daß es kein Jahrhundert gab, das mehr Brüche, Veränderungen und Unglücksfälle erlebt hätte als dieses. Es gab aber auch keines, das einen vergleichbaren Zeugen aufzubieten hätte. Jetzt ist die Zeit da, sich Ernst Jüngers Werk mit dem Blick zu nähern, den er selbst lehrte: kalt, unbewegt, vielleicht mitleidlos. Es wird nicht freundlich sein, und es wird auch keine Botschaft geben. Manches wird der Zeit nicht standhalten. Aber wenn dieses Jahrhundert Späteren so fern ist wie uns das neunzehnte, wird Ernst Jüngers Werk wie ein Blick in ein beleuchtetes Aquarium sein; es wird der Blick auf eine Welt sein, hinter der der Tod stand.

Der Traum, aus dem die Stoffe sind

Wer in der Gegenwart leben will, lese dieses Buch: Stanislaw Lems
Essaysammlung »Die Technologiefalle«

Alle sind sich einig, daß das utopische Zeitalter zu Ende ist. Verweht, verwest, verloren – das Ende des Sozialismus ist der Tod des antizipatorischen Affekts.

In Wahrheit stehen wir am Beginn eines neuen Utopismus, der fast schon den Positivismus des neunzehnten Jahrhunderts in den Schatten stellt und der nur deshalb soziologisch noch nicht beachtet wurde, weil man ihn mit dem Abwehrzauber der »Science-Fiction« zu bannen versucht. In Wahrheit haben – völlig unerwartet – nach der großen Krise der Technologien und des Fortschrittsgedankens in der zweiten Hälfte des zwanzigsten Jahrhunderts nun die Ingenieure und Wissenschaftler das Erbe utopischer Politik angetreten. Viele glauben es noch nicht, und darin geübt, die Zeichen an der Wand zu übersehen, halten sie für ein Strukturproblem, was in Wahrheit der Advent eines neuen industriellen Zeitalters sein wird.

Wer daran zweifelt, lese Stanislaw Lems vor mehr als dreißig Jahren erschienenes Großwerk »Summa technologiae«. Und dann lese er dieses soeben erschienene Buch: »Die Technologiefalle«. Das Buch prüft, revidiert, bewertet die Prognosen der »Summa« und zieht die Linie weiter in die Zukunft aus. Das Ergebnis: die prognostische Kraft von Literatur ist staunenswert.

Man muß nicht allen Verheißungen von Biotechnologie, Gentechnologie, Nanotechnologie und Computerwissenschaft glauben. Aber man muß – bei aller Skepsis in der Ausführung – bei jeder Anfrage stets den grundlegenden Suchbegriff eingeben: entspricht, was man uns ausmalt, den Naturgesetzen oder nicht? Widerspricht es ihnen, dann handelt es sich nach aller Wahrscheinlichkeit um Unsinn. Entspricht es ihnen, dann beruft Skepsis sich stets auf die pure Zeit. Mit den Worten von Kafkas Torhüter: es ist möglich, aber nicht jetzt. Zeit heißt fast immer: Lebenszeit. Wem Segen oder Fluch der Biotechnologie in seinem eigenen Lebenszyklus nicht mehr winkt, der kann auf ewig vertagen, was gleichwohl zur Schicksalsfrage der Menschheit werden kann. Es ist die ganz einfache Frage, die Max Frisch in seinen »Fragebogen« aufgenommen hat: »Sind Sie sicher, daß Sie am Fortbestand der Welt interessiert sind, wenn alle Ihre Verwandten, Freunde und Nachkommen nicht mehr am Leben sind?«

Der große Realist Stanislaw Lem hat diese Frage seit den »Astronauten« immer wieder gestellt. Und er hat in den niemals vergessenen letzten Seiten seines wohl bedeutendsten Romans »Solaris« eine hoffnungsvolle Antwort gegeben. Lem hat das einundzwanzigste Jahrhundert schon im Stadium seiner Verpuppung vorausgesehen. Er hat gesehen, was es in sich tragen und was es ausbrüten wird: Computer, die künstliche Intelligenz künstlich, das heißt ahuman reproduzieren; der genetische Code, der im Laufe seiner zunehmenden Entschlüsselung zu einem der gewaltigen Kombinations- und Rekombinationsmodelle der Menschheit werden wird – vergleichbar nur der Eroberung eines neuen Planeten. Der Mensch, so Lem in der Essaysammlung »Die Technologiefalle«, will und wird die Natur »einholen und überholen«.

Aber es so wiedergeben, heißt schon es verfälschen. Die Abgründigkeit dieses Schriftstellers verdankt sich einer gleichsam fragenden Beschreibungskraft, eines sokratischen Zwiegesprächs über den Menschen, in dem die Logik den Leser zu Schlüssen zwingt. Hier ein Beispiel für diese Mischung aus eisbehauchter Logik und kindlichem Staunen: »Wir wissen, daß von den Tier- und Pflanzenarten, die in der

Vergangenheit entstanden, 99 % ausgestorben sind, und nur die außergewöhnliche ... Rechenleistung aus den Nukleotidbausteinen vermochte die weiteren Myriaden nachfolgender Arten hervorzubringen ... War auch das alles einfach die Effektivität der größten Zufallslotterie unter der Sonne – oder kann es sein, daß nichts außer dem Zufall wirkte, als eine Kraft zum Ende des Holozäns die Halbaffen und die Vormenschen im südlichen Afrika an die Oberfläche warf ... wo jene Arten ins brutal dezimierende Netz der natürlichen Auslese gerieten und eine nach der anderen ausgelöscht wurden, bis nur noch zwei Äste übrigblieben: auf einem siedelten sich die Affen an, und auf dem anderen – wir: die Menschen, Homo sapiens, leider der rücksichtsloseste Parasit der Biosphäre.«

Was gerne abwertend Science-Fiction genannt wird, ist – wo es sich um Autoren vom Range eines Lem handelt – nichts anderes als eine Gebrauchsanweisung für unsere Zukunft. Wie erschütternd und traurig, am Ende eines Jahrhunderts der Beschleunigung zu leben und immer nur zu hören: Erzählung, Erfindung, Roman. Die Wissenschaft ist der Roman unserer Eltern und Großeltern geworden, die Technik der Motor ihrer Kriege und ihres Verderbens. In den Essays von Lem über den genetischen Code oder den Quantencomputer erfährt man nicht, was sein wird. Im Gegenteil: mit Argumenten, die noch keinem einfielen, erledigt er den berühmten Turing-Test. Wie überführt man den Computer, Computer und nicht Mensch zu sein? Indem man ihm eine Geschichte erzählt und sie sich nacherzählen läßt. Der Mensch erzählt das Muster nach, begeht Auslassungen, färbt um, dichtet dazu – der Roboter reproduziert. Lem erzählt nicht, was sein wird. Er erzählt, was denkbar ist. Im »Lesebuch Deutsch«, III. Klasse, 15. Auflage 1996, Kapitel 7, heißt es: »Erfindungen verändern die Welt«. Die Bilder zeigen: Dampfmaschine, Telefon, Radio, Auto, Fernsehen, Flugzeug, Raketen und Computer. Etwa jede fünfte Auflage kam ein Bild dazu. Aber an der Überschrift hat sich nie etwas geändert.

Erfindungen verändern die Welt. Aber das heißt auch: Geschichten verändern die Welt. Denn sie verändern die Erfinder.

Worüber wir reden, ist eine spezifische Form der Utopie. Wenn es stimmt, daß das von Thomas Morus erfundene Utopia oder der von Marx erfundene neue Gnadenstand des ausgebeuteten Menschen die reale Welt bis in ihre Grundfeste verändert haben, wie steht es dann mit den technologischen Utopien und ihren Erfindern? Unter dem Titel »Die Träume, aus denen unser Stoff gemacht ist« listet eine unlängst in Amerika erschienene Streitschrift den Einfluß der technologischen Utopie auf Wissenschaft und Welt auf. Sie schildert, wie Wissenschaftler und Ingenieure von Science-Fiction geprägt, angestachelt, verändert wurden. Hat man die Raumfähre in Kubricks »2001« in Erinnerung? Der Film stammt aus dem Jahre 1964. Nach ihm haben die Konstrukteure der NASA ihre Raumfähre gebaut. Lems Bücher, so wird behauptet, hinter deren technologischer Fassade sich System- und Diesseitskritik verbarg, hätten die russische Raumfahrtbehörde beeinflußt.

Es geht nicht darum, Kausalketten zu bilden. Es geht darum, die Macht und imaginative Kraft der technologischen Utopie am Beginn des neuen Jahrhunderts in alle künftigen Berechnungen miteinzubeziehen. Das heißt: Manche Wege abkürzen, andere, gefährliche, vermeiden. Lems »Technologiefalle« gibt Ratschläge für solche Abkürzungen. Und das Buch stellt Wegweiser auf, die kaum je verwittern werden, weil sie so geschrieben sind, wie diese Coda zur Biotechnologie: »Entweder schaffen wir es, die Rechenleistungen des Molekularcomputers des Lebens zu beherrschen, und dieser hilft uns beim Überleben der Zivilisation, oder wir ruinieren auch diese Chance, weil sich herausstellt, daß wir diese Prometheus geraubte Naturkraft gegen uns selbst richten … in einem Kampf, den letztlich nur die Bakterien überleben können.«

Lems »Technologiefalle« ist kein schwieriges, technisches oder auch nur humorloses Buch. Es ist sehr unterhaltsam und weitaus mehr als nur spekulativ, auch wenn der Autor in der Zukunft, die er berechnet und beschreibt, nicht gelebt hat. Manche leben ja noch nicht mal in der Gegenwart. Doch wer's tut, für den ist dieses Buch.

Der Zivilisationsredakteur

*Karl Korn, vor hundert Jahren geboren, war der große Entdecker
und Durchsetzer des deutschen Feuilletons. Seine Kraft bezog er nicht
zuletzt aus einem Gefühl der Schuld*

Unter der Überschrift »Warum schweigt Heidegger« verteidigt Karl Korn den H. So nennt er ihn. Manchmal zumindest. Er kämpft für ihn. Der Mann, ein Philosoph, kein Journalist, ist fast eine Art Mitarbeiter. Er will ihn schützen. Gegen die Vorwürfe der »Infamie, Unredlichkeit, Gehässigkeit, Verfolgungssucht und – o besonderer Schreck – des Marxismus«. Das schreibt am 14. August 1953 Karl Korn – oder besser: K.K., wie er seine Texte oft zeichnete – in dieser Zeitung: »H. ist Student der Philosophie in Bonn bei Erich Rothacker und 24 Jahre alt … Mag sein, dass dem großen Heidegger ein kleiner unbekannter Student nicht Anlass genug ist, sich zu äußern. Wir jedenfalls glauben, dass der Student H. nicht nur seinen Überdruss, sondern die Ungeduld seiner Generation ausgesprochen hat.« H. ist der Welt mittlerweile unter seinem bürgerlichen Namen Jürgen Habermas sehr bekannt geworden, und der Text, um den es hier geht, wurde legendär. Er markiert das Datum, an dem die politische Auseinandersetzung der jüngeren Generation mit Martin Heidegger begann. Korn war auf der Seite der Jungen.

K.K., der wie ein Setzer in der Mettage das kleine H gegen das große H setzt und damit, wie wir heute wissen, ein abgeschlossen geglaubtes

Kapitel der Philosophiegeschichte weiterschreibt – dergleichen auch nur einmal im Jahrzehnt zu bewerkstelligen, ist der Traum des Feuilletonredakteurs. Wo Punkt war, soll Komma werden, wo Abschluss war, soll's weitergehen, und zwar erst klein und unbekannt, dann groß und populär. Darum all die Revisionen, Jahrestage, Wiederaufnahmen, die zum Alltag des Kritikers und Feuilletonisten gehören. Das Feuilleton ist kein Gefäß, es ist Energie, nicht romantisches Gefühl, sondern romantische Produktivität, zugegeben fast immer nur auf der Ebene der Satzzeichen, aber wäre es anders, wäre der Redakteur auch kein Redakteur, sondern Schriftsteller geworden. Nicht der Name Karl Korn, der in diesem spezifischen Zusammenhang bald vergessen wurde, sondern der von Jürgen Habermas markiert die Zäsur. Aber Korn war es, der aus dem fetten Schlusspunkt, der hinter Heidegger gesetzt war, zum Komma machte, indem er in der Zeitung den Beitrag eines vierundzwanzigjährigen Studenten der Philosophie mit der Frage druckte: »Sollte der Faschismus mit deutscher Überlieferung vielleicht doch mehr zu tun haben, als man gemeinhin gerne wahrhaben möchte?«

Noch wer Korn im hohen Alter erlebte, sah diese blitzende journalistische Leidenschaft, die handwerkliche Freude, mit der er neue Gedanken ausmaß, zuschnitt und polierte.

Das war das eine: der große Entdecker und Durchsetzer, befeuert von einem fast wild zu nennenden feuilletonistischen Instinkt, der, wie er selbst vermerkte, immer nur aus großer innerer Liberalität erwachsen kann. Korn entdeckte Künstler, Schriftsteller, Kritiker und eine ganze Generation von Journalisten von Karl Heinz Bohrer über Maria Frisé bis Eduard Beaucamp, die bis heute das Land prägen.

Das andere war jener Bruch, der ihn zeitlebens traumatisierte und der in seinem Fall auf einen Artikel und ein Datum zu reduzieren ist. Dreizehn Jahre vor der Intervention von Habermas, im September 1940, hatte Joseph Goebbels die Weisung ausgegeben, dass jeder Feuilletonchef Veit Harlans antisemitischen Film »Jud Süß« zu besprechen habe. Auch Korn, bis zu seinem Rausschmiss – er wurde wegen einer

Kunstkritik entlassen und erhielt Berufsverbot – fünf Monate lang Kulturchef der Wochenzeitung »Das Reich«, schrieb eine Kritik. Sie ist ein trauriges Dokument der Anpassung und wie man leider hinzufügen muss, des Übereifers. Carl Linfert hatte in der »Frankfurter Zeitung« ebenfalls eine Rezension veröffentlicht, die durch konsequent indirekte Rede die Botschaft des Films erkennbar zu dem machte, was sie war: eine irrwitzige Lüge des Dritten Reichs.

»Wir waren«, heißt es in Korns Autobiographie »Lange Lehrzeit«, »alles andere als Helden. Wir haben gelebt, oft voller Bitterkeit, oft leichtfertig und vergessend, oft gleichgültig und abgestumpft, aber uns doch immer wieder aufraffend.« Der junge Habermas beargwöhnte die Überlieferung, also: die Bücher. Karl Korn muss, wie so viele seiner Generation, seiner Bildungsgeschichte misstraut haben, also: sich selbst. Auf Fotos glaubt man diesem bodenständigen Hünen die Bitterkeit darüber anzusehen, seine eigenen Ideale gekränkt zu haben. Doch begegnete man ihm, beseitigte seine in ausladenden Gesten Raum greifende Vitalität den Eindruck des Gebrochenseins. Gottfried Benn, älter und tiefer verstrickt als Korn, hatte die Parole ausgegeben, trotz aller Irrtümer weiterhin der eigenen inneren Stimme zu trauen. Korn, so jedenfalls lässt sich sein journalistisches und feuilletonistisches Wirken nach 1945 verstehen, wollte diese Stimme ersetzen und einen neuen inneren Stimmenchor zur Sprache bringen: von Habermas bis Alfred Andersch und Heinrich Böll, von Claude Chabrol bis Ingmar Bergman.

Schon als er 1949 ins Herausgebergremium dieser Zeitung berufen wurde, hatte er für dieses Kollektiv den Namen Europa. Ihm ist zu danken, dass in dieser Zeitung europäische Kulturkorrespondenzen eingerichtet wurden, überhaupt dass sie von Anfang an einen europäischen Kulturbegriff verfolgte. Sein Hauptinteresse galt dem deutschfranzösischen Austausch. Die Herkunft aus Wiesbaden, wo er in einem katholischen Elternhaus am 20. Mai 1908 geboren wurde, und die Nähe zum Rheingau, zu Eltville und Bingen hatten schon früh das Romanische in ihm geweckt. 1917, so berichtet er in einem seiner autobiographischen Bücher, habe ihn der Onkel auf einen Weinberg am Niederwald geführt. Schweigend habe man auf einen Ton gehört, der wie entferntes Orgeln klang, in Wahrheit aber das Geschützfeuer von Verdun gewesen sei.

Sein großes Buch über Zola, seine Essays zu Sartre (»Zeigt Sartre einen Ausweg?«), Louis Malle, Truffaut, sein Eintreten für die Gruppe 47 – das alles macht diesen Journalisten paradoxerweise zu einem Nachfolger des Thomas-Mannschen Zivilisationsliteraten, zu einem Settembrini, einem Heinrich Mann. Ein Settembrini freilich, der erleben musste, dass nicht nur der abstrakte Geist, sondern die eigene Vernunft kompromittiert werden konnte, ein Aufklärer nach dem Selbst-Verrat an der eigenen Aufklärung. Er war empfindsamer in diesen Fragen als Friedrich Sieburg, sein Gegenspieler im eigenen Hause. Sieburg war schärfer, kaustischer, böser, auch frecher als Korn, vielleicht auch deshalb, weil man ihm den Sündenfall nicht vorhalten konnte. Korn fühlte sich verführt, wie Leverkühn im Thomas-Mannschen »Faustus«; Sieburg interessierte mehr die Beredsamkeit des Mephisto. Karl Korn konnte einen Reiseblattartikel aus dem Jahre 1953 über einen Urlaub in Tirol mit den Sätzen beginnen: »Wie angenehm zu hören, man warte auf die deutschen Gäste! Das … war Musik für unser schüchternes Europäerohr.« Dagegen Friedrich Sieburg fast aus dem gleichen Jahr: »Die Welt oder wenigstens den Menschen an den Abgrund zu führen, war von jeher die Sache der Deutschen.« Was diese Gegenüberstellung lehrt? Wer wirklich Faustus war, schrieb lieber über Tirol als über die Dämonie.

Vielleicht ist es dies, was Karl Korn am meisten zu danken ist. Er hat den falschen Tiefsinn aus dem Feuilleton vertrieben, nicht nur die »Wesenart« und »das Eigentliche«, sondern auch das Genie und dessen Furien. Der Kulturkonservatismus der fünfziger Jahre fand denn auch in Korn keinen Mitstreiter. Im Gegenteil: Gerade aus den Kreisen der kompromittierten, aber uneinsichtigen Intelligenz schlug ihm elementarer, bis zum Rufmord treibender Hass entgegen.

Die ihn als Herausgeber erlebten, schildern ihn als emphatisch und polternd – und ungemein inspirierend. Er muss immer etwas vom

Schreiber und Setzer, vom Denker und Bauer gehabt haben, und blickt man in die Korrespondenz, erkennt man, dass das kulturelle Leben bis 1968 durch ihn als eine zentrale Hintergrundfigur belebt wurde. Heinrich Böll war es, der, durch Katholizismus und sogar Gesinnung mit Korn verbunden, dessen Erinnerungen mit einem Gebet an den »Gott in Frankreich« krönte: »Warum hast du so wenig Urbanität und Gelassenheit für uns Allemands übriggelassen, so wenig Möglichkeit, beides zu sein: konservativ und links, ländlich und städtisch, gebildet und vital.«

Es bedurfte eines Konservativen, um das Widerspenstige durchzusetzen oder besser: um das Reaktionäre abzuwehren. Das konnte das vorgeblich Neueste sein, und das erledigt sich durch den Mut zum Wort »Unsinn«: »Dalí im schwarzweißgestreiften seidenen Empirefrack«, so schreibt er in einem seiner letzten Artikel als Herausgeber, »unter einem riesigen Mao-Foto, den schieren Unsinn redend. Die Frustration der Arena wuchs, weil alle Schreie den Maler nicht dazu bringen konnten, dass er aufhörte.«

Dass es aufhören möge, war freilich, unter dem Eindruck von 1968, auch sein Wunsch. Die Extremismen der Studenten verstörten ihn, der einst Adorno mit der Zeitung verbunden hatte. Er begriff, dass der Zivilisationsbruch, den Hitler in der deutschen Geschichte bedeutet, unüberschreitbar bleibt. Für ihn, so hat er selbst vermerkt, gibt es kein letztes Wort und keine Lösung. Nur immer wieder Anläufe des Verstehens. Für die gibt es Feuilletons, zumindest unter anderem. Korn hat aus dem Feuilleton eine Kraft-, Wut-, Liebes- und Leidenschaftsapparatur gebaut. Was allein in Frankfurt sich abspielte: Eine noch zu schreibende Geschichte des kulturellen Lebens der Nachkriegszeit würde ihn zeigen, wie er den jungen H. ins Blatt hebt und kurz darauf mit Sieburg sich streitet. Dolf Sternberger, fast gleich alt, auch aus Wiesbaden, verkörpert die Synthese von politischem und feuilletonistischem Denken und stellt sein »Wörterbuch des Unmenschen« zusammen, in Hamburg sitzt Marion Gräfin Dönhoff, in München Wilhelm Emanuel Süskind. Dann, vor fast auf den Tag genau fünfzig

Jahren, betritt ein Unbekannter die Redaktion der Frankfurter Allgemeinen. Er bietet Rezensionen an. Später wird er gefürchtet sein. K.K. weiß nicht, dass dieser Unbekannte die nächste Phase des Feuilletons einleiten wird, als er einige Jahre später auf einem Briefbogen drei Buchstaben notiert, die ein neues Kapitel eröffnen: »kommt MRR«.

Ich will nicht die Welt verändern, ich will Geschichten erzählen

Heute wird er achtzig Jahre alt: Ein Gespräch mit Otfried Preußler über den Räuber Hotzenplotz, Bratwurst und Sauerkraut, den Krieg und das Schreiben von Kinderbüchern

Herr Preußler, sind Sie derjenige, der in den Köpfen der Nachkriegsgeneration der Deutschen die entscheidenden Geschichten und Mythen plaziert hat?

Einige davon vielleicht. Ich bin ja nicht der einzige, der schreibt. Ich habe allerdings die Erfahrung gemacht, daß viele meiner Geschichten haftenbleiben. Inzwischen schreiben mir schon die Großmütter, die meine Geschichten aus ihrer eigenen Kindheit kennen und jetzt ihren Enkeln vorlesen.

Wenn man achtzig Jahre alt wird und weiß, daß man mindestens drei Generationen geprägt hat – was ist das für ein Gefühl?

In erster Linie ist es ein Gefühl der Dankbarkeit. Es hätte ja auch ganz anders kommen können.

Die kleine Hexe, der Räuber Hotzenplotz, all Ihre Figuren aus den fünfziger und sechziger Jahren – sind sie Ihnen jetzt noch nah?

Ja, schon deswegen, weil die verehrten Leser immer wieder darauf zurückkommen. Lange Zeit habe ich meine Texte zuerst auf ein Diktiergerät gesprochen und dann ins Schriftliche übertragen. Ein großes Problem dabei war, daß ich als Geschichtenerzähler – und der war ich auch vor meinen Schulkindern und meinen Kindern zu Hause –, eben die Möglichkeiten des Einmanntheaters habe, daß ich mit Mimik und Gestik und auch mit der Stimme arbeiten kann und dabei mein Publikum vor Augen habe. Das ist, wenn man es aufschreibt, alles nicht mehr der Fall. Wenn man schreibt, sitzt man vor dem Stück Papier und muß versuchen, die Texte so hinzuschreiben, daß dieser Effekt des Aktivierens der Phantasie dazukommt durch den Leser. Abergläubisch, wie ich bin, erkläre ich es mir so, daß ich eine Art von Magie ausübe. Ich muß versuchen, und das war am Anfang gar nicht einfach, die richtige Formel zu finden.

Die richtige Formel?

Wenn ich etwa von einem Baum erzähle, höre ich ihn rauschen. Wenn der Text stimmt und wenn diese magische Komponente darin ist, dann erlebt auch der Leser in seiner Phantasie den Baum, wie er rauscht. Es ist aber nicht dasselbe wie bei mir. Es ist sein Baum. Das war nicht ganz einfach, die Dinge so hinzukriegen. Es ist mir dennoch, glaube ich, mit der Zeit gelungen.

In unserer komplexen Welt ist es schwieriger, Dinge leicht zu erzählen als schwer zu erzählen. War das für Sie je ein Problem? Hatten Sie das Gefühl, etwas für die Kinder einfacher oder naiver darstellen zu müssen?

An das Publikum habe ich nie gedacht. Die Geschichte folgerichtig auf das Papier zu bringen, das ist meine Aufgabe. Würde ich an Kinder denken, dann könnte ich leicht kindertümelig werden. Das wollte ich nie. Geschichten, die Kinder erreichen und ihnen Spaß machen, sie vielleicht sogar prägen, wirken auf sie durch den Inhalt und durch die Darbietungsweise. Und die Erwachsenen haben dann ihren Spaß an der Machart.

Viele Leser haben sich Fortsetzungen Ihrer Bücher gewünscht. Einmal, beim »Hotzenplotz«, haben Sie diesen Wunsch erfüllt. Sonst aber haben Sie darauf verzichtet, etwa bei der »kleinen Hexe« oder beim »kleinen Wassermann«.

»Der kleine Wassermann«, »Die kleine Hexe« und »Das kleine

Gespenst« – das sind drei Bücher, die in einem grammatikalischen Zusammenhang stehen. Der. Die. Das. Ich bin sehr oft bedrängt worden, Fortsetzungen zu schreiben. Meine Antwort war immer: Schreib sie dir doch selber! Das hat zum Teil recht interessante Folgen gehabt.

Wenn Sie ein amerikanischer Autor wären, wäre längst ein »Hotzenplotz«-Themenpark entstanden. Ist Ihnen nie vorgeschlagen worden, Ihre Figuren noch einmal so richtig zu vermarkten?

Zumindest entzieht es sich glücklicherweise meiner Kenntnis. Es gibt natürlich Versuche. Ich weiß nicht, in wie vielen Märchenparks der Hotzenplotz steht.

Was sagen Sie denn zu einem Erfolg wie dem von »Harry Potter«? Kennen Sie die Bücher von J.K. Rowling?

Nein. Und zwar aus dem einfachen Grunde: Meine Zeit ist beschränkt. Ich lese das, was mich interessiert. Das sind keine Kinderbücher. Über »Harry Potter« kann ich mir kein Urteil erlauben. Es ist wohl eine grandiose PR-Geschichte, die dahintersteht.

Darum fragte ich vorhin nach den Fortsetzungen. Frau Rowling macht etwas, was Sie nicht machen. Sie hat eine Idee, die sie dann weiterschreibt, bis es nicht mehr geht. Sie hätten ja auch zwanzig Hotzenplotz-Bände schreiben können.

Ich will Freude an meinem Beruf haben. Vielleicht glauben Sie es mir nicht, aber ich habe ihn nie des Geldes wegen ausgeübt. Ich hatte mein Auskommen als Schulmeister und konnte dadurch schreiben, was ich wollte. Das waren bestimmt keine Fortsetzungen.

Haben Sie noch andere Formeln außer dieser »Der-Die-Das«-Trilogie? Und wenn ja, wie sehen sie aus? Gibt es für Ihr Gesamtwerk eine Formel, die Ihnen den Wunsch gibt, unbedingt noch eine bestimmte Geschichte zu schreiben?

Nein, die gibt es nicht. Zwischendurch habe ich einmal versucht, Kinderkrimis zu schreiben. Ich habe aber rasch das Interesse daran verloren.

Sie haben einmal gesagt, wenn Sie gewußt hätten, daß Sie den »Hotzenplotz« fortsetzen, dann hätten Sie Petrosilius Zwackelmann nie sterben lassen. Aber Sie hätten ihn ja theoretisch wiederauferstehen lassen können. Bei Zauberern ist ja alles möglich. Petrosilius Zwackelmann ist ja eine der größten Erfindungen in der Literatur, weil er ungemein authentisch ist. Wie sind Sie überhaupt auf den Namen für ihn und Hotzenplotz gekommen?

Ich komme vom Kasperltheater. Dort hat der Räuber keinen Namen und braucht auch keinen. Aber um von einem Räuber eine Geschichte zu erzählen, sollte er schon einen Namen haben. Ich habe eine lange Liste gemacht, von Pistolinski und Pistolatzki bis zum Raubmörder Karasek, der in Reichenberg gehängt worden ist. Plötzlich war der Name da. Ich stamme aus Deutsch-Böhmen, und wir haben in der Heimatkunde natürlich auch von dem Flüßchen und dem Städtchen Hotzenplotz im mährischen Schlesien gehört. Plötzlich waren die elf Buchstaben da, und ich wußte, das ist es. Inzwischen hat er gezeigt, daß er ein recht vitaler Bursche ist. Und weil es schnell passiert, daß sich jemand ärgert, weil man seinen Namen für eine nicht ganz sympathische Figur verwendet hat, habe ich mir lange überlegt, wie dieser Zauberer heißen könnte, und kam dann auf den, wie ich meinte, singulären Namen »Zwackelmann«. Ich habe ihm dann noch den Vornamen »Petrosilius« gegeben und bekam ein paar Wochen später nicht von einem Herrn Zwackelmann, aber von einem Herrn Petrosilius Post. Das sind die Dinge, die einfach Spaß machen. Ich betrachte ja meinen Beruf als Geschichtenerzähler so ernsthaft nicht. Ich betreibe ihn auch als Spiel. Der »Hotzenplotz« ist auch wie ein Spiel gewesen. Ich hatte damals schon mit dem »Krabat« herumexperimentiert und bin mit dem Burschen eingegangen. Ich habe ihn nicht in den Griff gekriegt. Es ging so weit, daß ich auf dem einen Auge blind wurde. Dann habe ich gedacht, jetzt schreibst du mal was ganz Lustiges. Das war eine Therapie. Den ganzen »Hotzenplotz« habe ich nur aus Spaß geschrieben.

Wieso besucht Petrosilius Zwackelmann seinen Kollegen ausgerechnet in Buxtehude?

Ich habe früher gedacht, den Ort gibt es gar nicht. Der ist mir in die Feder geflossen.

Und wie kamen Sie auf die Idee, daß die Kaffeemühle eine Melodie spielt? Gibt es dafür ein Vorbild?

Das gibt es nicht, glaube ich. Die Hotzenplotz-Geschichte lebt ja gerade auch von der Unverhältnismäßigkeit, daß eine Kaffeemühle einen Räuber verlocken kann.

Und hat Wachtmeister Dimpfelmoser ein Vorbild?

Hoffentlich nicht. Dazu muß man ein bißchen Bayerisch kennen. Ein Dimpfel ist ein ziemlich dummer Mensch. Und der Dimpfelhugo, der Dimpfelmoser hat sich dann so ergeben.

Außerdem gibt es im »Hotzenplotz« viele kulinarische Details wie Pflaumenkuchen mit Schlagsahne oder Bratwurst mit Sauerkraut – wie ist das entstanden? Ist es ein handwerklicher Trick, um eine bestimmte Atmosphäre zu erzeugen, oder ist es mehr?

Es kann sein, daß es ein Trick ist. Es kann sein, daß es – ich spreche nicht gern von Zufällen – Fügungen sind, daß so etwas kommt. Einmal bekam ich Post von einem japanischen Bub, der unbedingt wissen wollte, wie man Bratwurst mit Sauerkraut macht. Der Übersetzer hatte das Gericht ganz direkt übersetzt, nicht etwa in »Sushi mit Dingsbums«.

Man könnte ein ganzes Buch schreiben über die Eßgewohnheiten und Leibspeisen in Ihren Büchern, die Schwammerln, Rotkappen und so weiter. Spricht da der Autor Otfried Preußler?

Na freilich. Ich komme aus Böhmen, und in Böhmen ißt man gern. Warum soll das nicht vorkommen? Ich sagte ja schon, daß ich auch aus Spaß schreibe. Ich will nicht die Welt verändern. Geschichten will ich erzählen.

Und beim Lesen haben wir alle die Schwammerln, die Bratwurst und diesen Pflaumenkuchen mit Schlagsahne gegessen. Das ist Ihre Macht als Schriftsteller, die viel größer ist als die eines Autors, der für Erwachsene schreibt.

Schriftsteller haben definitive und eingebildete Macht. Es gibt manche, die die Welt verbessern wollen und sich für sehr mächtig halten. Es ist immer die Frage, was daraus wird.

Beim »Hotzenplotz« ist die Verbindung zwischen Ihrem Text und den Illustrationen von Franz Joseph Tripp sehr auffällig.

Die Bilder bringen natürlich für die Phantasie des Lesers eine andere Dimension herein. Ich habe mir alle Illustratoren immer vorher angeschaut und ihnen dann nicht mehr hereingeredet, habe mich gern überraschen lassen. Und ich bin mit dem Ergebnis immer sehr zufrieden gewesen. Ich selbst habe ja auch illustriert, sogar mein erstes Geld mit Karikaturen für eine Zeitung verdient. Aber der Anfang meines Schreibens war noch früher, ich kann mich genau erinnern: Eines Tages war ich mit meinen Eltern unterwegs im Mittelgebirge, bei Reichenberg, und habe zu meinem Vater gesagt: »Du, ich werde mal Geschichten schreiben.« Da war ich acht Jahre alt.

Wie sah früher Ihr Arbeitsalltag aus?

Seinerzeit, als ich die Bücher schrieb, bin ich erst einmal morgens in die Schule gegangen. Ich bin Lehrer und Schulmeister, das ist eine Bezeichnung, auf die ich Wert lege. Ich bin früh aus dem Haus und eine Stunde zu Fuß nach Rosenheim hinuntergegangen und habe mir dabei alles ausgedacht. Ich hatte immer Zettel dabei. Bis ich dann auf diese Diktiergeräte kam. Mit denen bin ich dann sehr viel über die Dörfer gegangen. Ich nahm immer Hundekuchen für die bösen Hunde mit. Manchmal habe ich aber auch mehr Pilze heimgebracht als fertige Sätze. Beim Abschreiben später kam dann schon die erste Phase der Verdichtung.

Die Landschaft Ihrer Bücher hat etwas sehr Romantisches. Ist es die Landschaft Ihrer Heimat oder die, in der Sie heute leben?

Das ist, obwohl ich sie nicht benenne, die Landschaft meiner Kindheit. Den »Krabat« habe ich in der Lausitz angesiedelt und mir die Gegend mit Hilfe von Meßtischblättern erschlossen – es war damals noch DDR. Nur das Meßtischblatt von Schwarzkollm habe ich nie bekommen. Es ging mir auch hier um die Namen. Bei den Personen war es einfach. Krabat ist eigentlich der Kroate. Die historische Figur, auf die die Krabatsage zurückgeht, ist der kroatische Oberst von Schadowitz, der für August den Starken ins Feld gezogen ist und in Wittichenau unter dem Plöckel begraben liegt. Da hat sich dann diese Sagenfigur angehängt. Die Geschichten vom Krabat haben einerseits einen archaischen Teil. Es ist die Geschichte vom Zauberlehrling und seinem Meister. Auf der anderen Seite gibt es die schwankhaften Zutaten. Ich merkte beim Schreiben, daß sie eigentlich nicht zueinander passen. So entstand eine Mischform aus realem Erleben und Traumpassagen. Die Mühle des Meisters des Bösen habe ich in den Koselbruch verlegt, ohne zu wissen, daß es einen Koselbruch dort wirklich gibt. Es mußte ein verrufener, etwas unwirklicher Ort sein. Das Wort »Kosel« ist ein slawisches Ur- und Allgemeinwort für Zaubern. Ein Bruch ist eine Au-Landschaft. Den gab es dort. Aus guten Gründen konnte ich die schlesische Lausitz damals nicht besuchen. Trotzdem habe ich meinen Krabat dort hineingesetzt und bekam immer wieder Zuschriften: »Sie beschreiben das so exakt, da stimmt jeder Baum.«

Wie haben Sie das gemacht?

Ich habe gar nichts beschrieben. Das ist eine Schlüsselsituation. Es ist nichts beschildert im »Krabat«. Wer dort war, legt seine Landschaft hinein. Als ich das erste Mal vor dem Koselbruch stand, war ich eigentlich enttäuscht.

Waren Sie seit der Wendezeit noch einmal auch in Böhmen?

Wir waren noch während der Tschechoslowakischen Republik viele Male drüben. Ich hatte in Gottwaldow mit einem der großen Filmleute zu tun, mit Karel Zeman, der den Krabat-Zeichentrickfilm gemacht hat. Nun fahr' ich nicht mehr hin. Ich will mir die Erinnerung so behalten, wie sie war. Es sind viele merkwürdige Dinge geschehen, nicht zuletzt auch von unserer Regierung erlaubt.

Sie haben auch an den Pädagogik-Debatten der sechziger und siebziger Jahre teilgenommen und dabei eine Haltung bewiesen, die jetzt wieder die richtige ist. Sie sind sich selber treu geblieben! Hatten Sie in all den Jahren auch einmal genug von alledem?

Von dem Betrieb in der sogenannten »Kinderbuchszene« schon, vom Schreiben nicht.

Hat es Sie je gereizt, eine öffentliche Rolle zu spielen? Eine politische oder ein Rolle im Fernsehen?

Nein. Allerdings halte ich es für eine Schuld meiner Generation, daß wir nicht in die Politik gegangen sind. Wir – die Abiturienten mit Kriegserfahrungen, die dann nach dem Krieg versucht haben, in Deutschland wieder Fuß zu fassen – wir haben erst einmal versucht, etwas zu arbeiten.

Wobei Sie natürlich mehr für das Land getan haben, indem Sie Ihre Bücher geschrieben haben.

Ich hoffe es. Ich bin auch einmal Opfer der politischen Meinungsführer gewesen, nach 68. Das war eine üble Geschichte.

Diese Stimmen sind ja jetzt alle verstummt. Jedenfalls hat die Geschichte Ihnen recht gegeben.

Damals war die Versuchung groß, sich nach der roten Decke zu strecken, denn sie war rot. Auf der anderen Seite haben sich damals eine ganze Reihe von Talenten ruiniert.

Es ist ja auch in unserer Generation eine furchtbare Form von überpädagogisierter Literatur entstanden, in der jede Romantik und jede Emotion fehlte.

Das hat bis zum gewissen Grade, wenn auch sehr geschickt, die DDR-Kulturpolitik versucht. Ich war viel in Rußland, spreche auch gut Russisch, war nach dem Krieg auch viele Male da. Dort versucht man, mit Kindern noch wie mit Kindern umzugehen.

Gibt es Länder, die besonders preußler-freundlich sind?

Am wenigsten Chancen habe ich in Frankreich. Ich kann es mir nur so erklären, daß man dort eine ganz andere Vorstellung hat von Kindern als kleinen Erwachsenen. Japan ist ein Land, in dem man mich gerne liest. Das liegt aber wohl an meinen Übersetzern. Auch Rußland und die anderen Ost-Staaten. Und China ist inzwischen auch groß dabei, wobei die erste chinesische Übersetzung aus dem Japanischen geklaut war.

Wann wußten Sie, daß Sie sich als Schriftsteller durchgesetzt haben? War das mit dem »Kleinen Wassermann?«

Ich hatte Glück. »Der kleine Wassermann« bekam einen Sonderpreis beim Deutschen Jugendbuchpreis. »Der Hotzenplotz« hat ihn nicht bekommen. Ich habe damals für die deutsche Version des tschechischen Kinderbuchklassikers »Kater Mikesch« den Preis bekommen. Da wußte ich wohl schon, jetzt war es soweit. Das war 1962.

In den sechziger Jahren war auf dem Umschlagband der »kleinen Hexe« Ihr Foto abgebildet, zusammen mit der Aufforderung, Ihnen zu schreiben. Das muß eine unglaubliche Wirkung gehabt haben.

Das ist ohne mein Wissen und Zutun passiert. Das ist auch eine inzwischen versunkene Welt, diese Kinderbuchszene von früher. Was die Leute damals für die Autoren alles angefangen haben! Einmal las ich hinten in einem meiner Bücher: »solltest du die Autorin etwas fragen wollen«. Autorin!

Hatten Sie denn einen Lektor, der für Sie wichtig gewesen ist?

Nein. Ich hatte natürlich viele Lektoren. Das waren die Kinder, denen ich die Geschichten erzählt oder vorgelesen habe. Wobei man es nicht überbewerten sollte. Kinder können sich nicht kritisch äußern zu einem Buch. Aber wenn man ihnen die Geschichten vorliest, dann merkt man, wann sie sich langweilen oder wann sie erschrecken. Ich habe einen Lektor, das ist der kleine Junge, der ich einmal war. Ich bin kein ewiges Kind. Dazu sind wir viel zu früh gezwungen worden, erwachsen zu werden.

Träumen Sie sich nun im Schreiben in die Vergangenheit zurück? Oder rufen Sie den Jungen, der Sie einmal waren, auf? Oder ist das ein ganz technischer Vorgang?

Er ist einfach da. Dieser Bursche hat eine blöde Angewohnheit. Wie ein guter Lektor sagt er mir nie, das mußt du so oder so machen. Genau wie Dr. Böbel von dtv, der einzige Lektor, mit dem ich gearbeitet habe.

Den »Krabat« haben Sie alleine gemacht?

Den habe ich ohne Lektor gemacht. Ich habe einen guten Freund, Professor Heinrich Pleticha. Er hatte einen Lehrauftrag an der Pädagogischen Hochschule in Würzburg, ist aber vorher Leiter eines großen musischen Gymnasiums gewesen. Ihn ziehe ich natürlich gern zu Rate. Das ist einer von den Leuten, von denen man sich auch mal etwas Kritisches sagen lassen kann, weil man weiß, daß es ein Freundesdienst ist. Ich bin im Grunde genommen sehr unsicher in den Dingen, die ich verfertige und von mir gebe.

Wenn Sie Ihre eigenen Lektüreerfahrungen Revue passieren lassen, wer hat Sie am meisten beeindruckt?

Adalbert Stifter. Auch Charles de Coster, der mich schon als Junge außerordentlich berührt hat. Und immer wieder die Schwankliteratur.

Seit einiger Zeit schreiben Sie an Ihren Erinnerungen. Sie gehören einer Generation an, die die Katastrophe des 20. Jahrhunderts hautnah erlebt hat, bis hin zur Vertreibung.

Die Vertreibung habe nicht ich erlebt, sondern meine Familie. Ich war damals noch in sowjetischer Gefangenschaft. Ich war in Kasan an der Wolga und dann noch weiter oben an der Kama, am Fuß des Urals. Wir sind mit dem letzten Schiff, das die Kama noch passieren konnte, raufgefahren. Ich war damals eigentlich todkrank. Dort wurden wir mit Musik und Geschrei empfangen, denn das war der letzte Lebensmitteltransport. Bis zum Frühjahr mußten sie dann mit den Lebensmitteln auskommen. Fünf Jahre lang war ich dort.

Hatten Sie in dieser Zeit Nachricht von Ihrer Familie?

Erst habe ich natürlich nach Reichenberg geschrieben. Einmal im Monat durften wir Postkarten mit fünfundzwanzig Wörtern schreiben. Aber dann sagte mir der Putzer vom Geheimdienst, du brauchst gar nicht zu schreiben. Was ins Sudetenland geht, wandert sofort in den Ofen. Da habe ich nicht mehr geschrieben. Ein Mitgefangener aus Leipzig fragte dann: »Kriegen Sie überhaupt keine Post? Haben Sie denn niemanden, dem Sie schreiben können?« Ich sagte, doch, aber ich weiß nicht, wo sie sind. »Haben Sie niemanden, den Sie im Reich kennen?« Meine jetzige Frau hatte Verwandte in Leipzig, von denen ich nur den Familiennamen wußte und daß sie irgendwo in der Nähe vom Zoo wohnten. Der Leipziger sagte dann: »Da kenn' ich doch einen, der wohnt dort in der Gegend, schreiben Sie ihm doch.«

So habe ich geschrieben an den Herrn Sowieso, Leipzig, Gegend Zoo. Dann kriege ich eine Postkarte, es war Winter, klirrender Frost. Am Tor steht schon der Lagerälteste: »Preußler, Sie haben Post!« Ich rein, die Karte genommen, zum nächsten Scheinwerfer. Schreibmaschinenschrift – das kann nicht von der Familie sein. Folgendes war passiert: Der Mann ist in den letzten Kriegstagen noch von einer Mauer erschlagen worden, und seine Frau ist als einzige von ihrer Familie übrig gewesen. Diese Dame hat über eine Verwandte, die beim Leipziger Sender arbeitete, eine Suchmeldung aufgegeben. Was wiederum einige von unseren Leuten gehört haben. Meine Frau hat es auch gehört, auf einem Transistorradio, im November 1946.

Wann wird Ihre Autobiographie erscheinen?

Wenn ich tot bin. Nein – schauen Sie, es ist schwierig. Es gibt manche Dinge, von denen ich im nachhinein sage, das kann gar nicht wahr gewesen sein. Ich habe immer wieder diese merkwürdigen Erlebnisse, daß einer auftaucht und Dinge bestätigt. Und ich kenne auch das andere, daß Leute, die dasselbe erlebt haben wie ich, es ganz anders in Erinnerung haben.

Gibt es noch etwas, was Sie gern sagen wollten, was Ihnen auf dem Herzen liegt?

Was mir am Herzen liegt, ist, was man den Kindern heute alles zumutet. Was zum Beispiel im Fernsehen am hellichten Tag an Unappetitlichkeiten und an Gewaltverherrlichung auf die Kinder losgelassen wird. Da ist kein Mensch, der mal sagt, Schluß jetzt.

Merken Sie durch die Jahre in der Post, die Sie bekommen, eine Veränderung bei den Kindern? Oder ist die Seele immer gleich?

Die Handschriften werden immer schlechter. Am schönsten schreiben die Schweizer.

Neunzehn Worte Kafka

*Manche Sätze Franz Kafkas, der heute vor 125 Jahren geboren wurde,
bergen mehr als ganze Romane anderer Autoren*

Jemand musste Josef K. verleumdet haben, denn ohne dass er etwas
Böses getan hätte, wurde er eines Morgens verhaftet.

Das ist der erste Satz von Kafkas Roman »Der Prozess«. Eigentlich
ein Allerweltssatz. Ein Thriller könnte so beginnen. Oder ein Schulaufsatz. Damit dieser Satz mehr wird als Aufsatz und Krimi, muss etwas anderes hinzukommen. Es steckt bereits in diesen neunzehn Wörtern – man muss es nur herauslocken. Man muss sich eine Weile still
davorstellen und warten, bis das Tier im Bau sich regt. Manche hören
nur Wühlen und Rascheln. Man kann aber auch Musik darin hören.

»Der Prozess« erzählt sich in seinem ersten Satz. Je tiefer man in
dessen Stoff eindringt, desto sichtbarer wird, worin Kafkas literarisches Genie bestand: in der absoluten Kontrolle über den mehrfachen
Schriftsinn nicht nur fast jedes Satzes, sondern fast jedes Wortes. Er
schreibe »mit ganzen Orchestern von Assoziationen«, hat Kafka einmal bemerkt und die Willkür der Assoziation dem Ordnungsprinzip
der Musik unterworfen. Das schließt Zufälle aus. Oder mit den Worten des Geistlichen im »Dom«-Kapitel: »Man muss nicht alles für
wahr halten, man muss es nur für notwendig halten.«

Das stärkste Wort dieses Satzes ist »etwas Böses«. Der Roman
macht seinen ersten Atemzug, und schon beim zweiten ist das Böse in

der Welt. Wie in der Bibel hat auch in Kafkas Welt das Böse keine Zeit. Und nun hat das Orchester der Assoziationen schon begonnen. Es spielt in Kafkas Kopf, es spielt im Text, und es spielt vor dem staunenden Leser. Zunächst das Leitmotiv: Nichts Böses getan zu haben und dennoch verhaftet zu werden ist einerseits Realismus und anderseits nichts anderes als die Definition der Erbsünde. Bis zum letzten Satz redet der Roman auf beiden Ebenen, er kombiniert Allerweltssätze mit allem, was nicht von dieser Welt ist.

Man muss sehen, wie nach und nach jede einzelne Stimme einsetzt, wie Kafka sie aufruft, ihr Klang und Atem gibt und sie in den kunstvollen Bau seines Werkes mit Echos entlässt. Die erste Person des Romans ist »Jemand«, der Josef K. verleumdet haben musste. Im August 1913 hatte Kafka mit großem Eifer Gustav Roskoffs »Geschichte des Teufels« gelesen. Darin steht: »Satan, Teufel. Ein wie das andere bedeutet einen Verleumder, einen nicht schlechtweg Ankläger; sondern falschen, im gerichtlichen Verstande.« Josef K. ist in diesem ersten Satz nichts anderes als Josef K., eine bürgerliche Existenz, wie sich später herausstellt, ein Bankprokurist, der am Morgen seines dreißigsten Geburtstags verhaftet wird.

Doch das Initial J.K. spielt bereits auf einen anderen Dreißiger an. Die Lehre des Juden Jesus (»Kristos«), ungefähr im gleichen Alter verhaftet wie Josef K. und angetreten, um von der Erbsünde zu erlösen, wird im Roman ebenso durchgespielt werden wie Talmud, Neues Testament und jene geistesgeschichtliche Überlieferung, die am Bösen, das den Tod verschuldete, sich abarbeitete. Den Umkreis dieser Reflexion bezeichnet das letzte Substantiv des letzten Satzes des Romans. Auch dieser Begriff ist untrennbar mit dem Sündenfall verbunden und lautet: »Scham« (»Es war, als sollte die Scham ihn überleben«). Die Scham ist in der Genesis bekanntlich das Kennzeichen des erfolgten Sündenfalls. Der Verleumder, J.K., das Böse, die Scham – mit diesen Worten, die Wiedererkennungszeichen sind, ruft Kafka eine Überlieferung in seinen Roman, auf der Synagogen und Kathedralen und philosophische Gebäude errichtet wurden und die materiell doch immer nur das war, was auch der »Prozess« ist: ein Buch – und sei's das Buch der Bücher.

Das alles steckt in diesem einen, ersten Satz. Kafkas Genie aber liegt darin, dass er die religions- und geistesgeschichtlichen Hämmer auf den Kopf eines Bankprokuristen einschlagen lässt. Die bürgerliche Ansicht ist nicht nur die realistische Version dieses Romans, den man, auch ohne irgendeine Anspielung aufzunehmen, wie einen Krimi lesen kann. Seinen immer noch unterschätzten Humor bezieht der »Prozess« daraus, dass die bürgerliche Vernunft mit dem Anspruch einer religiösen Überlieferung konfrontiert wird, in der alle Menschen unterschiedslos zum Tode verurteilt sind. Seine Zimmervermieterin nennt die Verhaftung »etwas Gelehrtes«, aber Josef K., der die Dramaturgie verkennt, vermag in ihr nur eine »Komödie« zu erkennen.

Josef K. ist religiös illiterat, aber ziemlich krank und wird am Ende des Jahres sterben. Wieso eigentlich? Die Religionen haben Antworten, aber die sind keine Befreiung, sondern eine Verhaftung. Kafka führt seinem Helden noch einmal die Erklärungen vor, die Religionen und Philosophien gegeben haben. Aber Josef K. überzeugen sie nicht. Das Gericht ist schmutzig, das Personal korrupt, die Bücher sind zerfleddert, und einen obersten Richter gibt es nicht. In der Alltagssprache: Die Erklärungen sind nicht plausibel und die Institutionen zu irdisch.

»Das sind die Akten des Untersuchungsrichters«, sagt Josef K. einmal, und es besteht kein Zweifel, dass vor dem Richter das Buch der Bücher liegt: »Lesen Sie darin ruhig weiter, Herr Untersuchungsrichter, vor diesem Schuldbuch fürchte ich mich wahrhaftig nicht, obwohl es mir unzugänglich ist, denn ich kann es nur mit zwei Fingern anfassen und würde es nicht in die Hand nehmen.« Dem säkularen Kopf ist die religiöse Deutung »unzugänglich« geworden.

Wir sind schuldig geworden und müssen deshalb sterben. Warum eigentlich? Weil in Büchern steht, dass einmal im Paradies ein Verleumder zum Bösen verführte? Bleibt das Problem, dass man trotzdem sterben muss und dieses Sterben als Hinrichtung begreift. In all seinen

Texten, so hatte Kafka einmal dem Tagebuch anvertraut, gehe es darum, »dass jemand stirbt, dass es ihm sehr schwer wird, dass darin für ihn ein Unrecht und wenigstens eine Härte liegt«. Rein logisch betrachtet, ist diese Haltung absurd. Alles muss sterben, und der Aufstand dagegen ist ebenso kindisch wie die Beamten im »Prozess«, die sich mit Beweisführungen, Schriftsätzen, Widerlegungen und einem einzigen, dazu noch schlecht verbürgten Freispruch beschäftigen. Erst am Ende ahnt Josef K., was es damit auf sich hat: »Die Logik«, heißt es kurz vor seiner Hinrichtung, »ist unerschütterlich, aber einem Menschen, der leben will, widersteht sie nicht.« Die Logik allein hätte zu einer Welt der Kassenbücher geführt. Doch weil der Mensch leben und nicht sterben will, überwindet er sie und schafft Literatur, Erzählungen vom Paradies und der Vertreibung daraus, die nicht logisch, aber notwendig sind.

Das alles ruft dieser eine Satz auf. Aber nichts davon spricht er aus. Erst dadurch, dass Kafka unterhalb der realistischen Schicht des Buches den vielfachen Schriftsinn orchestriert, wird jene »Notwendigkeit« möglich, von der später der Geistliche spricht.

Franz Kafka hatte wie außer ihm vielleicht nur Shakespeare eine enorme Verfügungsgewalt über den vielfachen Sinn von Worten. Sein Judentum hatte ihn frühzeitig begreifen lassen, dass Worte, ja Buchstaben eine spirituelle Kraft entfalten können; und seine kabbalistischen und religiösen Studien zeigen, wie ihn die Idee einer Schriftreligion in den Bann zog. Im »Prozess« versucht er dies noch gleichsam experimentell umzusetzen. Gerade die jüdische Religion mit ihrer tiefen Hingabe an den einzelnen Buchstaben demonstriert, dass Religion und Literatur dasselbe Baumaterial haben. Könnte Literatur einmal werden, was Religion war? Seine ganze Literatur, so hat Kafka gegen Ende seines Lebens notiert, hätte sich »leicht zu einer neuen Geheimlehre, einer Kabbala, entwickeln können. Ansätze dazu bestehen. Allerdings ein wie unbegreifliches Genie wird hier verlangt, das neu seine Wurzeln in die alten Jahrhunderte treibt oder die alten Jahrhunderte neu erschafft und mit alldem sich nicht ausgibt, sondern jetzt erst sich auszugeben beginnt.«

Man versteht seine vielfachen Äußerungen des Gejagt- und Beladenseins, auch das Fragmentarische seines Werkes womöglich besser, wenn man unterstellt, dass er nicht schreiben konnte, ohne sofort der monströsen Vieldeutigkeit fast jedes Satzes gewahr zu werden. Das erklärt auch, wieso er sich immer mehr den Aphorismen zuwandte, und man kann annehmen, dass Kafka, hätte er überlebt, sich zu einem der größten Aphoristiker deutscher Sprache entwickelt hätte. Je älter er wurde, desto hartnäckiger widmete er seine ganze Energie dem einen Satz. »Meine Kraft«, heißt es einmal, »reicht zu keinem Satz mehr aus. Ja, wenn es sich um Worte handeln würde, wenn es genügte, ein Wort hinzusetzen, und man sich wegwenden könnte …«

Keine nachfolgende Generation hat sich von seinen Sätzen wegwenden können. Es sind Bibliotheken zu seinem Werk erschienen, Tausende und Abertausende von Deutungen. Was immer ihm vorschwebte – in der Rezeption hat er erreicht, was nur den größten Texten vorbehalten ist: Legionen von Kommentatoren haben sich über seine Texte gebeugt wie über die heiligen Schriften, und nicht wenigen schien eine Antwort auf das Rätsel seiner Literatur wie eine Antwort auf die Rätsel selbst.

Franz Kafka wurde an diesem Donnerstag vor einhundertfünfundzwanzig Jahren geboren. Wir können diesen Schriftsteller nicht besser würdigen als dadurch, dass wir uns seine Sätze anschauen. Von heute an werden im Feuilleton dieser Zeitung unterschiedliche Autoren, von Peter von Matt bis Marcel Reich-Ranicki, ihren Satz Kafkas vorstellen und deuten.

Hätte ihn, diesen angeblich so Bescheidenen und am eigenen Talent Verzweifelnden, gewundert, dass sich vierundachtzig Jahre nach seinem Tod Menschen einem einzelnen Satz seines Werkes widmen? Auch das wäre zum Jahrestag zu begreifen: Kafka war nicht nur ein großer Humorist, er war auch einer der selbstbewusstesten Schriftsteller der Literaturgeschichte. Die Demut kam nicht aus dem Mangel des Erreichten, sondern aus der Größe des Ehrgeizes. Er wusste sehr genau, wie ungewöhnlich seine Literatur war. Er wusste sehr genau, dass er Hochmütiges beabsichtigte.

Hundertfünfundzwanzig Jahre nach seiner Geburt ist Kafkas Werk so neu wie am ersten Tag. Auch das hat er gewusst. »Alles, was er tut«, so schrieb er mit Blick auf das eigene Werk, »kommt ihm zwar außerordentlich neu vor, aber auch entsprechend dieser unmöglichen Fülle des Neuen außerordentlich dilettantisch, kaum einmal erträglich, unfähig, historisch zu werden, die Kette der Geschlechter sprengend, die bisher immer wenigstens zu ahnende Musik der Welt zum ersten Mal bis in alle Tiefen abbrechend. Manchmal hat er in seinem Hochmut mehr Angst um die Welt als um sich.«

Sprich nicht immer von den Tritten der Vernichter

Demnächst erscheint die erste Biographie Stefan Georges: Zum Vorabdruck
des Buches von Thomas Karlauf

Niemandem glauben, der behauptet, Stefan George sei vergessen. Nicht zustimmen, nur weil man seine Gedichte nicht kennt. Georges Werk ist gegen das Vergessen immunisiert wie vielleicht kein anderes. Das hat zu tun mit jener Frühlingsnacht vor dreiundsechzig Jahren, als nach einem verheerenden Bombenangriff in Wannsee ein Oberstleutnant namens Claus Graf Schenk von Stauffenberg auf den Balkon trat, die Brände betrachtete und Verse aus Stefan Georges Gedicht »Der Widerchrist« zitierte.

Es hat zu tun mit dem Foto, das den siebzehnjährigen Claus mit George im Berlin der zwanziger Jahre zeigt. Es hat zu tun mit jenem Dezembertag vor vierundsiebzig Jahren, als bei Locarno Claus von Stauffenberg und sein Bruder Berthold die Totenwache am Sarg Stefan Georges hielten – eine Szene, die noch kein Film gebannt hat und die die Grenzen des Vorstellbaren überschreitet: wie da im Winter 1933 die Stauffenbergs inmitten aller George-Freunde, Nazis und Nichtnazis, Verfolgter und fast schon Verfolger, die Wacht halten, wie der Kranz vom Deutschen Reich eintrifft, gesandt vom Genfer Geschäftsträger Ernst von Weizsäcker, eine Ehrenbezeugung, deren Hakenkreuzemblem sofort Streit auslöst. Am frühen Morgen, aus dem Exil in Florenz kommend, steht in der Tür der fast erblindete Karl Wolfskehl, so hilflos und hilfsbedürftig, und gleichzeitig so wortstark, dass er manchen der Anwesenden an einen verirrten Homer erinnert. Der jüdische Arzt Walter Kempner ist dabei, der George bis zuletzt versorgt hat. Er wird kurz darauf nach Amerika flüchten, sein Bruder Robert kehrt 1946 als Ankläger im Nürnberger Kriegsverbrecherprozess zurück. Da sieht man Robert Boehringer, ein Nazi-Gegner ohne Kompromisse, er gilt als der schönste junge Mann des George-Kreises und wird der allerletzte Erbe des Dichters. Boehringer wird lange nach dem Krieg dem jungen Richard von Weizsäcker eine berufliche Chance geben.

George kann aus Bibliotheken und Buchhandlungen aussortiert und literarisch vergessen werden; aber er ist längst nicht mehr Literatur, er ist durch seinen Zögling Stauffenberg übergetreten ins Reich der Realgeschichte. Aus ihr verschwindet er so lange nicht, solange Hitler nicht aus ihr verschwindet. Der Dichter, der zu Lebzeiten behauptet, keinen Wert auf viele Leser zu legen, braucht kurioserweise keine interessierte Nachwelt, um zu überdauern. Nie wird restlos aufzuklären sein, in welchem Umfang der bereits elf Jahre zuvor gestorbene Dichter die Schritte des Grafen Stauffenberg lenkte; doch dass er und sein Bruder die Kraft für die Tat aus dem Dasein Georges bezogen, ist unstrittig. Unklar war nur, wie weit sich das eifersüchtig von George gehütete »Geheimnis«, die innerste Botschaft seiner Lehre, je würde entschlüsseln lassen.

Was hat er mit den Leuten gemacht? Was meint seine Rede von »Geliebtem« und »schönem Leben«, diese Küsse und dieser Jugendwahn, welches Mysterium entzieht sich uns bis heute und hat die Jahrhunderttat motiviert? »Das Kapitel deutscher Geistesgeschichte, das ›George – Hitler – Stauffenberg‹ heißt, wartet noch darauf, geschrieben zu werden«, notierte Sebastian Haffner in seinen »Anmerkungen zu Hitler«.

Dieses letzte Kapitel liegt nun vor; geschrieben hat es Thomas Karlauf. Heute beginnen wir mit dem auszugsweisen Vorabdruck seiner Biographie Stefan Georges. Es gibt bisher keine andere, die den Namen verdiente. Sieben Jahre lang hat Karlauf an dem Buch gearbeitet. Ihm kam zugute, dass das George-Archiv unter der beispielhaft kompetenten Ute Oelmann ihm auch die unveröffentlichten Quellen zugänglich machte. Anders als die Legende es will, stehen die Archive spätestens seit dem Tode von Michael Landmann nicht mehr unter Benutzungsbann.

Karlauf ist Außenseiter, er arbeitet heute als Literaturagent in Berlin. Wir trafen ihn zum ersten Mal vor fünfundzwanzig Jahren in Amsterdam im Hause Wolfgang Frommels, dem, wie es seinerzeit hieß, letzten lebenden Georgianer. Frommel war ein weiterer Beweis für die ethische Kraft des Georgeschen Lebenskreises: In Amsterdam hatte der Freund Max Beckmanns und Wilhelm Fraengers jüdische Kinder versteckt und mit der Zeitschrift »Castrum Peregrini« einen geometrischen Ort für die George-Nachfolge begründet. Die Begegnung mit dem »Meister«, ein einziges Initiationsgespräch mit George hatte Frommel eigenem Bekenntnis zufolge zu dem gemacht, was er geworden war. Thomas Karlauf wurde in dieser Welt zum Verleger ausgebildet, traf noch die ältesten Georgianer, Ernst Morwitz zum Beispiel, und lauschte den Geschichten aus der Verfolgungszeit, die später unter dem Titel »Untergetaucht unter Freunden« auch als Buch erschienen.

Karlaufs »Stefan George« kam als achthundertseitiges Leseexemplar. Wir begannen zu blättern, wir begannen zu lesen, wir haben innerhalb von drei Tagen ausgelesen und dann wieder gelesen – und dann die Anrufe und Briefe der privilegierten Mitleser empfangen. Es war, als hätte diese Biographie eine Art elektrischen Kreislauf in Gang gesetzt, der die unterschiedlichsten Temperamente zum Austausch zwingt. Wer angesichts der Prägung seines Autors mit einem affirmativen Buch gerechnet hat, sieht sich enttäuscht. Anders noch: Angesichts der Prägung des Verfassers wiegt die Kritik, die dieses Buch an George und seinen Mystifikationen übt, noch schwerer. Diese Biographie lässt alles weit hinter sich, was in der letzten Zeit an literarischen Biographien erschienen ist. Karlaufs Buch ist so frisch und frei erzählt, so klug in seiner Argumentation und so bewusst in seinen Auslassungen, dass man dieses Stück Geistesgeschichte atemlos liest wie einen Thriller.

Der radikalste Satz dieses an Radikalität nicht armen Buches steht auf Seite 394 und lautet: »Der ›Stern des Bundes‹ war der ungeheuerliche Versuch, die Päderastie mit pädagogischem Eifer zur höchsten geistigen Daseinsform zu erklären.« Das Urteil bezieht sich auf jenen Gedichtband Stefan Georges, der ihm selber der wichtigste war und mit dem seine Jünger und Gefolgsleute erzogen wurden. Und deshalb ist dieser Satz weit mehr als eine literaturgeschichtliche Provokation, die einem längst vergessenen Dichter gilt. Es geht um den Kern. Es geht um das »Geheimnis«, das keinen Exegeten, von Max Weber bis Theodor W. Adorno, ruhen ließ. Was war das Geheimnis? Was verschwieg der Kreis? »Wer heut nicht kam, bleib immer fern?« – Etwas das wir anderen nur nicht verstanden? Und was geht uns das heute an? Das Buch, das wir in dieser Zeitung vorabdrucken, gibt die Antwort.

Karlauf beschreibt Georges Lebensweg als den Lebensweg eines Homosexuellen, der sich bei Androhung von Strafe und Gefängnis nicht bekennen konnte und nicht bekennen durfte. Und der dennoch Möglichkeiten der Praxis für sich eroberte, nicht nur im weltmännischen Berlin, dessen »fiebrige Regsamkeit« er rühmte, und wo er zusammen mit Carl August Klein um 1895 in ausgedehnten Nachtstreifzügen nach Gleichgesinnten suchte. Stefan George ist Täter, aber sozusagen ein Täter seines eigenen Schicksals: Er gibt seine Homosexualität nicht zu, um bloß nicht in die Fänge der Justiz zu geraten. Aber er weigert sich, sie als gesellschaftlichen Makel zu begreifen. Man darf nicht vergessen, dass erst wenige Jahre zuvor Oscar Wilde in England wegen Homosexualität verurteilt wurde. »Den will ich sehen, der mich erpresst«, sagt er gesprächsweise zu Edith Landmann, als das Gespräch auf Douglas und Wilde kommt. Jahre später wird Friedrich Gundolf in seinem Namen formulieren, was »sich die teuerste Sabine unter Jünglingsliebe vorstelle, sei das Schreckbild, das Weibchen geschaffen haben, die nur sexual denken können und die Konkurrenz fürchten. Wenn Sie wirklich wissen oder wenigstens ahnen wollen, um was es sich hier handelt, rate ich Ihnen, immer noch eher Plato zu lesen als die Harden-Prozesse.«

Karlauf beschreibt den sexuell entfesselten und sexuell rastlosen George ohne jeden falschen Ton, aber voller Witz und Ironie, wenn das Pathetische die eigentlich dahinterliegenden pragmatisch-sinnlichen Interessen zu sehr zu überdecken beginnt. Jungen Männern, die sich fürchten und nichts von ihm wissen wollen, rät er – die Hofmannsthal-Affäre hat es ihn gelehrt –, sich erst wieder vom dreiundzwanzigsten Lebensjahr an in seine Nähe zu begeben. Im Briefwechsel mit Gundolf, dessen dramatischste Stücke leider verbrannt wurden, taucht ein hochfahrendes, selbstbewusstes Einverständnis auf, das nur wegen der gefährlichen Außenwelt seine Intimität noch codiert. Dass »Bernhard ein rechter S. geworden ist«, und ein anderer ein rechter »s.S.«, markiert im Jargon des Kreises die Unterscheidung zwischen einem »Süßen« und einem »sehr Süßen«. Die Vernichtung von Briefen und die Einsilbigkeit der meisterlichen Korrespondenz hat ihren Grund in der Verbrämung; Percy Gothein etwa wurde expressis verbis verbannt, weil sein Verhalten Probleme mit dem Paragraphen 175 hätte bringen können.

Karlaufs Witz ist human, weil er aus der Perspektive einer Zeit kommt, der die sexuelle Orientierung gleichgültig geworden ist. Dennoch gefriert auch diesem Biographen zuweilen der Atem, etwa wenn der schon etwas betagte George zusammen mit Percy Gothein aus dem Gebüsch einen Jungen auf dem Kinderspielplatz beobachtet, sich dann bei dessen Eltern zum Abendessen einladen lässt, wo ihn abends der ohne Zweifel von solcher Nachstellung völlig verstörte Junge zu sehen bekommt. Der blonde Junge wird später die Kinderfigur im Gedicht »Der Tänzer« sein. Karlauf entschlüsselt eine Reihe von Codes, die der Kreis sich gab und öffentlich, fast wie zum Spaß, unter die Leute brachte. »Zwei Jahre später wurde Rassenfosse ›der erste jüngere Freund des Dichters‹, heißt es bei Morwitz. In der verschlüsselten

Sprache des späteren inner circle bedeutete dies nichts anderes, als dass die beiden intim miteinander waren. Daran lassen auch die erhaltenen Fragmente ihrer Korrespondenz keinen Zweifel.«

Der Eindruck wäre falsch, Karlauf halte sich mit solchen Ereignissen indiskret und sensationslüstern auf. Er tut gerade dies nicht; die nachträgliche spießbürgerliche Empörung über Vorgänge, die man erst einmal genüsslich nacherzählt, ist ihm ganz fremd. Er ist in diesem Punkt weit über George und seine Zeit hinausgewachsen. Aber er muss darlegen, was er für die Lebens- und Produktivitätsachse dieses Mannes hält, und da er der Erste ist, der wirklich in die Archive stieg, fördert er zum Teil sprachlos machendes Material zutage, das von der gewünschten Bettwäsche bis zum Aufweckritual des Dichters reicht.

Gleichzeitig aber, und das ist eine der größten Leistungen dieser Biographie, revidiert er auch die Rezeptionsgeschichte Georges. Er zeigt, dass der Dichter 1914, mit Ausbruch des Ersten Weltkriegs, vor dem er als einer der wenigen warnte, den Höhepunkt seiner Wirkung erreichte. Er zeigt einen George, der Einfluss will, dem die Masse, die er so verachtet, gerade recht ist, insbesondere in den zwanziger Jahren, und dessen Verhältnis zu den Nationalsozialisten keineswegs ambivalent, sondern wohlwollend ist. Im berühmten Absagebrief an das Goebbels-Ministerium, der Ablehnung der Akademiemitgliedschaft, steht der Satz: »die ahnherrschaft der neuen nationalen bewegung leugne ich durchaus nicht ab und schiebe auch meine geistige mitwirkung nicht beiseite«. Karlauf ist, soweit wir sehen, der Erste, der darauf hinweist, dass George seine Absage am Tage der Bücherverbrennung diktierte, ohne diese auch nur zu erwähnen – obwohl das Ergebnis seit Wochen annonciert war.

Es ist unmöglich, den Reichtum dieses Buches nachzuerzählen. Immer wieder wundert sich der Leser, wie ein so unsympathisch-verachtungsvoller Mann solche Verse schreiben konnte. Es gibt darauf auch hier keine Antwort. Man wird Karlauf vorwerfen, dass er die Lyrik zu biographisch deute – und mit Blick auf die Liebesreise mit Gundolf sind es erotische Gedichte, wie sie die Literatur nach Platen nicht kennt; aber er tut es mit großer Überzeugungskraft und mit dem stärksten Zeugen, den man haben kann: George selber, der bekannte, alle seine Gedichte handelten von den Dingen, wie sie wirklich gewesen seien.

Wer Karlaufs Buch liest, weiß: Es gab kein Geheimnis. Das Geheimnis war der als Geheimnis behandelte Eros. Er konnte tatsächlich rein pädagogisch sein und wurde es gegen Ende offenbar auch. Aber immer noch sprechen die Erwählten, etwa die beiden Stauffenbergs, von »Zeugung« und »Wiedergeburt«. Das Geheimnis war offenkundig oder leer – und mit dieser Beweisführung wird Karlauf künftig die Rezeption nicht nur Georges, sondern auch Stauffenbergs bestimmen. Es gibt kein »geheimes« Mandat, kein Schlüsselwort, vielleicht noch nicht einmal eine Kontinuität. Wer auf George sich berief, berief sich auf eine Fiktion, nicht auf uraltes Wissen. Und dennoch: Diese Fiktion war die Ursache von Taten, und in gewisser Weise steckt darin eine der glänzendsten Rehabilitationen von Kunst im zwanzigsten Jahrhundert. Eine Geschichte, ein Gedicht, heißt das, kann die Welt verändern.

Der 20. Juli hat nicht die Welt verändert, aber unser Menschenbild. Dabei gilt: Die Stauffenbergs waren nicht nur im ideellen, auch im juristischen Sinne die Erben Stefan Georges, als sie umgebracht wurden; Berthold war der Haupterbe, Claus, für den Fall des Todes des Bruders, der Nacherbe – dass der Nacherbe vor dem Haupterben starb und beide wegen des Attentats auf Adolf Hitler getötet wurden, ist das Symbol totaler Auslöschung. Das »geheime Deutschland«, dem Stauffenbergs letzter Satz galt, wurde unterdessen in Amsterdam gelebt. Aber auch Wolfgang Frommel lebte eine Fiktion. Er ist, wie Karlauf fast erschütternd zeigt, George in Wahrheit nie begegnet, weil dieser eine Begegnung mit dem Freund des verstoßenen Percy Gothein ablehnte. Und doch hat die Fiktion, der Glaube an Dichtung, die Tat dieses Gerechten unter den Völkern ermöglicht.

Im »Buch der hängenden Gärten« steht folgendes Gedicht:

Sprich nicht immer
Von dem laub
Windes raub
Vom zerschellen
Reifer quitten
Von den tritten
Der vernichter
Spät im jahr
Von dem zittern
Der libellen
In gewittern
Und der lichter
Deren flimmer
wandelbar

Register

J

Jaspers, Karl 99
Johnson, Uwe 195, 272f.
Joy, Bill 36ff.
Joyce, James 275, 280
Jünger, Ernst 124, 126, 289ff.

K

Kafka, Franz 9, 183, 191, 193, 241, 275, 280, 287, 293, 313ff.
Kaiser, Joachim 206
Kant, Immanuel 146
Karajan, Herbert von 282
Karlauf, Thomas 319ff.
Kaufmann, Stefan 108
Kempner, Robert 320
Kempner, Walter 320
Kempowski, Walter 92
Kennedy, John F. 19
Kerr, Alfred 207
Kershaw, Ian 126, 134ff., 203
Kiesinger, Kurt 171, 219
Kipphardt, Heinar 178
Kirchhoff, Bodo 281
Kisch, Egon Erwin 10
Klee, Paul 222
Klein, Carl August 322
Kluge, Alexander 273
Knobloch, Charlotte 228
Knopp, Guido 48
Koeppen, Wolfgang 170, 186, 189, 276f.
Kohl, Helmut 289
Kolditz, Stefan 131
Kolumbus, Christoph 147
Konsalik, Heinz 129

Korn, Karl 296ff.
Korn, Salomon 180, 183, 233ff.
Kraft, Hannelore 165
Kraus, Karl 207, 274, 284
Kronauer, Brigitte 278
Krugman, Paul 58
Kubizek, August 137
Kubrick, Stanley 295
Kurz, Constanze 161
Kurzweil, Ray 145ff., 149

L

Ladin, Usama Bin 33f.
Landmann, Edith 322
Landmann, Michael 321
Langer, Ellen 61
Lanier, Jaron 146, 149, 151ff.
Lanzmann, Claude 123
Lem, Stanislaw 292ff.
Lembke, Robert 189
Lenz, Siegfried 129, 171, 174, 272
Lessing, Gotthold Ephraim 96
Lindbergh, Charles 20
Lindner, Christian 164
Linfert, Carl 298
Littell, Jonathan 123ff.
Loest, Erich 216
Lombardi, Federico 33
Lomberg, Jon 43
Lüdtke-Dalrup, Engelbert 69

M

Mahler, Gustav 284
Malle, Louis 299
Mann, Heinrich 299
Mann, Thomas 12, 27f., 34, 53,